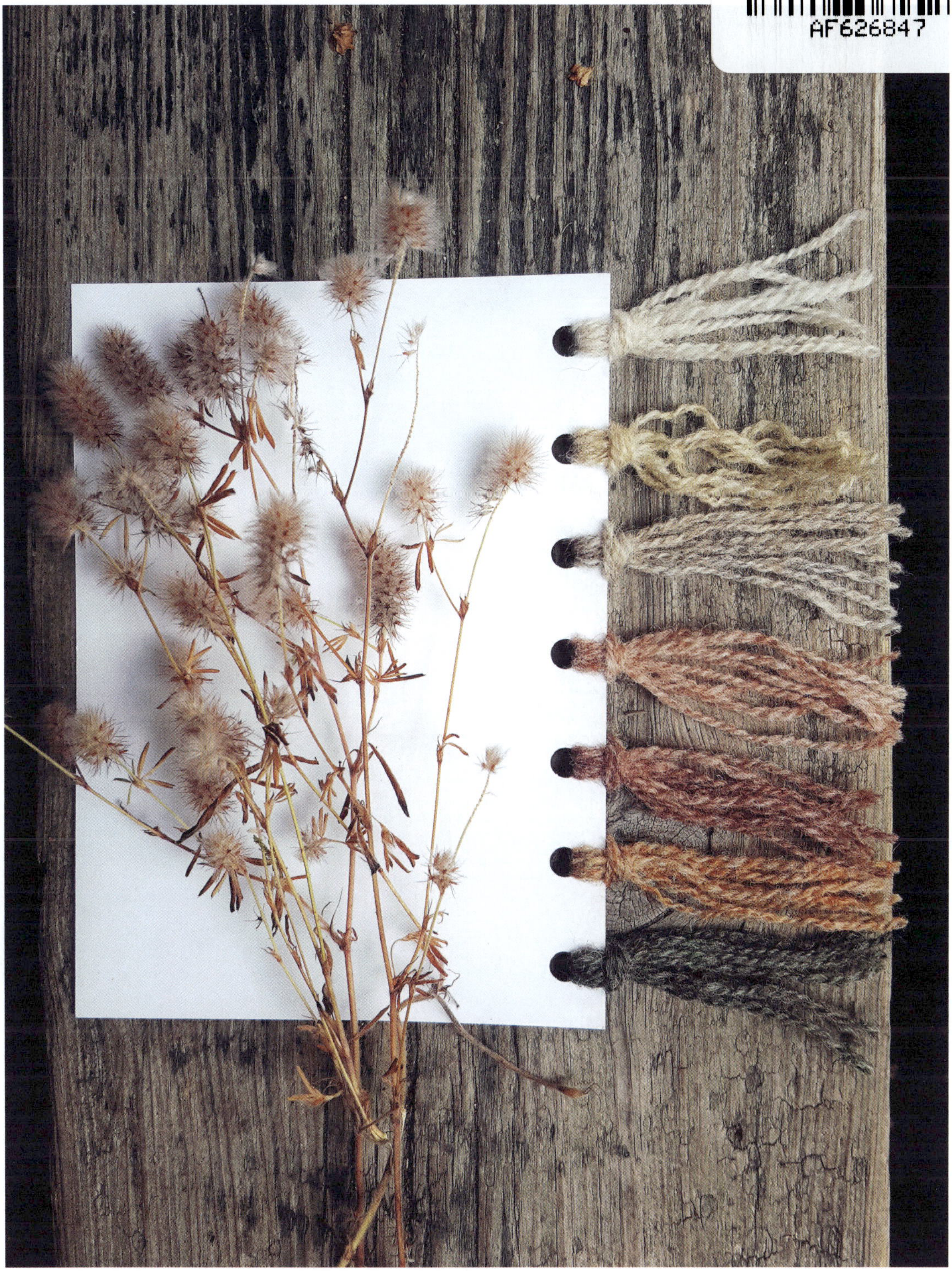

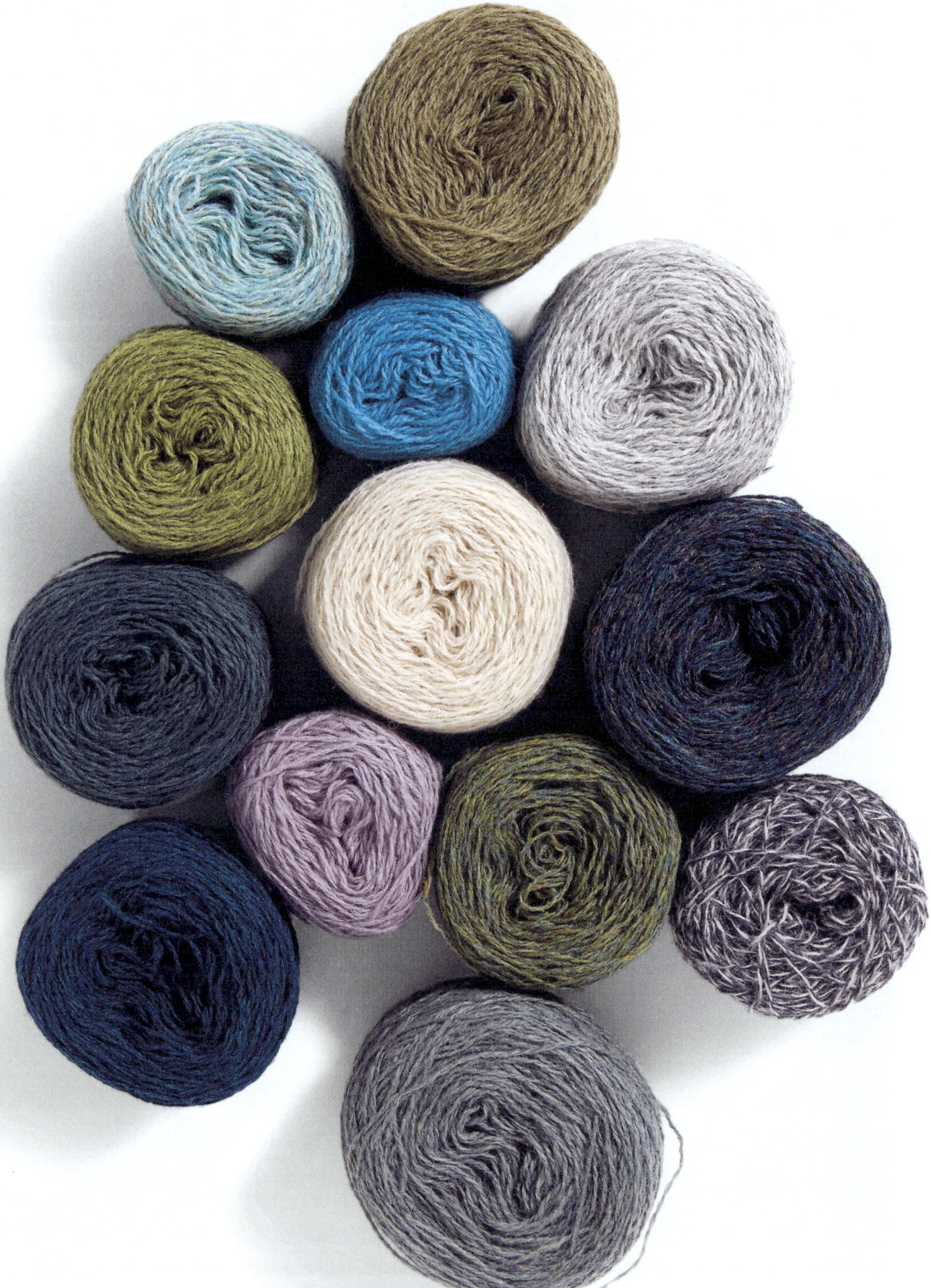

Carina Olsson

FAIR ISLE STRICKEN

Pullover und Accessoires in traditionellem Design

Aus dem Schwedischen von Andrea Hauss-Honkanen

südwest

ISBN 978-3-517-10330-3
1. Auflage

ein Unternehmen der Penguin Random House Verlagsgruppe GmbH,
Neumarkter Straße 28, 81673 München
Das Buch ist eine Übersetzung aus dem Schwedischen.
First published in Swedish with the original title *Fair Isle-stickning*

German edition published in agreement with Politiken Literary Agency and Bennet Agency

Bildnachweis Fotografie:
Thomas Harrysson: 2 (Garn Spindrift), 6, 14 (unten), 15 (Garn), 19, 20, 32, 35, 37, 38 (Probestück), 39 (Probestück), 40 (Probestück), 41 (Probestück), 42, 43 (Kragen und Garn), 51, 52, 57, 64, 66, 72, 77, 79, 83 (oben), 89, 90, 91, 95, 99, 104 (unten), 105, 110, 118, 122, 126, 128, 130, 132, 134, 136, 138, 140, 144–153, 155 (unten), 162, 166–167
Jessica Lindgren-Wu: Coverfoto, 2, 16–17, 44–45, 47, 49, 55, 59, 61, 67, 69, 73, 75, 82, 84, 93, 98, 101, 104 (oben), 107, 115, 125, 129, 131, 142–143
Carina Olsson: 1 (Hasen-Klee mit passendem Garn), 8, 9, 10 (unten), 11, 12, 13, 14 (oben), 15 (Schafe rechts), 21, 22, 23, 24, 25, 26, 27, 28, 29, 30, 31, 36, 38, 39, 40, 41, 43 (Sonnenuntergang), 56, 62, 70, 76, 83 (unten), 86, 102, 108, 111, 116, 155 (oben), 156–157
Shetland Museum and Archives: 94, 158, 161 (links)
Shutterstock: 10 (Karte), 15 (Schaf links)
Sören Vilks: 176
Trotz unserer Bemühungen konnten wir den Urheber des Fotos von Lady Dunn auf S. 161 (rechts) nicht ausfindig machen.
Zählmuster und Musterbibliothek: Kalle Forss

Projektleitung: Vanessa Silbermann
Übersetzung: Andrea Hauss-Honkanen
Redaktion und Lektorat: lesezeichen Verlagsdienste, Köln
Herstellung: Karin Herres
Satz: Satzwerk Huber, Germering
Umschlaggestaltung für die deutschsprachige Ausgabe:
Eva M. Salzgeber, unter Verwendung eines Fotos von Jessica Lindgren-Wu
Druck und Bindung: Alföldi Nyomda Zrt., Debrecen
Printed in Hungary

FSC
www.fsc.org
MIX
Papier | Fördert gute Waldnutzung
FSC® C010328

Penguin Random House Verlagsgruppe FSC® N001967
www.suedwest-verlag.de

INHALT

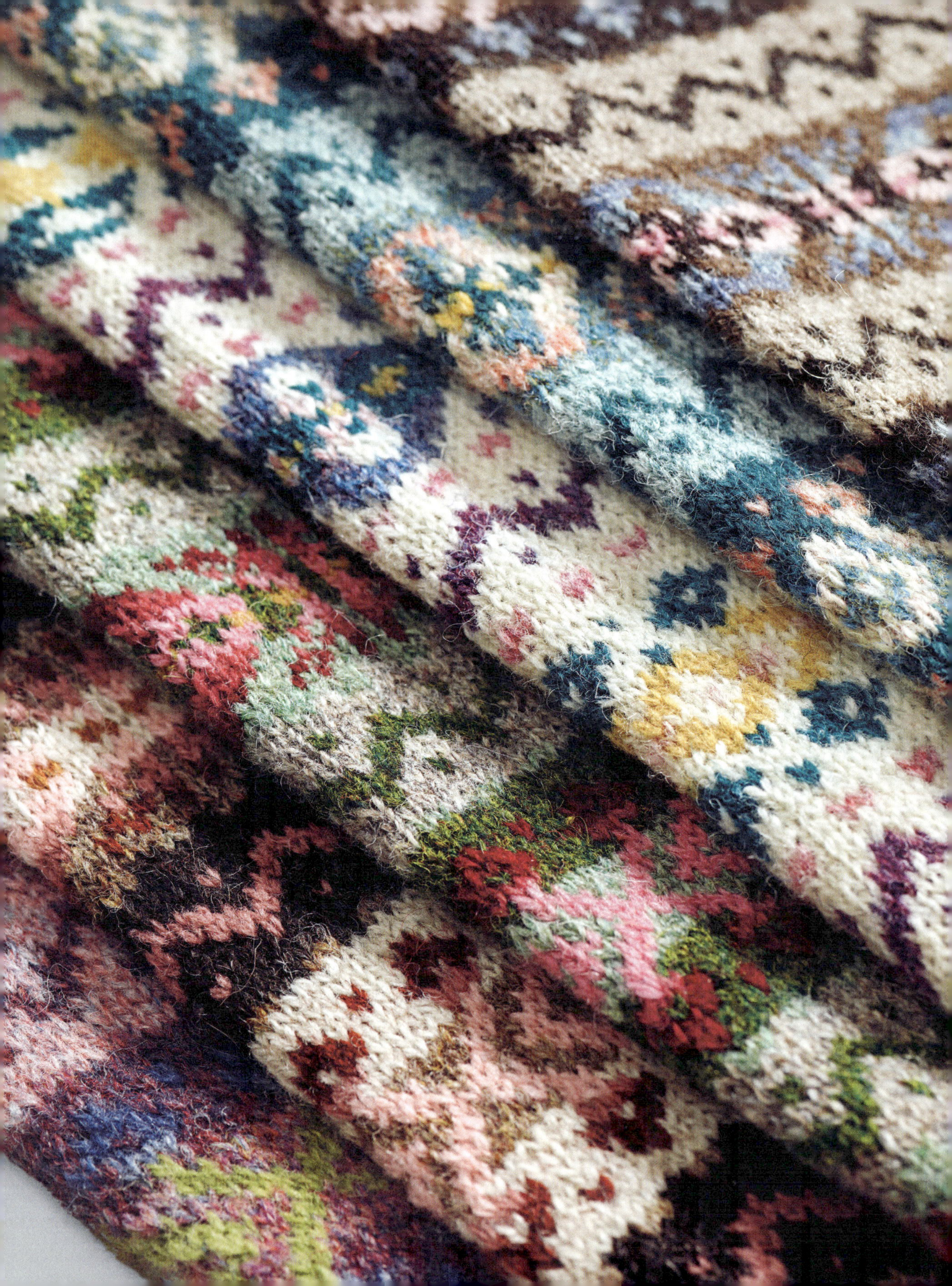

Vorwort

Ich stricke für mein Leben gern, vor allem Fair Isle, das traditionelle mehrfarbige Stricken von den Shetlandinseln mit Musterbordüren und Wollgarnen in natürlichen Farben. Die raue Natur der Shetlands, die von allen Seiten vom Meer umgeben sind, ähnelt der in Schweden. Die Kalksteininseln Öland und Gotland sowie das besondere Licht draußen auf einer Insel inspirieren zu den wunderbaren Fair-Isle-Mustern.

Dass Farben in den Bordüren einander beeinflussen und jeweils auf neue Weise erscheinen, ist typisch für die Stricktechnik. Die Technik an sich ist einfach, die Kunst besteht darin, Farben und Nuancen so zu kombinieren, dass sie die Muster betonen.

Am Anfang fiel es mir schwer, aus allen Farben der Shetlandgarne, die sowohl einfarbige als auch melierte Wollfarben umfassen, nur wenige für ein Muster auszuwählen. Am einfachsten ist es mit Grau, Weiß, Schwarz und Rot – diese Auswahl funktioniert in der nordischen Stricktradition immer. Aber Fair-Isle-Muster erfordern mehr Farben und Kontraste im Wechsel zwischen Haupt- und Musterfarbe. Auch der Bezug zur Natur mit entsprechend natürlich wirkenden Farben ist heute typisch für die Technik.

Deshalb begann ich während eines Besuchs auf den Shetlandinseln zu fotografieren, um ein Gespür für die Farben in meiner Umgebung zu bekommen. Seit mehreren Jahren sammle ich Farbinspirationen, um Naturerlebnisse in Garnfarben zu »übersetzen«. Mit den Garnen gestalte ich dann traditionelle Fair-Isle-Muster. Wenn ich mit dem Prozess vom Naturerlebnis über Garnauswahl, Mustergestaltung, Farbgebung und Probestück zufrieden bin, entwerfe ich meine eigene Kleidung.

In diesem Buch beschreibe ich, wie ich mit der Farbinspiration der Natur als Hilfsmittel bei der Auswahl von Schattierungen und Farben beim Fair-Isle-Stricken vorgehe. Mit etwas Übungen und zahlreichen Tipps hoffe ich, dass Sie sich ebenfalls an eigene Entwürfe trauen. Sie können dazu meine Modelle für Pullover, Mützen, Fäustlinge und andere Accessoires als Basis für Ihr eigenes Werk verwenden. Am Ende des Buches finden Sie noch weitere Muster.

Carina Olsson

links: Sechs Ärmel mit dem gleichen Muster in verschiedenen Farbkompositionen (siehe auch S. 166–167).

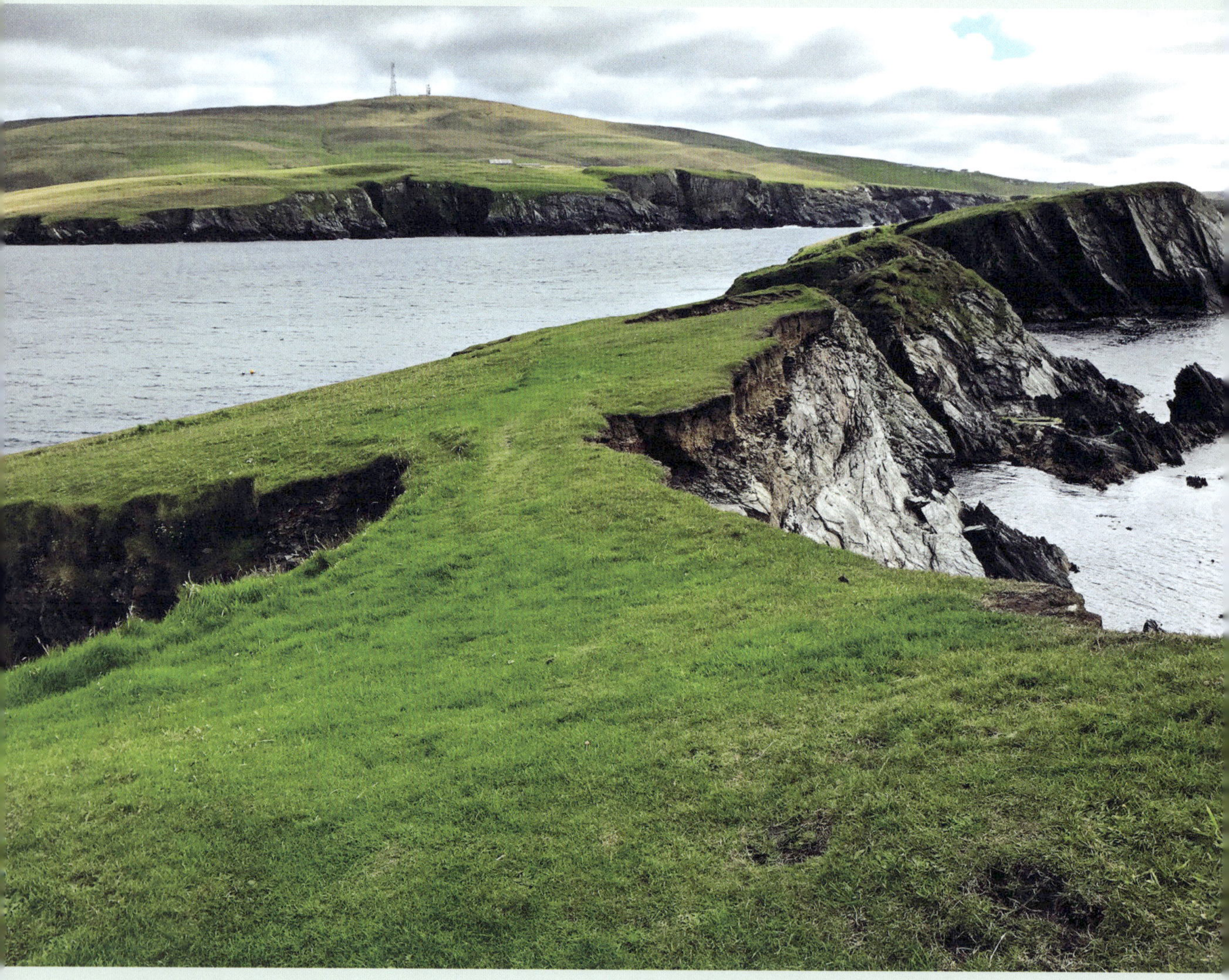

Insel St. Ninian (Shetlands)

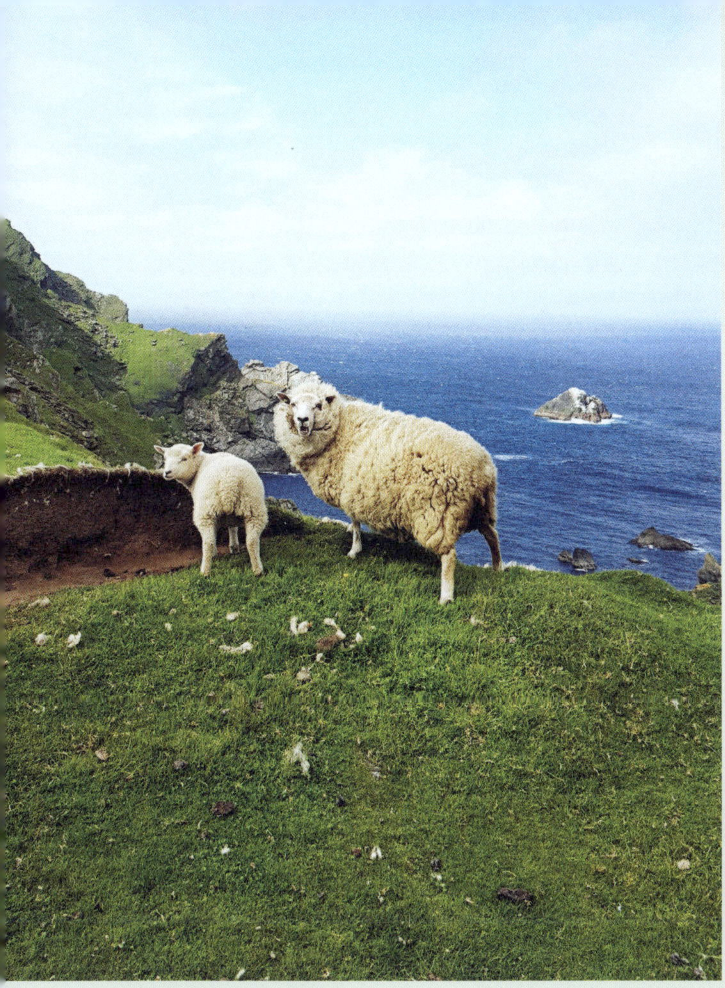

Shetlandschafe im Naturschutzgebiet Hermaness auf der Insel Unst

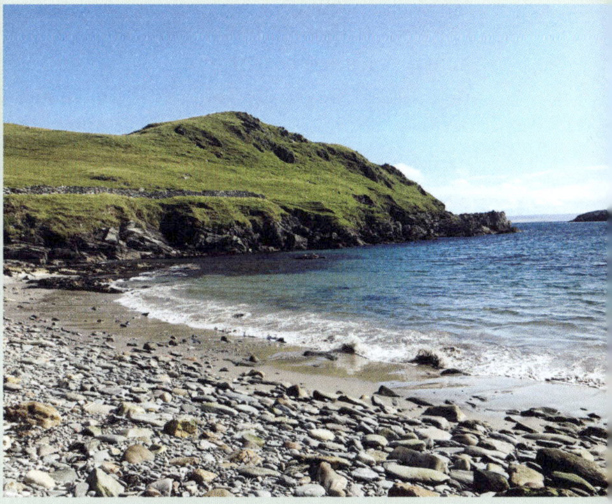

Fethaland, im nördlichen Teil von Northmavine

SHETLAND, DIE SCHAFE UND DAS GARN

Die Shetlandinseln

Fair Isle ist eine Insel der Shetlands und liegt dort, wo der Atlantik und die Nordsee zusammentreffen, auf dem 60. Breitengrad. Der Archipel gehört zu Schottland und besteht aus über 100 Inseln, von denen etwa 15 bewohnt sind. Die größte heißt Mainland, dort liegt der Hauptort Lerwick. Fair Isle liegt etwa 40 Kilometer südlich von Mainland. Auf den Shetlandinseln leben etwa 24000 Menschen, davon nur etwa 40 auf Fair Isle. Die Natur ist abwechslungsreich, manchmal dramatisch, von steilen Klippen bis hin zu Moorlandschaften, grünen Hügeln und versteckten Buchten mit feinem Sand. Da es auf den Inseln nahezu keinen Wald gibt, hat man einen fantastischen Überblick über die pittoreske Landschaft, das Meer immer in Sichtweite. Durch die vielen Wanderwege und Strandwiesen kann man die reiche Vogelwelt hautnah erleben.

Zur Sommersonnenwende beginnt *da simmer dim*, d.h. »die Dämmerung eines Sommerabends«. Dann breitet sich ein besonderes Licht aus, das den Farben der Natur einen goldenen Schimmer verleiht. Doch das Wetter ändert sich schnell: Herbst und Winter sind sehr stürmisch und im Januar und Februar sorgen die Nordlichter für ein faszinierendes Schauspiel.

Im 9. Jahrhundert kamen norwegische Wikinger auf die Inseln und nannten sie Hjaltland. Die Sprache, die zunächst aus mehreren westnorwegischen Dialekten bestand, entwickelte sich zu einer eigenen Sprache: Norn. Obwohl die Shetlandinseln 1472 in schottischen Besitz gelangten, war die Sprache bis ins 19. Jahrhundert lebendig. Bis heute lebt Norn weiter, z.B. in Ortsnamen wie Lerwick und Tingwall. Wörter, die mit Fischerei, Natur, Schafen, Wolle und Stricken zu tun haben, haben bis heute Wurzeln in Norn.

Obwohl die Shetlandinseln nicht weit von Schweden entfernt sind, dauert die Anreise fast einen ganzen Tag, entweder durch mehrere Transitflüge oder eine 12-stündige Schifffahrt ab Aberdeen. Manche Veranstalter bieten Reisen zum Thema Brauchtum und Stricken an. Man kann aber auch individuell anreisen, einen Mietwagen nehmen, links fahren, die Freiheit spüren, und das Beste: Sie können die Garnläden in Lerwick, Jamieson's of Shetland und Jamieson & Smith so oft besuchen, wie Sie wollen.

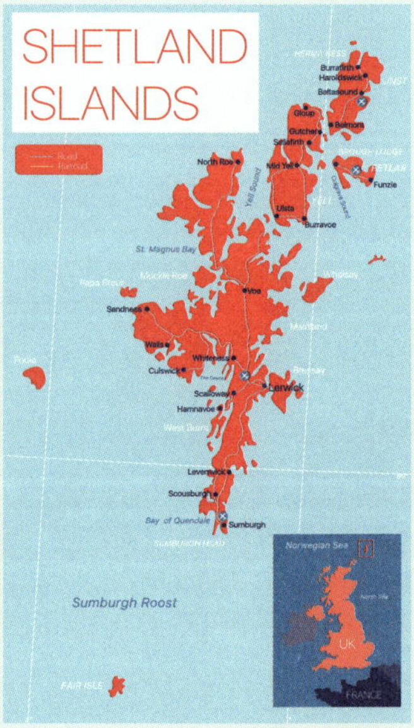

Die Shetlandinseln befinden sich nördlich von Schottland. Im Süden des Archipels liegt die kleine Insel Fair Isle.

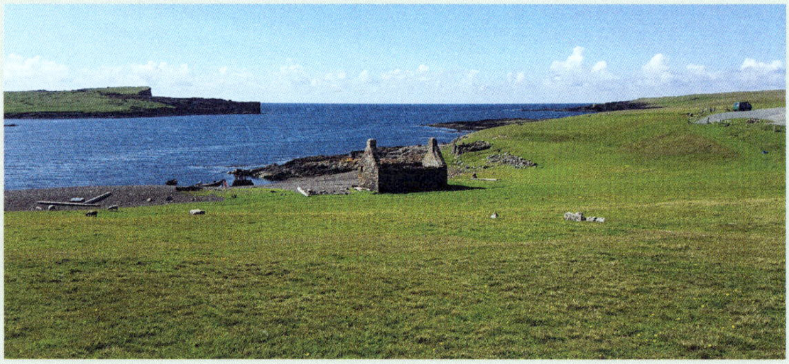

Rechts: Papageientaucher im Naturschutzgebiet Hermaness auf der Insel Unst

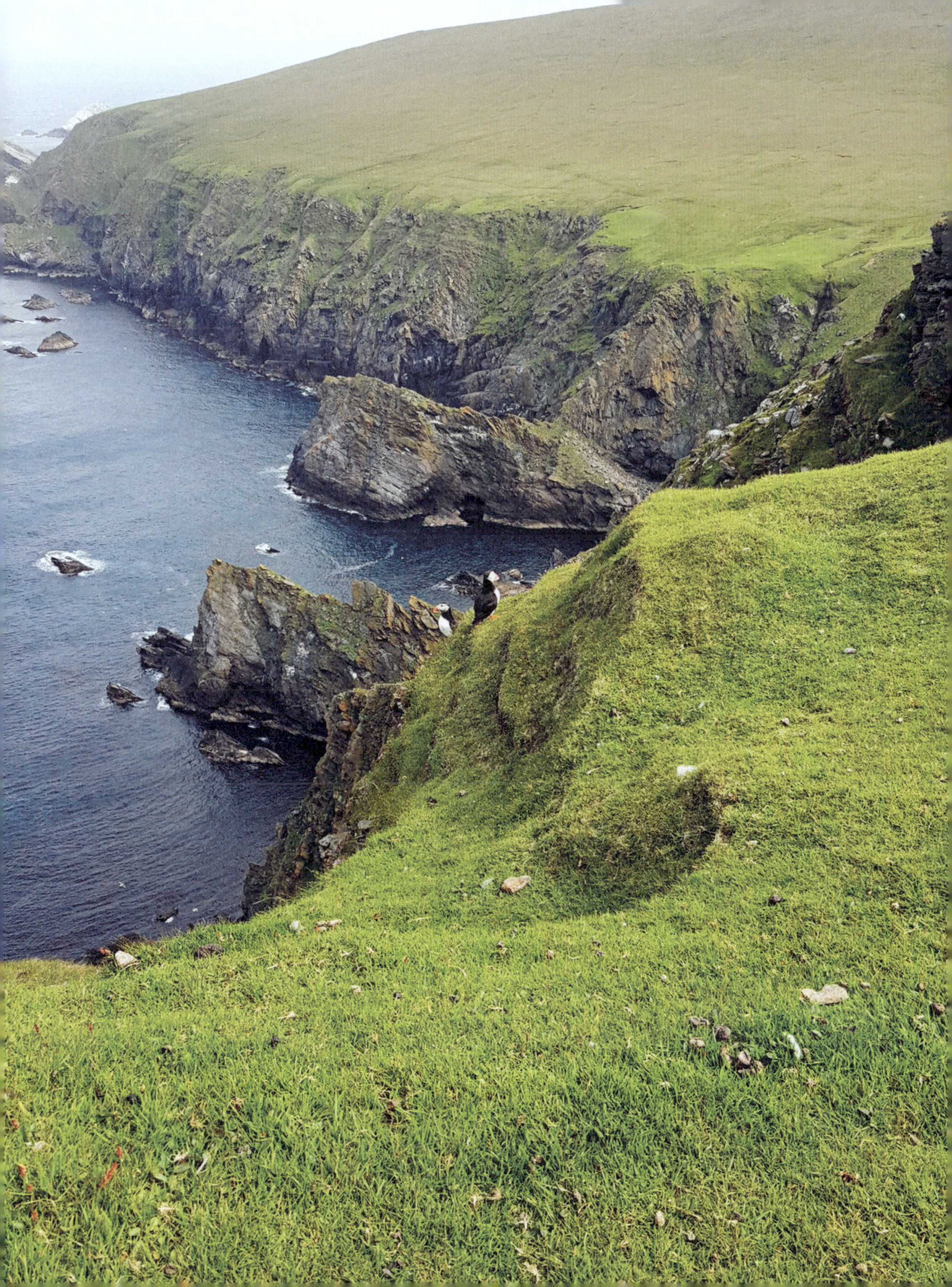

BEISPIELE FÜR WÖRTER ZUM THEMA STRICKEN AUF DEN SHETLANDINSELN

makkin	stricken
makkin belt	Strickgürtel
oo	Wolle
wires	Stricknadeln
loops	Maschen
geng	Reihe, Runde
sweerie geng	erste Reihe, Runde (die etwas knifflig zu stricken ist)
sprett	aufribbeln
wirsit	Wollgarn

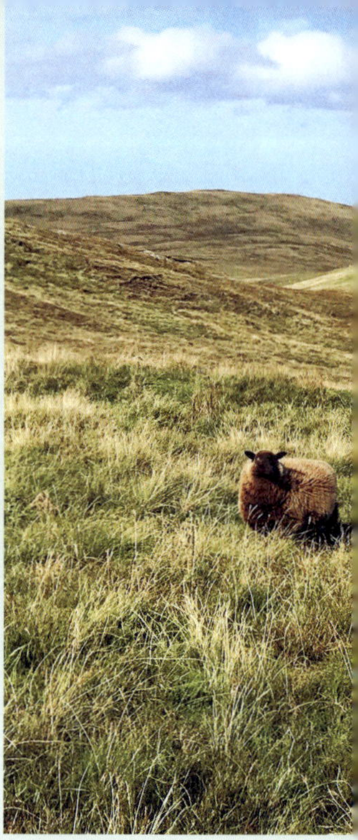

Rechts: Shetlandschafe in Fethaland. Die Rasse lässt man oft weit abseits weiden, getrennt von anderen Schafen, um eine Kreuzung mit anderen Schafrassen zu vermeiden.

Shetlandschafe

Das Shetlandschaf gehört zur Gruppe der nordischen Kurzschwanzschafe, die schon seit mehreren tausend Jahren auf den Shetlandinseln existieren. Die Rasse hat wohl ihren Ursprung u.a. in Skandinavien, und ihre Eigenschaften ähneln denen wilder Schafe. Sie kommen mit den unwirtlichen Bedingungen zurecht, die das Leben auf einer Insel mitten im Atlantik mit sich bringt. Sie sind klein, robust und wendig und können steile Klippen hinunterklettern, um ihre Nahrung mit Algen zu ergänzen. Bei Bedarf finden sie aufgrund ihrer Größe problemlos Schutz. Sie sind ganzjährig draußen und versorgen sich selbst.

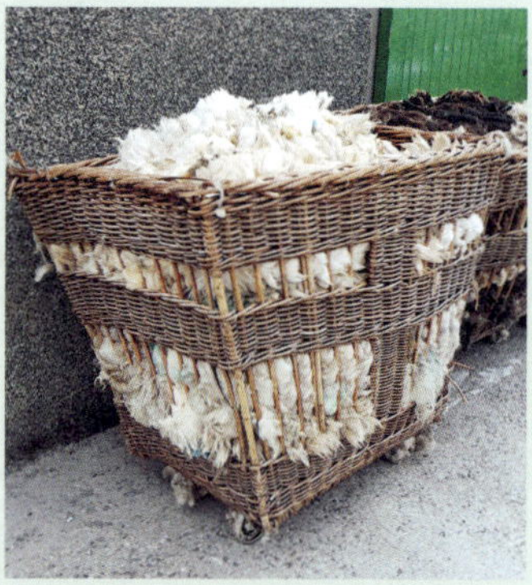

Wolle, die noch sortiert werden muss, wird in traditionellen Körben aufbewahrt, hier beim Garnhersteller Jamieson & Smith.

Shetlandwolle

Die Wolle der Shetlandschafe ist für ihre feine Qualität bekannt. Sie ist weich und warm, mit einer tollen Farbvielfalt von Weiß über Braun bis hin zu fast Schwarz. Das Vlies der Schafe kann gesprenkelt sein. Die Wolle wird von Hand sortiert und zu Garn gesponnen, das nach den natürlichen Farben der Wolle benannt ist, z. B. Gaulmogot, Katmollet, Mooskit, Sholmit, Moorit, Shaela und Yglet.

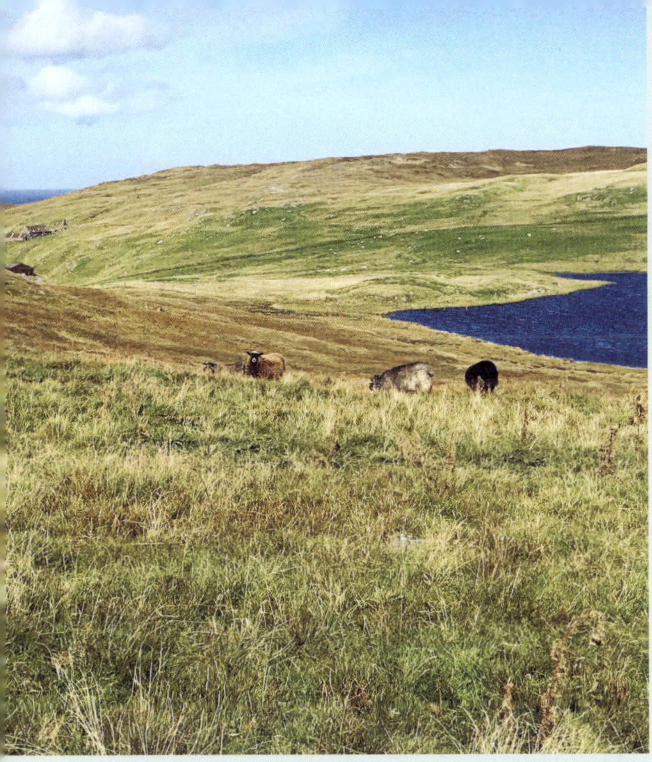

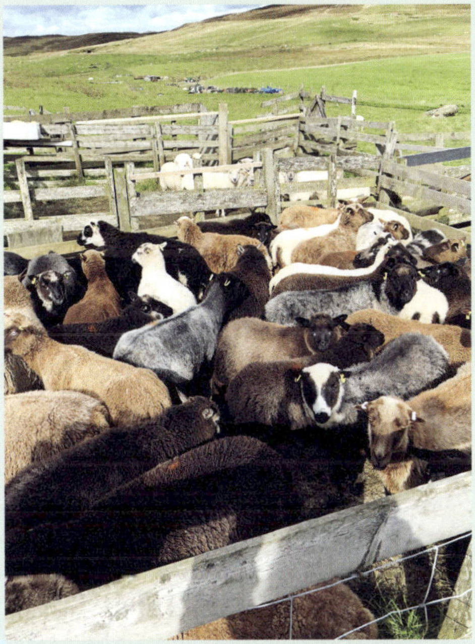

Shetlandschafe auf der Farm North Gardie in Aith

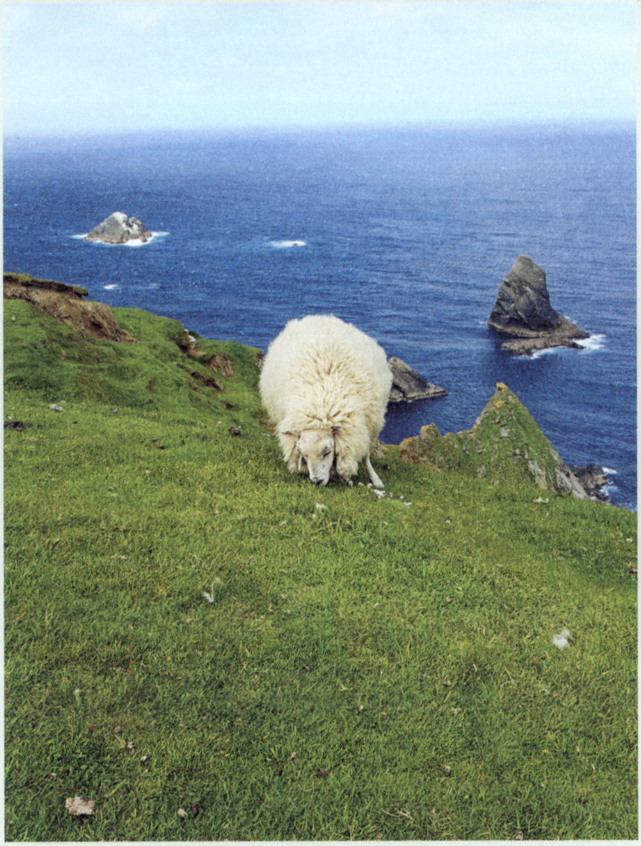

Shetlandschafe in Hermaness auf der Insel Unst

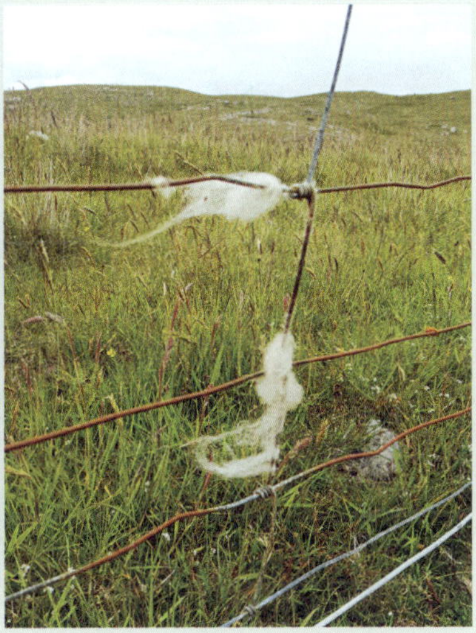

Shetlandschafe verlieren ihre Wolle auch auf natürliche Weise. Im böigen Wind verfangen sich Wollbüschel an den Zäunen.

Shetlandgarn

Original Shetlandwolle zum Fair-Isle-Stricken ist ein ziemlich dünnes, locker gesponnenes Wollgarn mit etwa 115 m/25 g. Aus dünnem Shetlandgarn gestrickte Kleidungsstücke fühlen sich nicht schwer und voluminös an, sondern sind leicht und doch gut wärmend. Die Farbpalette umfasst mehrere hundert Nuancen. Die meisten sind aus weißem Garn gefärbt. Das charakteristischste Merkmal der Stricktradition sind die melierten Garne, die durch das Verspinnen kleiner Wollbüschel in mehreren verschiedenen Farben zu einem Garn entstehen, das den natürlichen Farbtönen ähnelt.

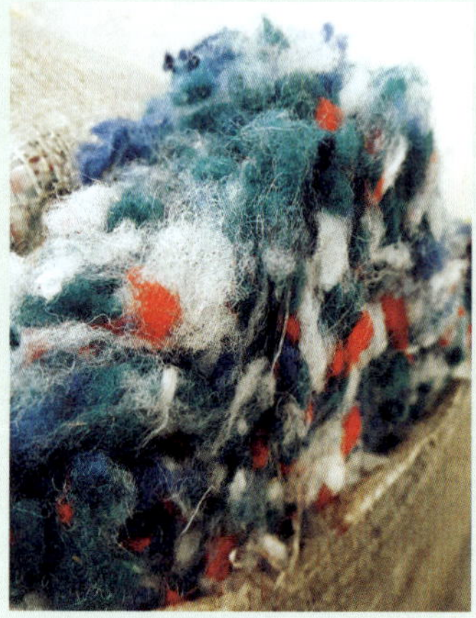

Die melierten Garne werden aus verschiedenfarbigen Wollbüscheln gesponnen.

Die beiden größten Hersteller von Shetlandgarn sind Jamieson's of Shetland und Jamieson & Smith. Für das Fair-Isle-Stricken eignen sich besonders folgende Garne:

Spindrift wird von Jamieson's of Shetland hergestellt, der eine Spinnerei in Sandness in West Shetland betreibt. Spindrift hat eine Garnkarte mit über 220 Farben mit sprechenden Namen nach den Farben der Natur. Erhältlich sind Knäuel à 25 g und Konen à 1 kg.

2 ply Jumper Weight wird von Jamieson & Smith hergestellt, ansässig am Stadtrand von Lerwick. Hier wird die Wolle von Hand sortiert und zum Färben und Spinnen nach England gebracht. Die mehr als 90 Farben sind in Knäueln à 25 g und Konen à 500 g erhältlich. Die Farben sind mit Zahlen und einige zusätzlich mit den Buchstaben Fc gekennzeichnet: Fashion colour (Modefarbe). Sowohl Spindrift als auch 2 ply Jumper Weight haben etwa die gleiche Stärke, sodass sie prima kombiniert werden können. So stehen Ihnen mehr als 300 Farben zur Verfügung.

Shetland Heritage wird bei Jamieson & Smith in Zusammenarbeit mit dem Shetland Museum and Archives hergestellt, um ein Garn nachzubilden, das an die älteren Fair-Isle-Strickwaren in der Sammlung des Museums erinnert. Es ist ein Kammgarn, das etwas dünner und glänzender ist als die oben beschriebenen Garne. Ich habe es für die Fair-Isle-Projekttasche (S. 140) verarbeitet. Es ist in den traditionellen Farben Schwarz, Braun, Blau, Rot, Gelb und Weiß erhältlich, verfügt aber auch über sieben Farbtöne natürlich gefärbter Shetlandschafwolle.

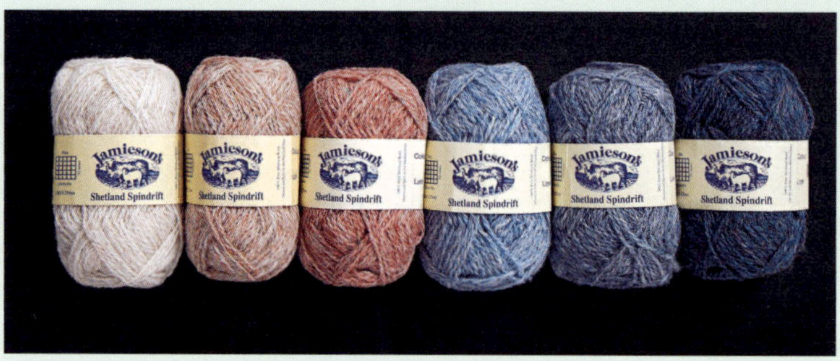

Links: Das Garn Spindrift in melierten Farben von Jamieson's of Shetland

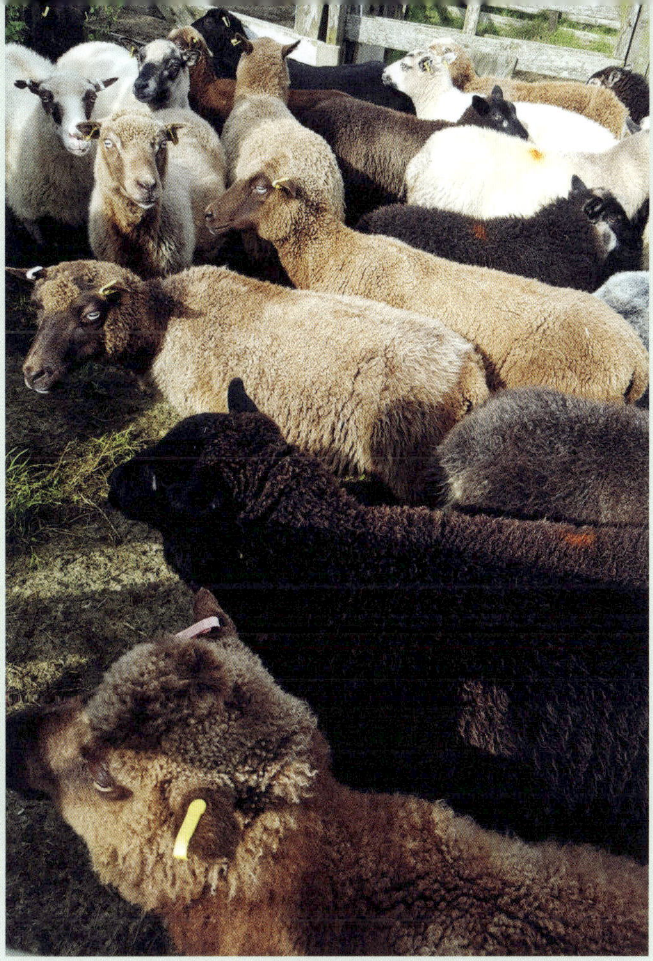

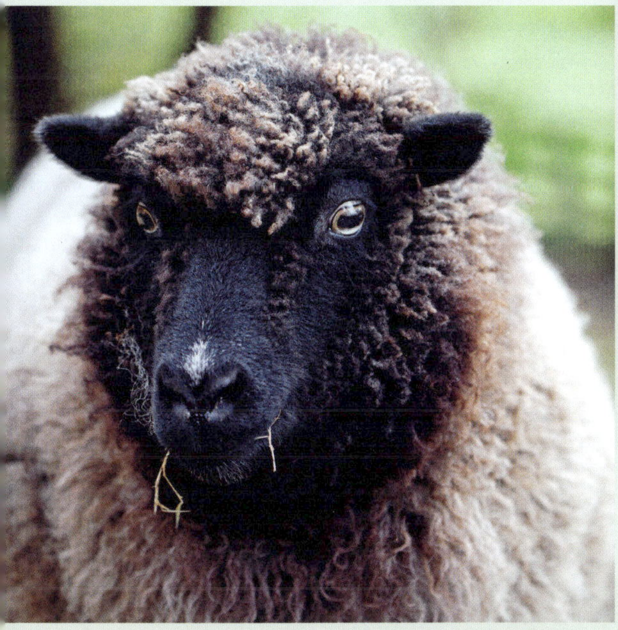

Die natürlichen Farben der Shetlandschafe finden sich im Sortiment des Garns Supreme Jumper Weight von Jamieson & Smith: White, Gaulmogit, Katmollet, Mooskit, Sholmit, Moorit, Shaela, Yuglet und Shetland Black.

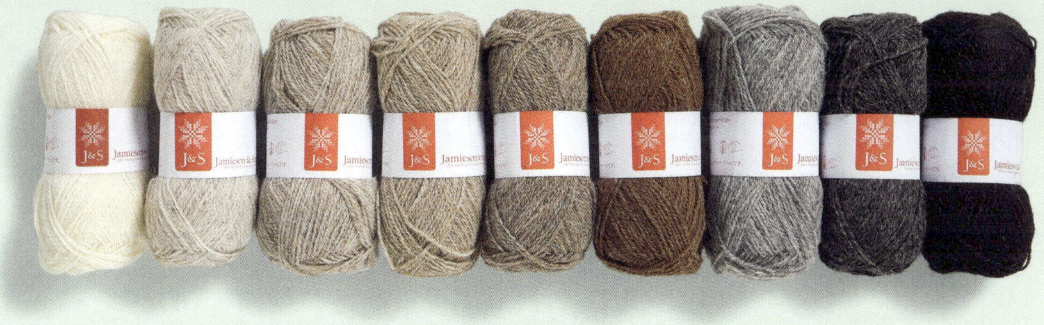

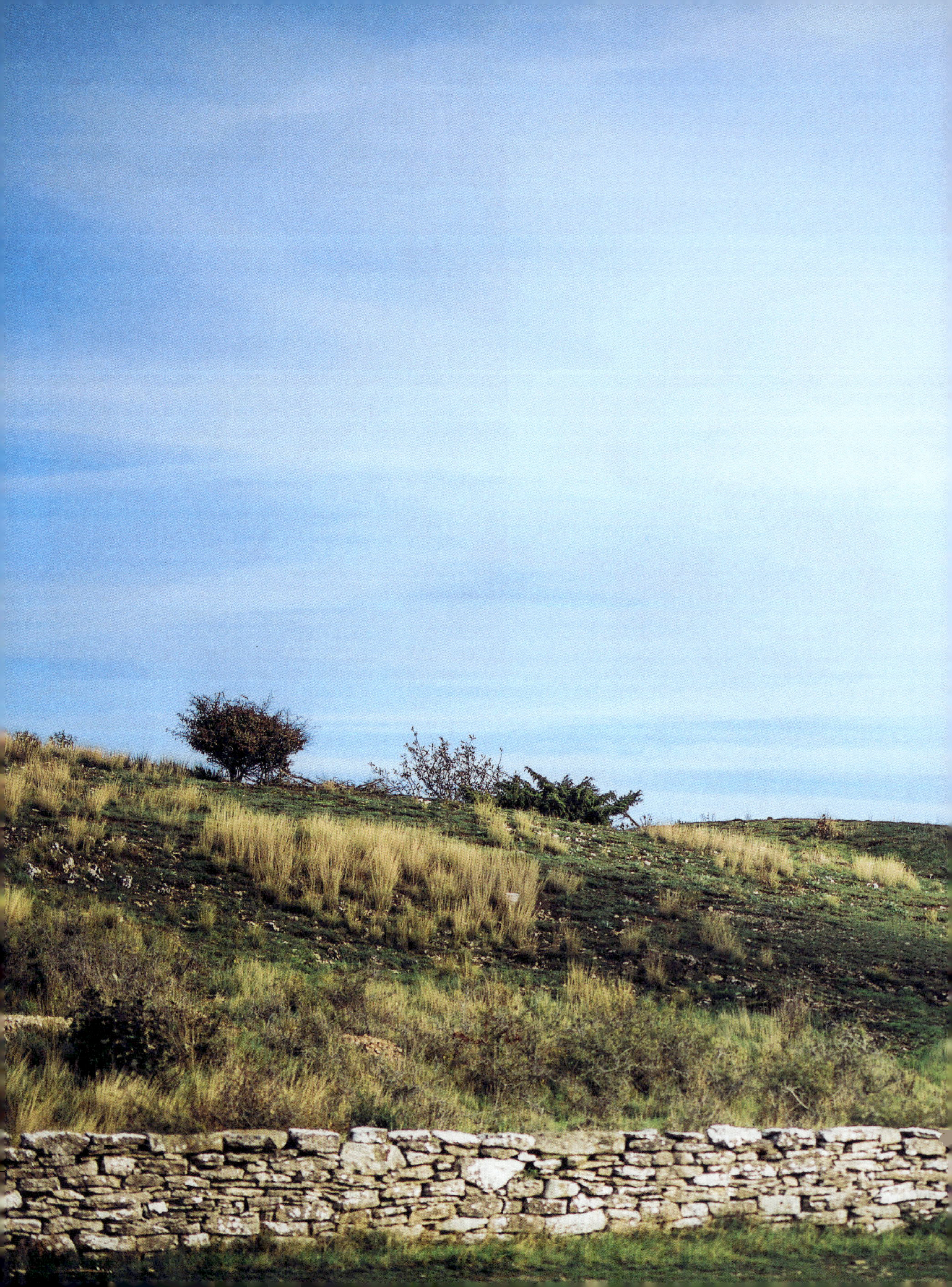

DIE FARBEN IM FAIR-ISLE-STRICKEN

Von der Inspiration zur Farbkarte, dem Kolorieren von Mustern und dem Stricken von Proben

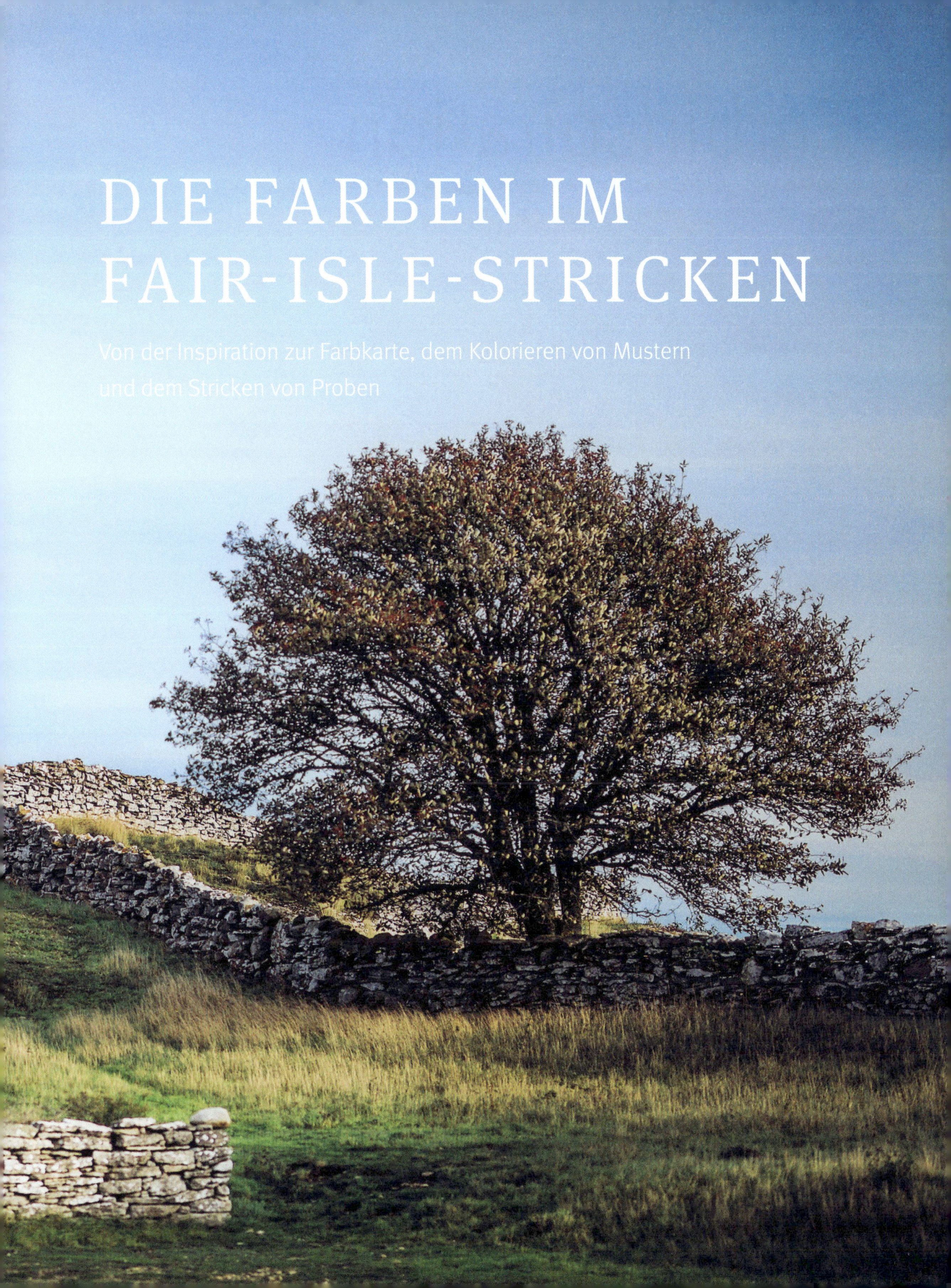

Farbinspiration

Eine Herausforderung beim Fair-Isle-Stricken ist die Farbgebung der Muster, d. h. Basis- und Kontrastfarben und Nuancen zu wählen, die die Muster hervorheben und die Bordüren und Farbwechsel zu einem harmonischen Ganzen werden lassen. Die traditionellen Pullover zeigen meist eine fantastische Farbkomposition, die oft der Mode der Zeit entsprach. Kräftig bunte Phasen wechselten sich mit gedämpfteren Farben ab, die von der kargen Natur inspiriert waren.

Es macht viel Spaß, Farben auszuwählen und so ein individuelles Kleidungsstück zu entwerfen. Ich fand es allerdings immer schwierig, in einem Wollgeschäft vor Garnen in unzähligen Farben zu stehen und daraus wählen zu müssen. Wenn mich das zu sehr stresste und verwirrte, landete ich am Ende bei der gelingsicheren Palette Grau, Weiß, Schwarz und Rot. Das sind zweifellos schöne Farben, aber ich wollte doch lernen, andere Farben in meinem Strick zu kombinieren.

Deshalb lasse ich mich seit Jahren von der Natur inspirieren. Ich halte inne, schaue genau hin und versuche, wirklich die Farben zu sehen, die mich umgeben. Für mich war das anfänglich ein echtes Aha-Erlebnis! Die Farben habe ich in Garne übersetzt und damit Muster gestaltet. Im Folgenden spreche ich über Farbinspiration und darüber, wie auch Sie Nuancen und Farben für Ihr Fair-Isle-Projekt auswählen können, um dann mit eigenen Mustern fortzufahren.

Der Wald ist grün und das Meer ist blau. Aber im Wald gibt es eine Vielzahl grüner Farbtöne und Schattierungen. Im Moos oder einem Büschel Sauerklee geht das Grün von Gelbgrün bis Blaugrün in viele miteinander harmonierende Mischungen über. Das blaue Meer kann eine Farbskala von Graublau über Türkis bis hin zu Blauschwarz haben, wobei der Himmel und das Wetter eine große Rolle dabei spielen, wie wir Farbtöne wahrnehmen.

Manchmal enthält eine in der Natur harmonische Komposition völlig unerwartete Farben, die ich wohl nie selbst ausgewählt oder genau dort für möglich gehalten hätte. Zusammen bilden sie die Grundsteine, die die Farbgebung eigener Modelle inspiriert!

Farberlebnisse habe ich im Bus oder im Auto. Die Bilder ziehen vorbei, aber ich habe noch Zeit, die Farben zu sehen und sie mir zu merken. Am Wegesrand wachsen Pechnelken, Natternköpfe und Butterblumen, die zusammen mit der braunen Erde und den grünen Blättern von Grau bis Grasgrün ein Gemälde bilden. Woanders wachsen Moosteppiche in herrlichen Grüntönen und ab Ende August leuchtet die Heide lila und violett. An meinem Wohnort gibt es eine Stelle mit verschiedenen Dachwurzarten. Die Farben der Pflanzen ändern sich im Laufe des Sommers, am liebsten mag ich die Töne, wenn es richtig trocken ist: Hellrosa, Lachs, Ockergelb, braune Umbra, Dunkelbraun und Limette.

Nahaufnahmen sind Bilder, die mir bei Spaziergängen begegnen. Dann halte ich inne, um ganz genau hinzuschauen. Auf der Arbeit gibt es eine Wand, an der ich jeden Tag vorbeigehe, ohne sie groß zu beachten, aber eines Tages nahm ich plötzlich die Farben der Wand vor einem Sofa wahr, wo das Holz in der rostigen Stahlkonstruktion des Sofas gräulich aussah. Oder als ich die Treppe zu meinem Haus hinauflief, sah ich aus dem Augenwinkel ein Blatt in spätsommerlicher Verfärbung. Ich trat ein paar Schritte zurück und schaute noch einmal genau, und es hat sich gelohnt.

Zu Hause gibt es immer neue Farbinspirationen, aber auch auf Reisen sind interessante Farbkompositionen zu entdecken. Mich zieht es zu Stränden und Meeren, wo Algen und Seegras eine unerschöpfliche Inspirationsquelle darstellen. Hummerfallen, Seile, Steine und Strandglas lassen Bilder vor meinem geistigen Auge entstehen. Inseln sind etwas ganz Tolles: Auf Gotland und Stora Karlsö schimmern die Farben durch den Kalkstein im Felsgrund auf ganz besondere Weise, auf den Shetlandinseln sorgt der offene Horizont ohne Bäume für kräftigere Farben als bei uns zu Hause.

Wenn Sie etwas Schönes sehen, fotografieren Sie es sofort. Die Bilder können Sie dann zu Hilfe nehmen, wenn Sie das Motiv in eine Farbpalette umwandeln möchten.

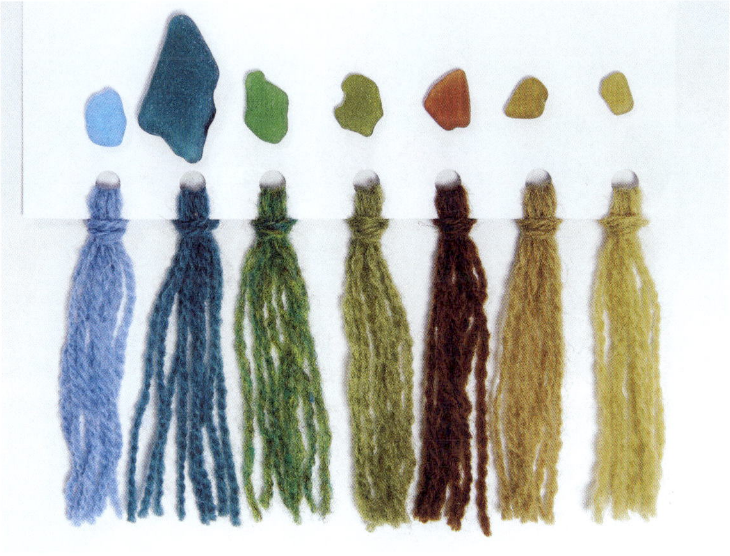

Rechts: Farbinspiration Strandglas. Glasfundstücke aus dem Meer wurden in Garn interpretiert (von links nach rechts): 2 ply Jumper Weight von Jamieson & Smith: Farbnummern 14 und 141 und Spindrift von Jamieson's of Shetland: Leprechaun, Granny Smith, Old Gold, Pistachio, Chartreuse.

Von der Inspiration zur Farbkarte

Ich brauche ein Tool, das mir bei der Auswahl von Farben und Kombinationen hilft, an die ich sonst nie gedacht hätte: Ich erstelle Farbkarten meiner Inspirationsbilder.

Sie können die Farbkarte zu Hause oder draußen erstellen. Halten Sie zu Hause eine Garnfarbkarte Ihres Lieblingsgarns bereit. Es wäre zwar optimal, von jeder Farbe tatsächlich ein Knäuel zu haben, aber das ist ja

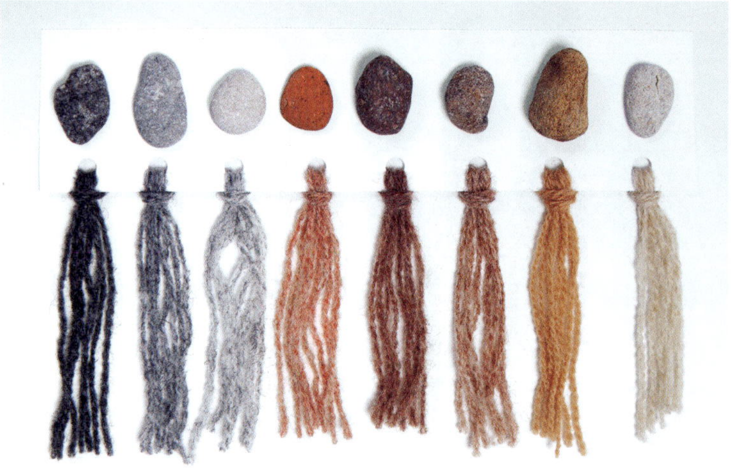

Links: Aufgereihte Steine in Garne übersetzt (von links nach rechts): 2 ply Jumper Weight von Jamieson & Smith: 54, 27, 203, 1284, 78, 3, Fc45, 202

EINE EIGENE FARBKARTE ERSTELLEN

Sie brauchen

- ein inspirierendes Bild, Foto oder Objekt
- Garne
- 5 x 15 cm weißer Karton
- einen Ein-Loch-Locher

Schauen Sie Ihr Bild, Foto oder Objekt an. Wie viele Farben sehen Sie? Bei meinen Inspirationsbildern beschränke ich mich auf 5–7 Farben, was für Fair-Isle-Stricken ausreicht. (In einigen Fällen habe ich auf Bildern 11 Farben identifiziert.) Ordnen Sie die gewählten Farben Ihren Garnen zu. Stanzen Sie an der Kartonlängsseite entsprechend viele Löcher aus.
Fädeln Sie Garnfäden durch die Löcher. Ich sortiere die Farben und platziere die hellsten Farbtöne oben. Schreiben Sie den Namen oder die Nummer des Garns auf den Karton. Notieren Sie auch ein Stichwort zur Inspirationsquelle. Man vergisst schneller, als man denkt.

unmöglich. Nur mit einer Garnkarte geht es aber auch. Wenn Sie genug Farbinspirationen haben, kaufen Sie die ausgewählten Farben, damit Sie die echten Farbkarten erstellen können.

Machen Sie Schnappschüsse mit inspirierenden Farben. Ich benutze dazu mein Handy, das mit einem Tablet gekoppelt ist. Wenn ich nach Hause komme und Garne inspiziere, ist es an einem größeren Bildschirm einfacher. Wenn die Inspirationsquelle z. B. eine kleine Blume oder ein Blatt ist, nehmen Sie es mit nach Hause.

Die Arbeit mit der Farbkarte draußen macht Spaß und entspannt. Ich nehme die Garnkarte meines Lieblingsgarns mit auf Spaziergänge oder Reisen, und wenn ich eine anregende Farbkombination finde, vergleiche ich die echten Farben mit der Garnfarbkarte. Manchmal stimmen die Farben sehr gut überein, ansonsten wähle ich einen ähnlichen Farbton. Das sieht meistens gut aus, obwohl die Farben der Naturszene fast nie total mit denen der Garne übereinstimmen. Die Anmutung ist wichtiger. So werden Sie Farben kombinieren, wie Sie es sonst nicht getan hätten.

Wenn Sie die passenden Garne ausgewählt haben, schreiben Sie die Namen oder Nummern auf die Farbkarte.

Rechts: Fetthenne am Strand von Visby und die passenden Farben von 2 ply Jumper Weight (Jamieson & Smith): 1284, 9097, 1403, 9113, Fc11, 203.

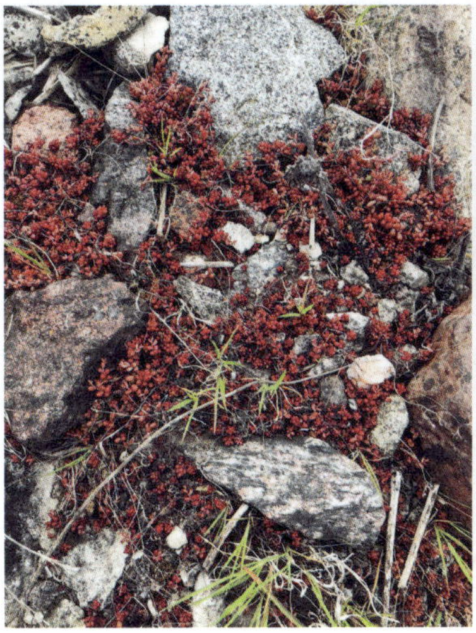

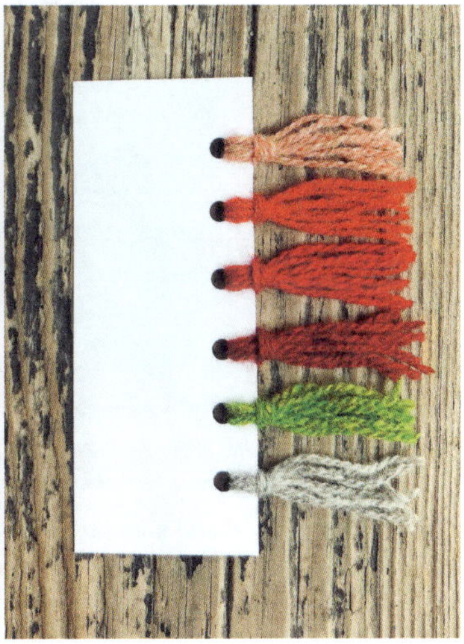

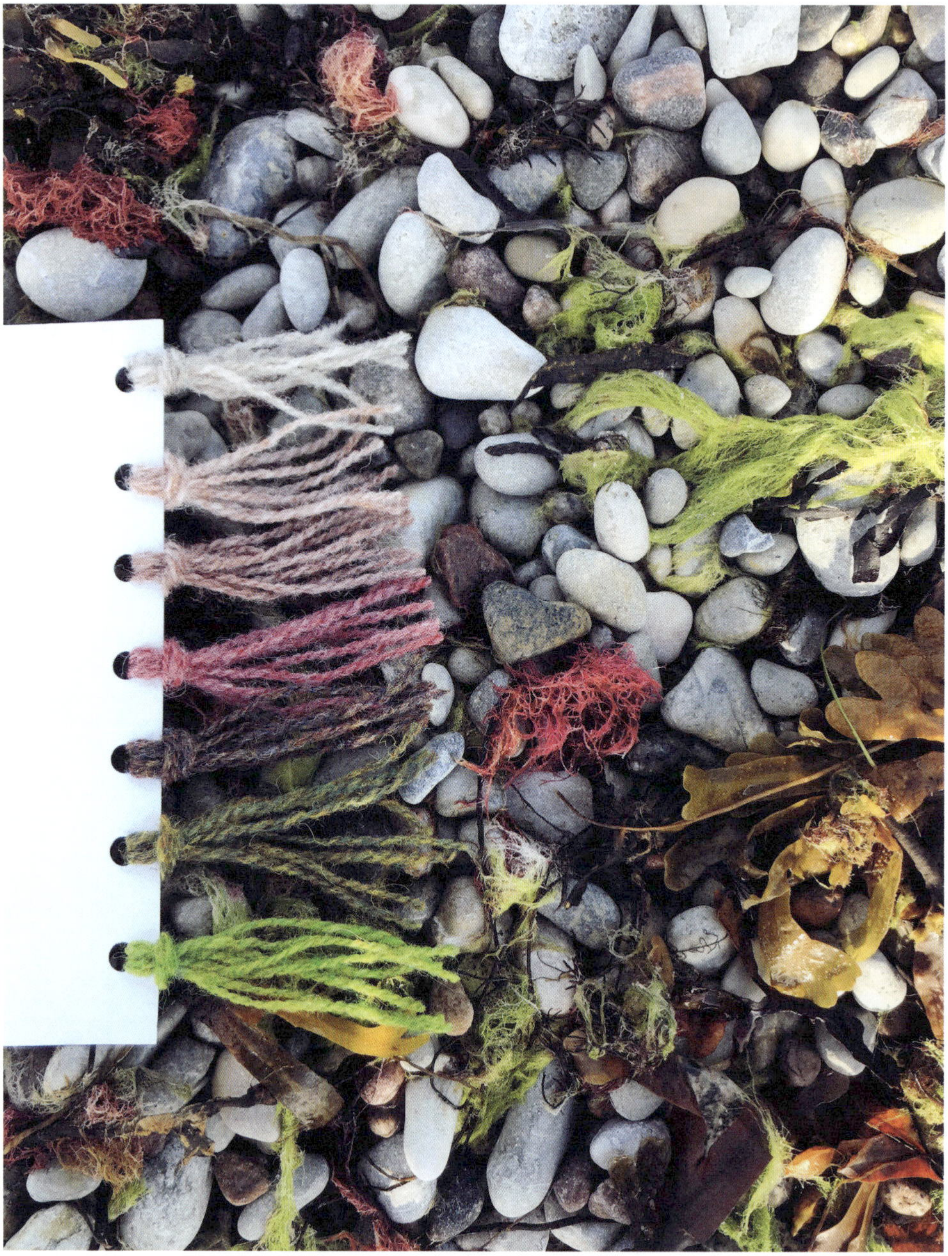

Tang in Lickershamn (Schweden)
2 ply Jumper Weight von Jamieson & Smith:
202, 3, 78, 72, Fc58, Fc12, Fc11.

Dompfaff
Rechts: 2 ply Jumper Weight von Jamieson & Smith (Nummern) und Spindrift von Jamieson of Shetland (Namen): 1, Sandalwood, Ginger, Dove, 77.

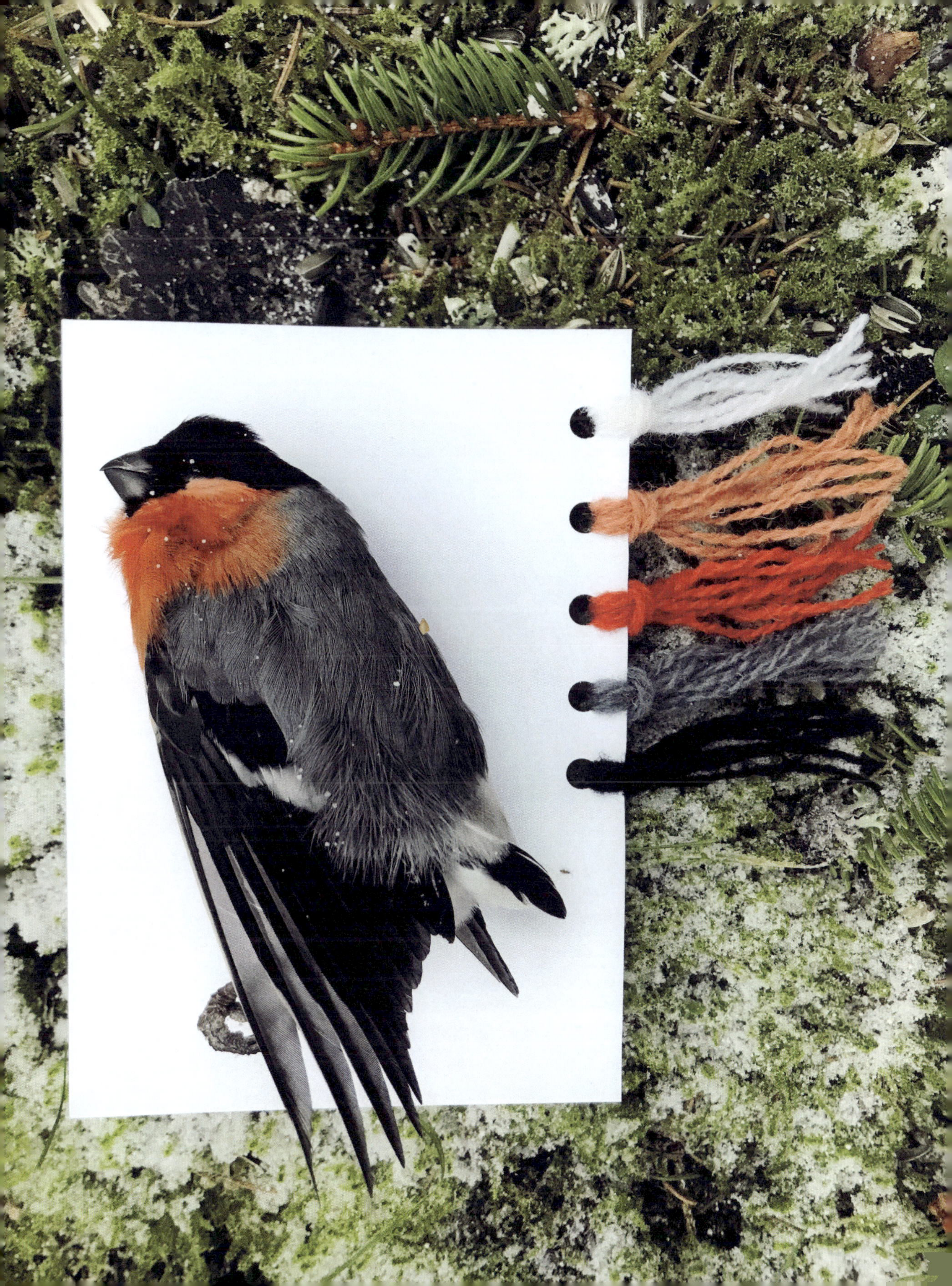

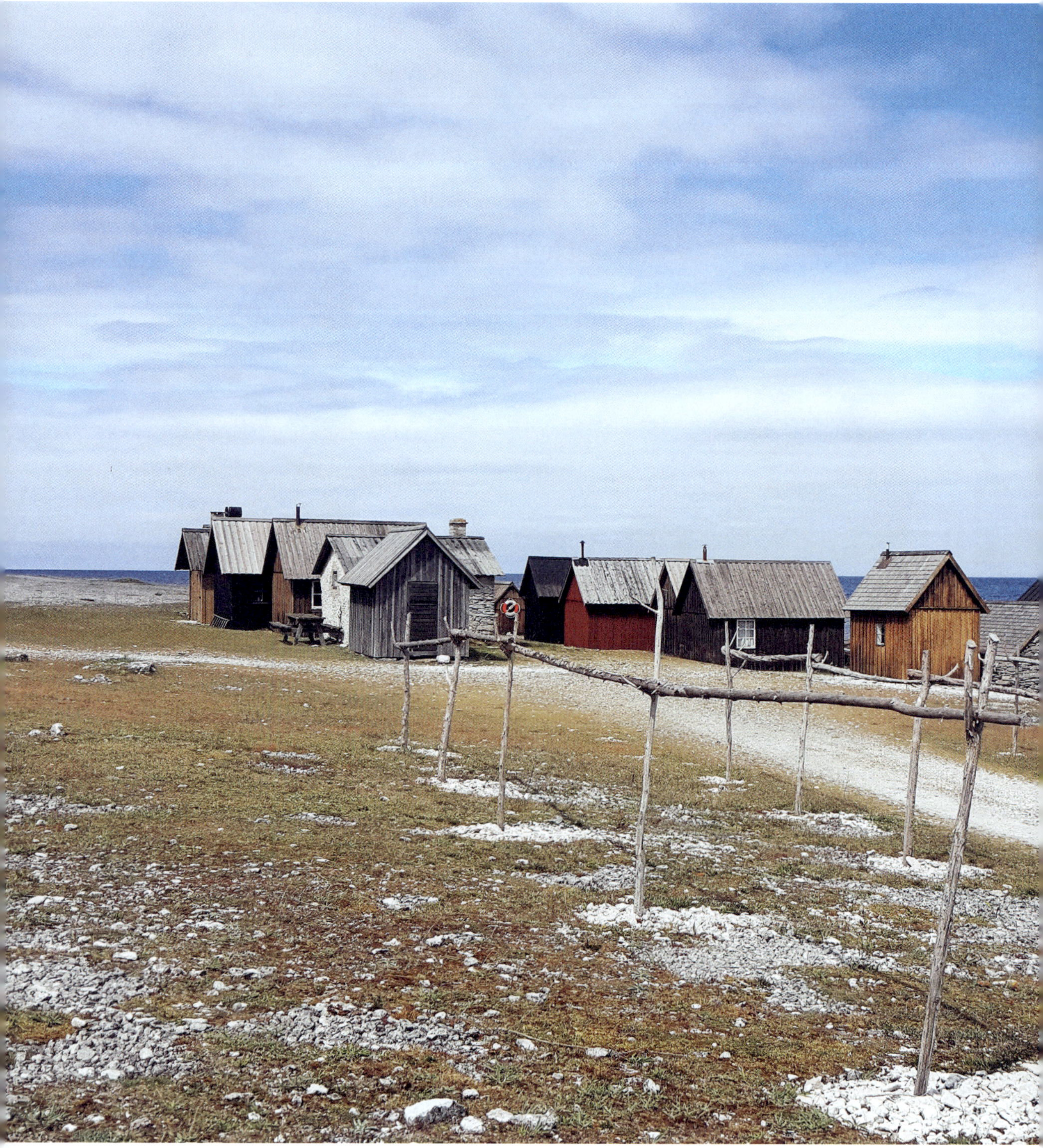

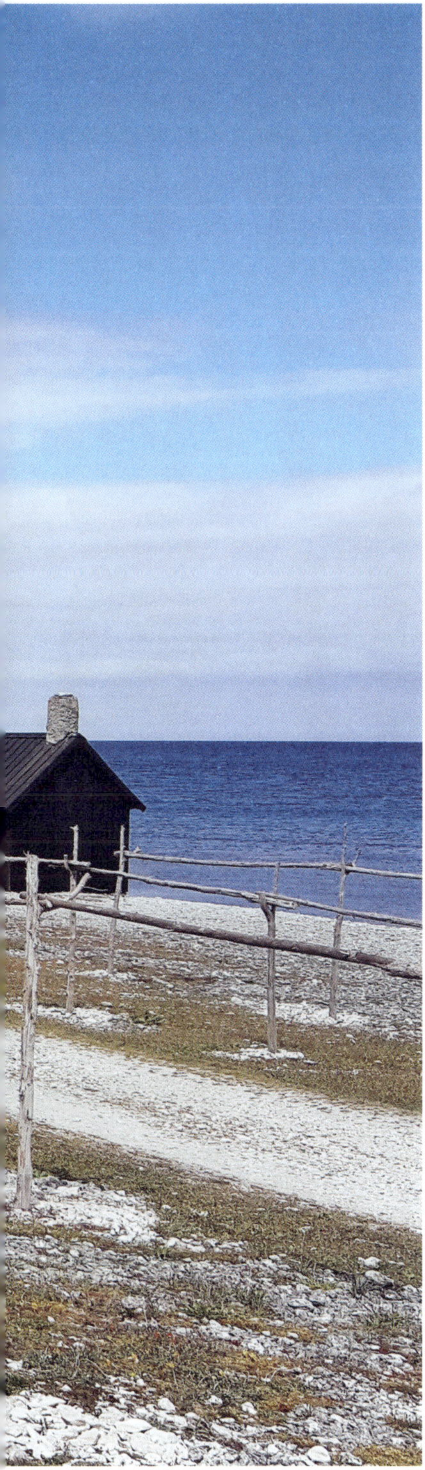

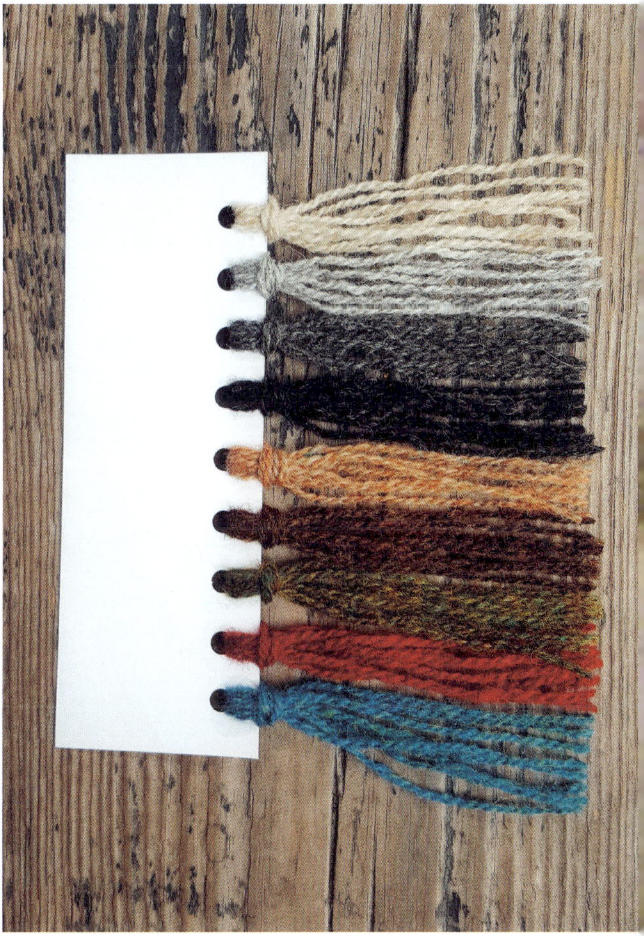

Helgumannen
(gotländische Fischerstelle)
2 ply Jumper Weight von Jamieson & Smith:
202, 203, 27, 81, 1281, Fc44, Fc12, 9113, Fc39

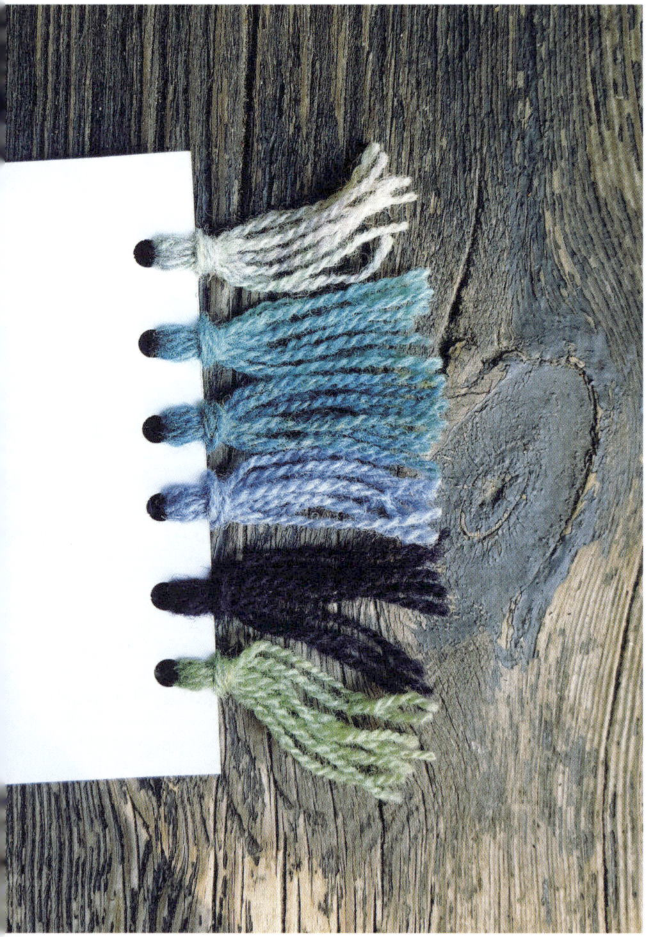

Boot beim Hoven
(See in der Nähe von Stockholm)
2 ply Jumper Weight von Jamieson & Smith:
1280, Fc34, Fc39, Fc15, 36, Fc24

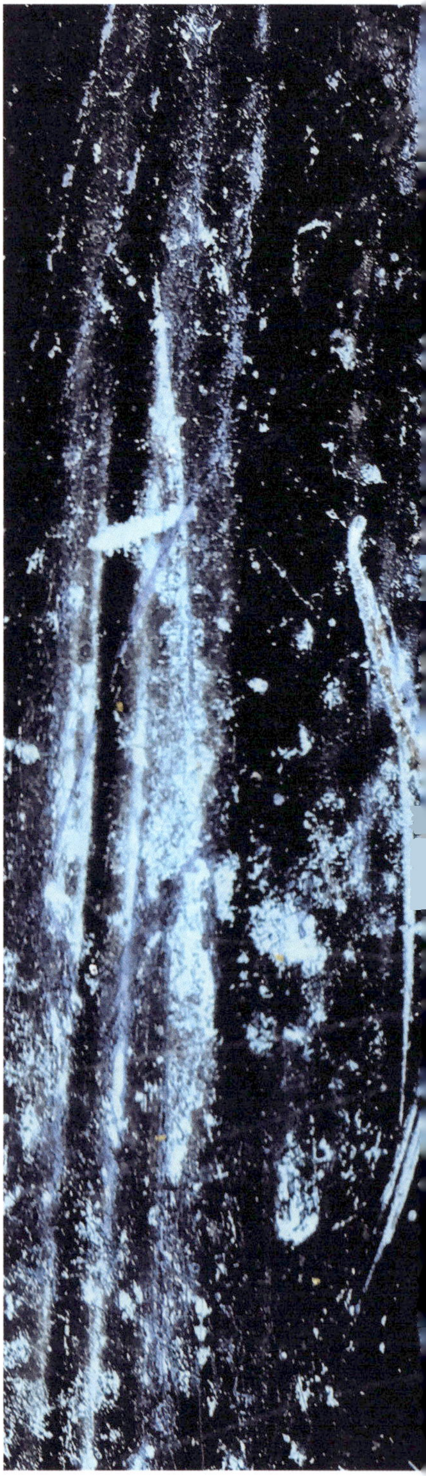

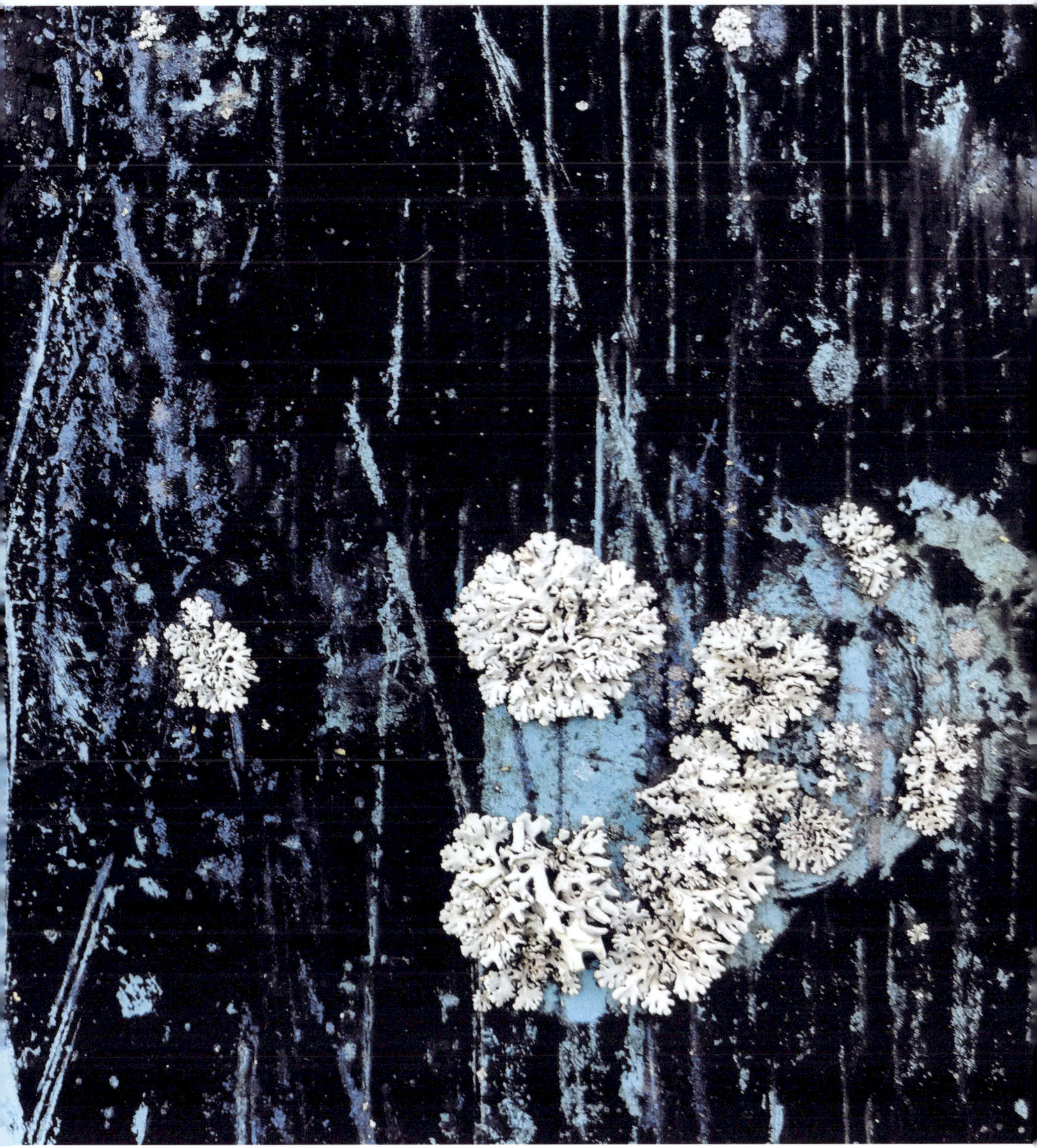

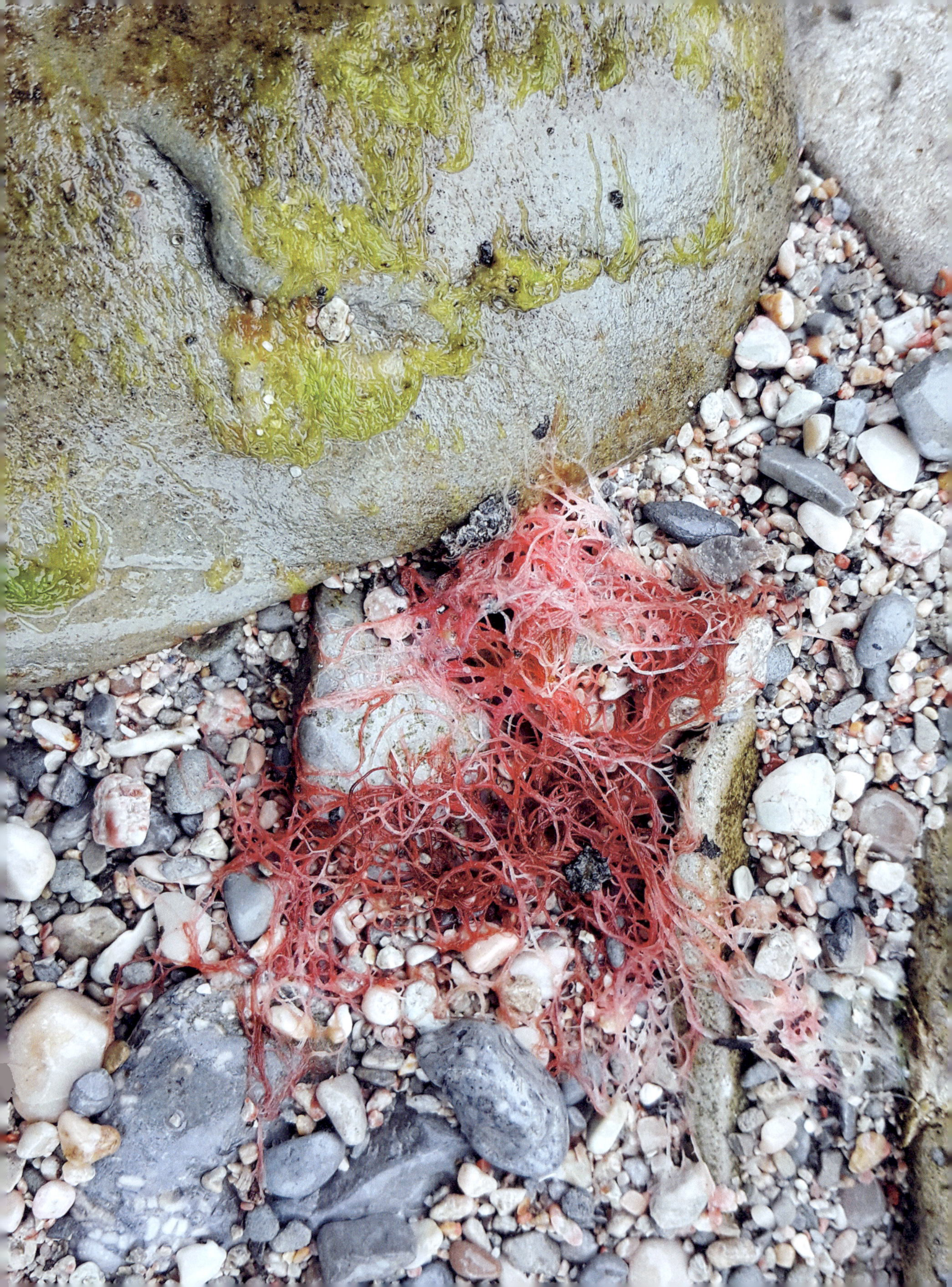

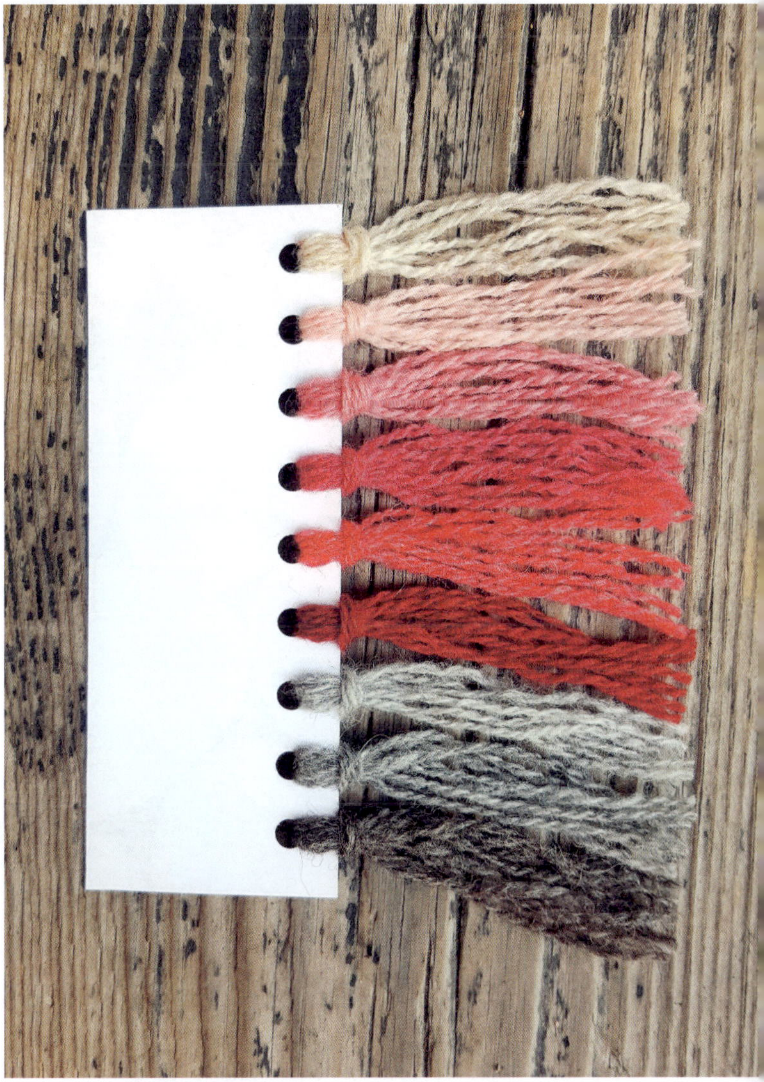

Tang bei Hoburgen (Gotland)
Spindrift von Jamieson's of Shetland: Sand, Blossom, Sorbet, Lipstick, Sherbet, Redcurrant, Granite, Steel, Shaela

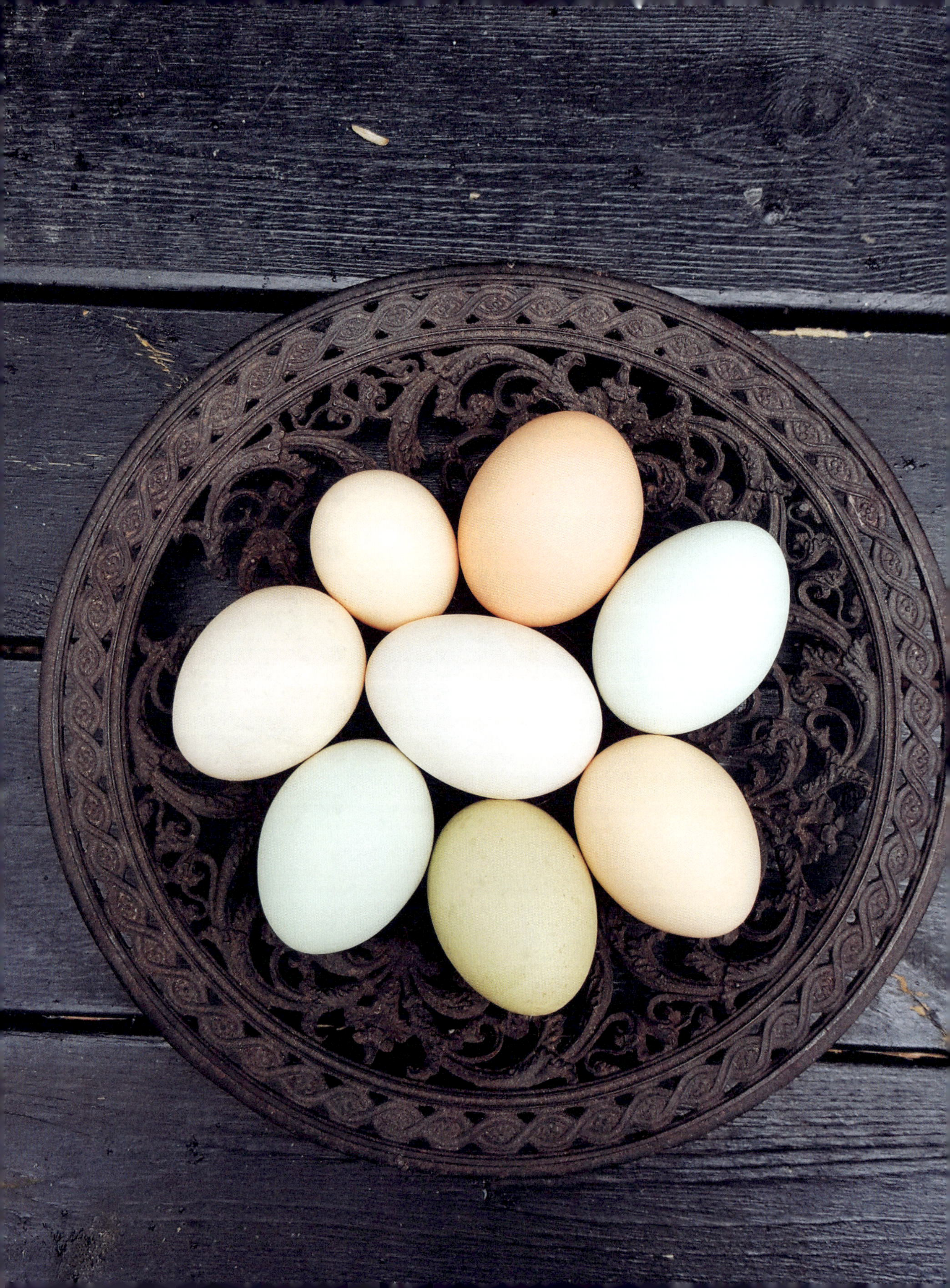

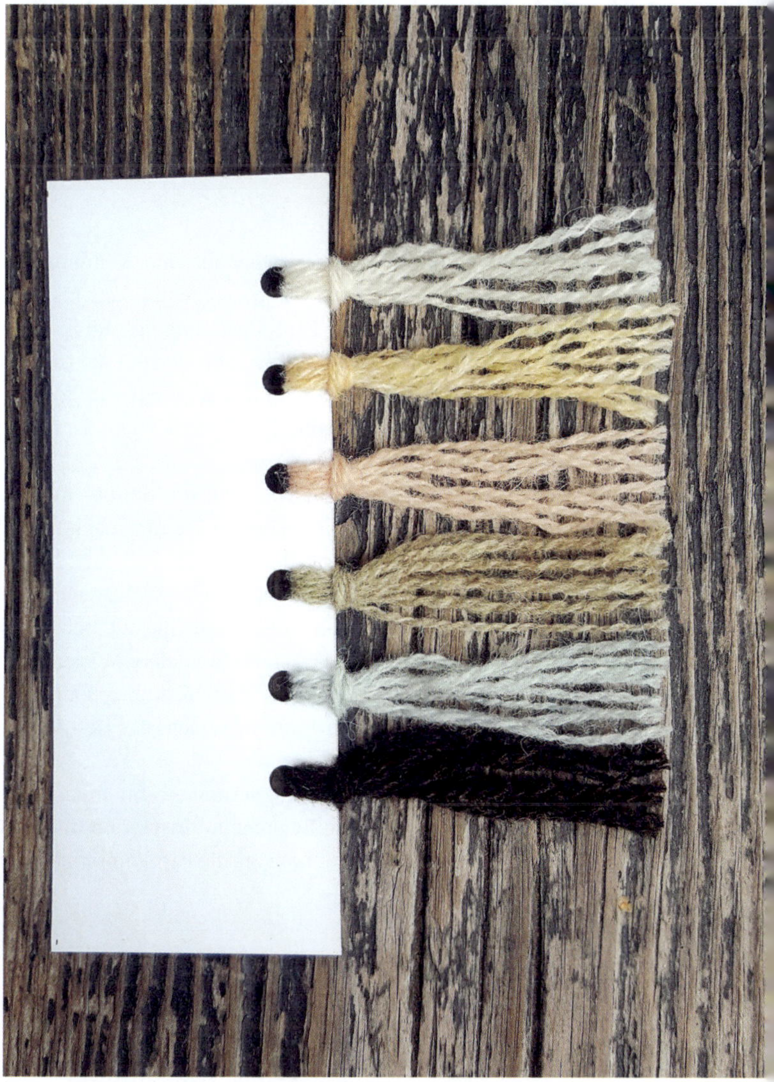

Eier
Spindrift von Jamieson's of Shetland: Natural white, Buttermilk, Peach, Lichen, Eggshell, Earth

Farbgebung von Fair-Isle-Mustern

Ein traditionelles Fair-Isle-Muster besteht aus einer Kombination von unterschiedlich breiten Bordüren. Sie werden oft mit fünf bis sieben Farben gestaltet, die eine harmonische Farbpalette bilden sollten: eine Basis- oder Hauptfarbe und mehrere Musterfarben, von denen eine gern etwas leuchtender oder kräftiger sein darf. Damit das Muster in der Bordüre möglichst gut zur Geltung kommt, ist ein guter Kontrast zwischen der Musterfarbe und der Hauptfarbe notwendig.

In diesem Kapitel erkläre ich, wie man die Haupt- und Musterfarben gekonnt auswählt und variiert. So können Sie ganz nach Ihren Wünschen und Ihrem Geschmack experimentieren.

Im Kapitel Muster (ab S. 164) präsentiere ich verschiedene Bordüren. Beim Fair-Isle-Stricken gilt die Regel: In einer Runde nie mit mehr als zwei Farben stricken, sondern nur mit der Hauptfarbe und einer Musterfarbe. Da außerdem die Musterfarben innerhalb einer Bordüre zum Teil mehrmals gewechselt werden – je nach Höhe der Bordüre –, sieht das Gestrick komplizierter aus, als es ist.

Man kann viel über Farbgebung lernen, wenn man sich zahlreiche andere Modelle anschaut, zum Beispiel auf Instagram und Pinterest. Vergrößern Sie die Fotos und betrachten Sie die Farbkombinationen im Detail.

Die gleiche Farbauswahl und -verteilung, aber drei verschiedene Motive. Hier sieht man gut, wie die Farben in verschiedenen Motiven unterschiedlich stark zur Geltung kommen. Farben von unten: Spindrift von Jamieson's of Shetland: Mogit, Mooskit, Turf, Laurel, Granny Smith, Yellow Ochre, Eesit (Mitte). Hauptfarbe ist Shetland Black.

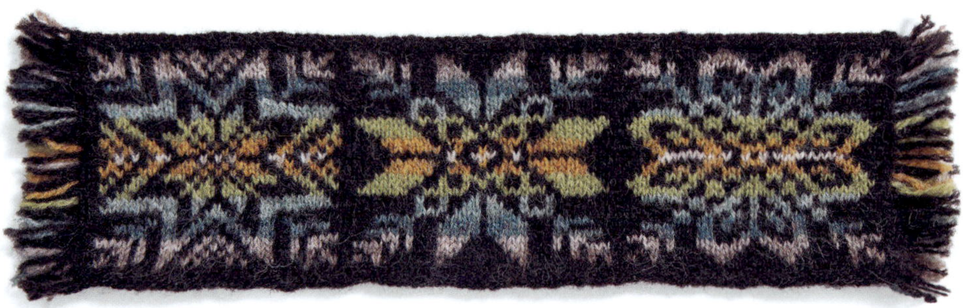

Früher führten die Stricker*innen der Shetlandinseln eigene Musterbücher, obwohl man bereits ab den 1930er Jahren Fair-Isle-Musterbücher kaufen konnte. Letztere waren jedoch teuer, aber die eigenen Sammlungen wurden sicherlich von neuen Motiven anderer Stricker*innen beeinflusst. Erstellen auch Sie Ihr eigenes Musterbuch mit Ihren Lieblingsbordüren und halten Sie verschiedene Farbkombinationen darin fest.

Muster kolorieren

Wählen Sie die Muster aus, die Sie verwenden möchten. Verteilen Sie die Farben Ihrer Farbkarte nun in zwei Spalten: Legen Sie zunächst die gewünschten Hauptfarben (Hintergrundfarben) in einer Spalte übereinander in der Reihenfolge, in der Sie sie stricken möchten. Neben jede Hauptfarbe legen Sie eine Musterfarbe. Die beiden Musterfarben, die in der Mitte leuchtend hervortreten sollen, legen Sie ganz nach oben. (Dies ist das Muster bis zur Mitte. Die zweite Hälfte ist spiegelsymmetrisch.) So erhalten Sie einen guten Überblick über Ihre Farbwahl.

Um zu prüfen, ob der Kontrast zwischen Haupt- und Musterfarbe ausreicht, nehmen Sie von beiden jeweils einen Faden und verdrehen Sie sie umeinander. Wenn man beide Farben dann noch gut erkennen kann, ist das ok, sollte aber eine der Farben ein wenig »verschwinden«, sollten Sie zu einem anderen Farbton wechseln. Manchmal weiche ich von meiner ursprünglichen Farbkarte ab und ersetze eine Farbe. Die Farbkarte ist also nur eine unverbindliche Grundlage. Ich denke dabei nicht so sehr darüber nach, wie die Farben beim Stricken wirken, sondern suche nach genau den Farbkombinationen und den Tönen, die ich auf dem Foto sehe.

Übertragen Sie das Muster mit Bunt- oder Filzstiften in ungefähr den gleichen Farben wie Ihre Garne auf Karopapier. Entscheiden Sie, wie viele Runden in der Haupt- und einer Musterfarbe gestrickt werden sollen, bevor es zu einem Farbwechsel kommt. In der breitesten Bordüre mit 17 bis 19 Runden kann es inklusive der Runden in der Mitte 6 bis 9 Farbwechsel geben, wenn jede Farbe 3 Runden lang gestrickt wird. Manchmal bestimmt das Motiv, wo der Farbwechsel am besten passt. Man kann die Farben in jeder Runde wechseln, jedoch wirkt die Bordüre dann schnell unruhig und die Musterfarbe fast meliert. Üblicherweise wird jede Farbe über 2 bis 3 Runden lang gestrickt, bevor gewechselt wird.

Der Farbwechsel mit Haupt- und Musterfarbe findet oft in derselben Runde statt. Alternativ sieht eine kleine Verschiebung, d. h. 4 Runden in der Hauptfarbe und 2 Runden in der Musterfarbe, auch schön aus. Dadurch wird der Übergang weicher.

Drei Farbvarianten des gleichen Fair-Isle-Musters

Dies ist ein Beispiel dafür, wie ich ein und dasselbe Muster auf dreierlei Art mit denselben sieben Farben koloriert habe.

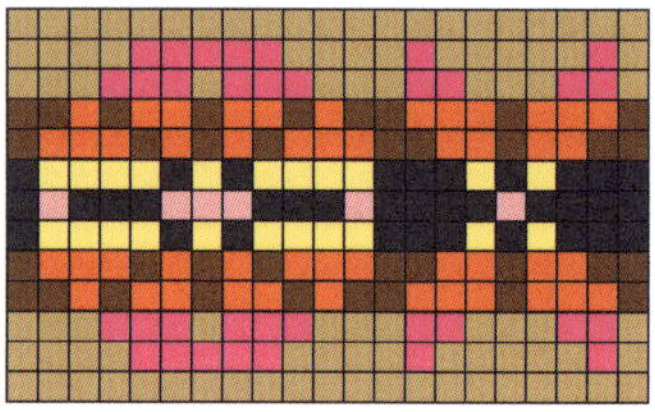

FARBVARIANTE 1

Sieben Farben, in Hauptfarben und Musterfarben unterteilt, plus Mitte

Hauptfarben: Hellbraun, Dunkelbraun, Schwarz

Musterfarben: Pink, Orange, Gelb

Mitte: Schwarz und Rosa

Die Hauptfarbe wechselt von Hell zu Dunkel, die Musterfarbe von Dunkel zu Hell – ab der Mitte spiegelsymmetrisch. Der Wechsel von Haupt- und Musterfarbe erfolgt in derselben Runde. Schwarz, die dunkelste Hauptfarbe, erstreckt sich über die drei mittleren Runden. Die Musterfarbe wechselt in der mittleren Runde zu Rosa.

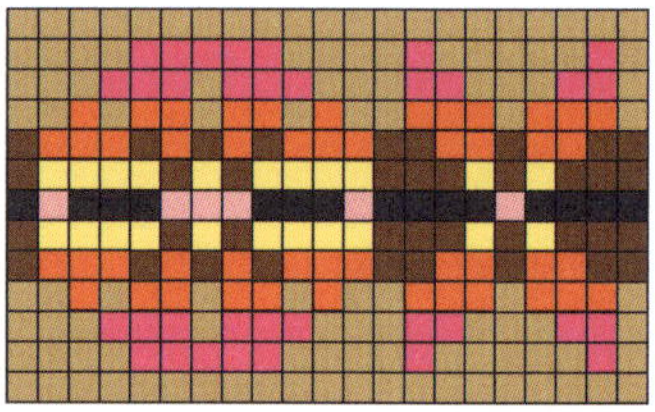

FARBVARIANTE 2

Sieben Farben, in Hauptfarben und Musterfarben unterteilt, plus Mitte

Hauptfarben: Hellbraun, Dunkelbraun, Schwarz

Musterfarben: Pink, Orange, Gelb

Mitte: Schwarz und Rosa

Es ist die gleiche Farbaufteilung wie bei Variante 1, der dunkle Hintergrund bildet jedoch einen schmaleren Streifen; es gibt nur eine Runde mit Schwarz. Diese scheinbar winzige Änderung lässt die Bordüre völlig anders aussehen.

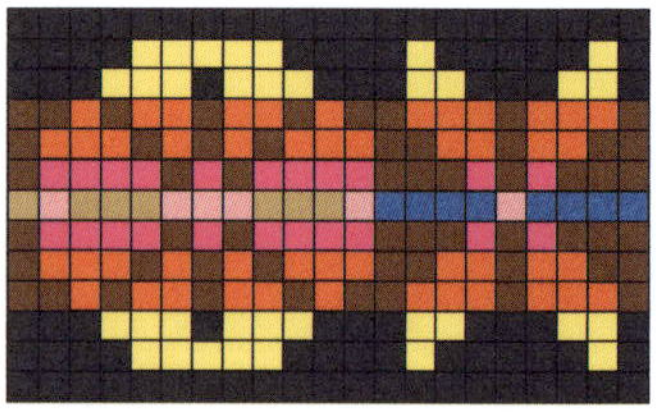

FARBVARIANTE 3

Es sind die gleichen sieben Farben wie bei Variante 1 und 2 (plus Blau), nur in umgekehrter Folge.

Hauptfarben: Schwarz, Dunkelbraun, Hellbraun/Blau

Musterfarben: Gelb, Orange, Pink

Mitte: Rosa und Hellbraun/Blau

Die Hauptfarbe wechselt von Dunkel zu Hell, die Musterfarbe von Hell zu Dunkel, genau umgekehrt wie in Variante 1 und 2. Die mittlere Runde besteht zunächst aus Rosa und Hellbraun. Beim Stricken des Musters zeigte sich jedoch, dass das Hellbraun ein wenig untergeht und nicht gut mit dem Rosa kontrastiert. Deshalb habe ich es (komplett) durch Blau ersetzt, um die mittlere Runde leuchten zu lassen.

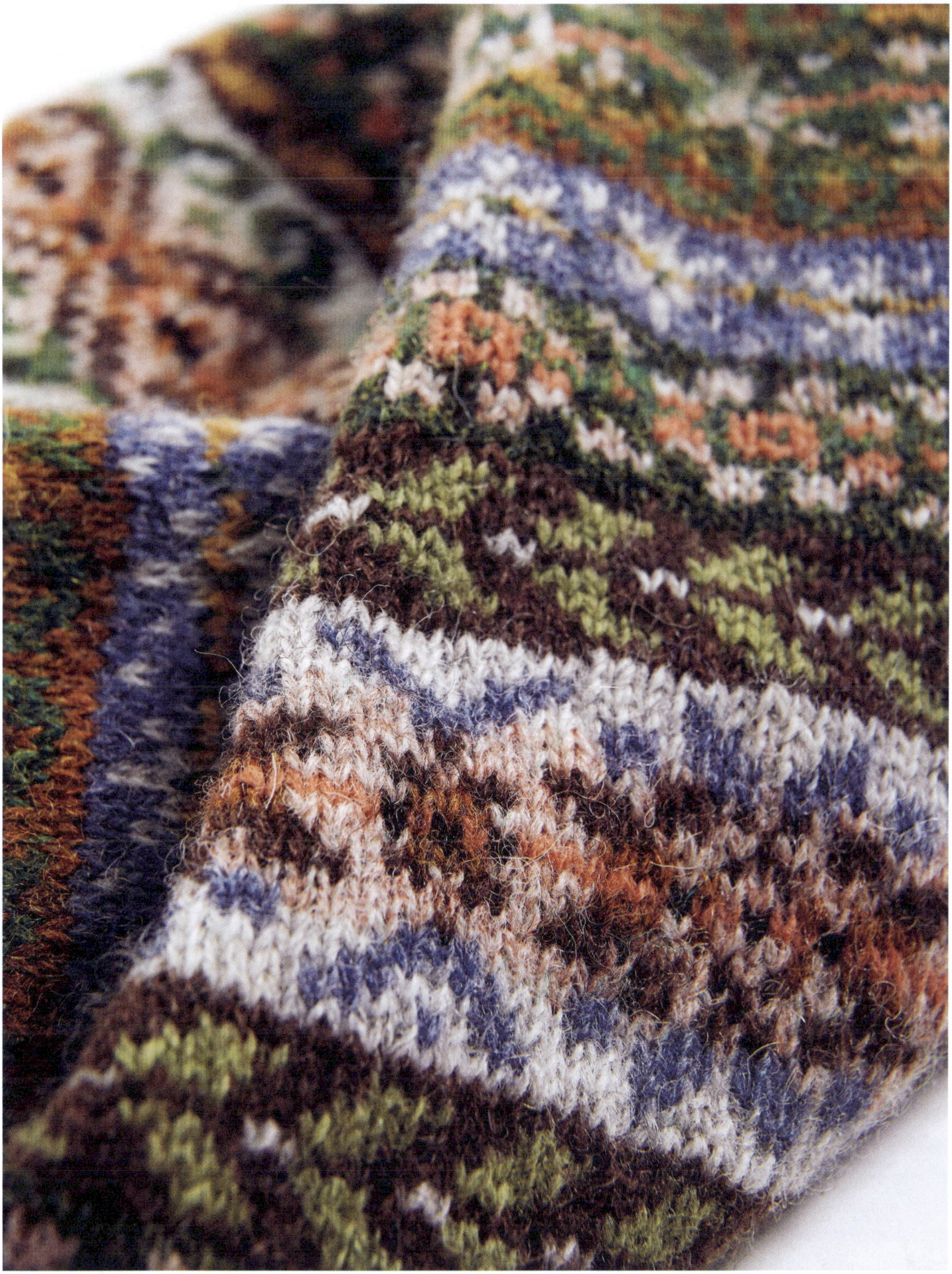

Loopschal Fethaland

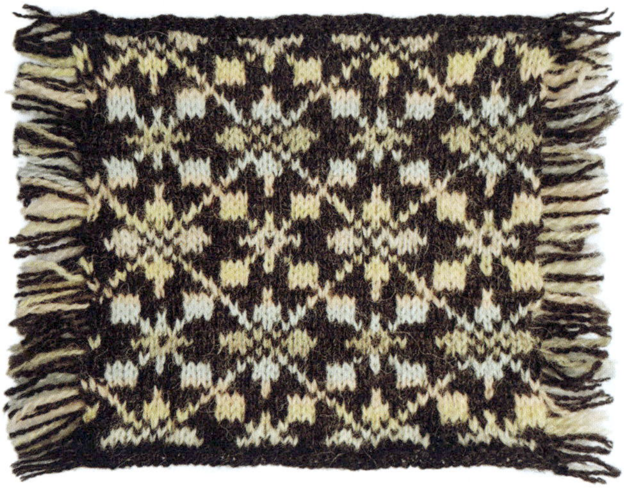

Ein Beispiel für ein flächendeckendes Muster (Allover Pattern, S. 173), also keine Bordüren. Der Farbverlauf erscheint sanfter, wenn die Musterfarbe innerhalb eines Musterelements gewechselt wird, wie hier in den 3x3 cm großen Quadraten. Die Musterfarben sind inspiriert von Eiern (S. 30–31).

Proben stricken

Wenn die Farbkarten fertig sind und das Muster koloriert ist, wird eine Probe gestrickt. Hier kann ich noch einmal die Wirkung überprüfen und eventuell Farben entfernen, zufügen oder austauschen. Ich kann auch mehrere Farbkarten für noch mehr Vielfalt kombinieren. Strickproben sind optimal, um Farben und Muster auszuprobieren, um zu sehen, welche Kombinationen harmonisch wirken und welche nicht.

Da Kleidungsstücke oft in Runden auf Rundnadeln gestrickt werden, sollte die Probe auf die gleiche Weise gestrickt werden, um eine zuverlässige Maschenprobe zu erhalten.

Sie können die Musterbordüren als separate Proben stricken, diese dann nebeneinanderlegen und verschieden kombinieren. So sieht man im nächsten Schritt, welche Bordüren gute Nachbarn abgeben. Oder Sie stricken mehrere Bordüren in unterschiedlichen Kombinationen in ein und derselben Probe. Ich habe ein umfangreiches Probenarchiv, sodass ich jederzeit darauf zurückgreifen und mich inspirieren lassen kann.

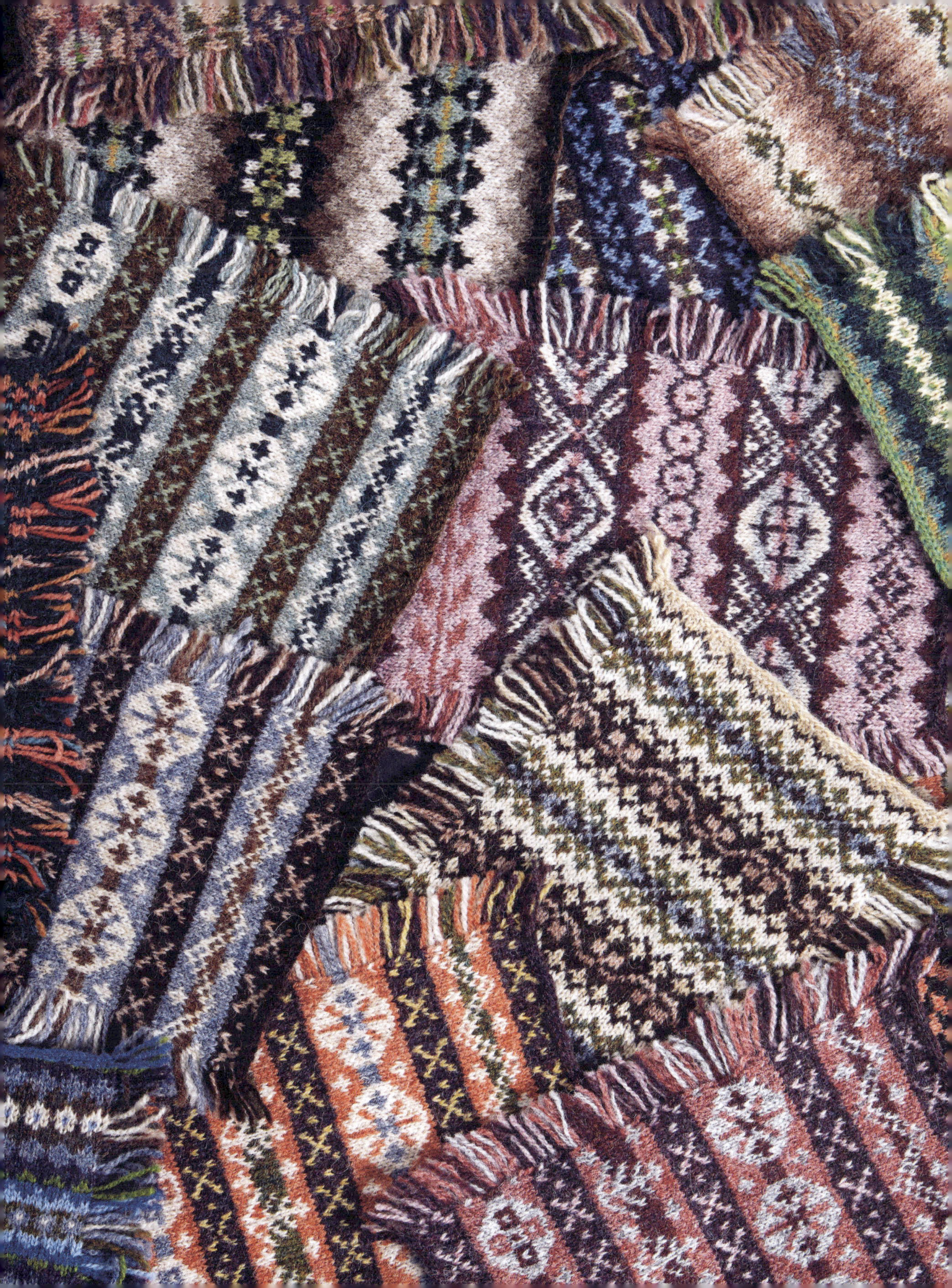

Busta
Spindrift von Jamieson's of Shetland (v.o.n.u.): Natural White, Eggshell, Highland Mist, Pacific, Flame, Paprika, Chartreuse, Shetland Black

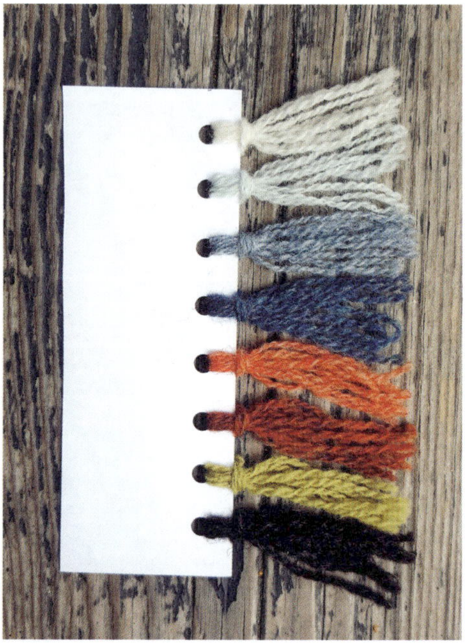

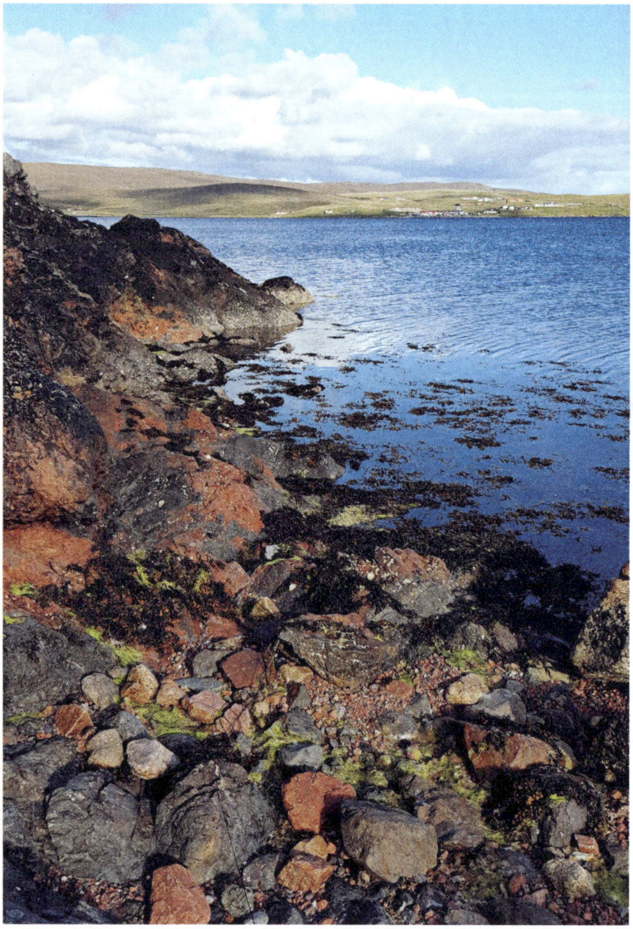

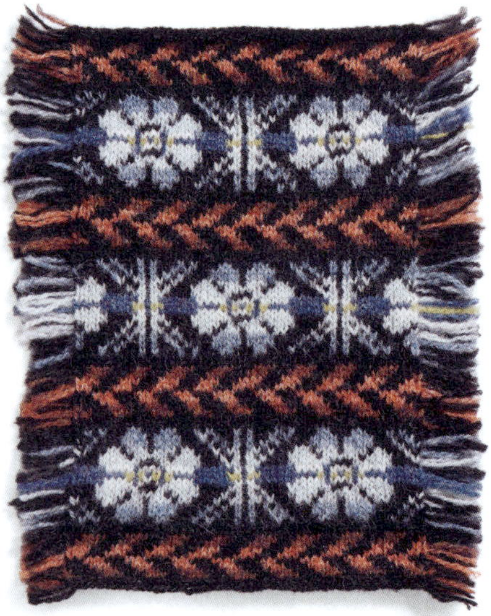

Bressay
Spindrift von Jamieson's of Shetland:
Granite, Peach, Sandalwood, Yellow Ochre,
Ivy, Fjord, Midnight

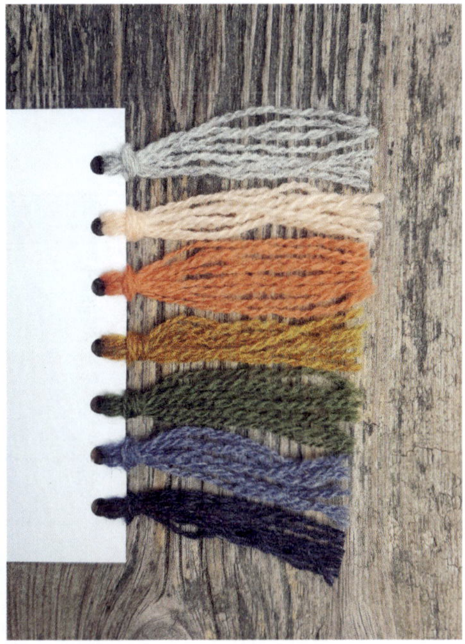

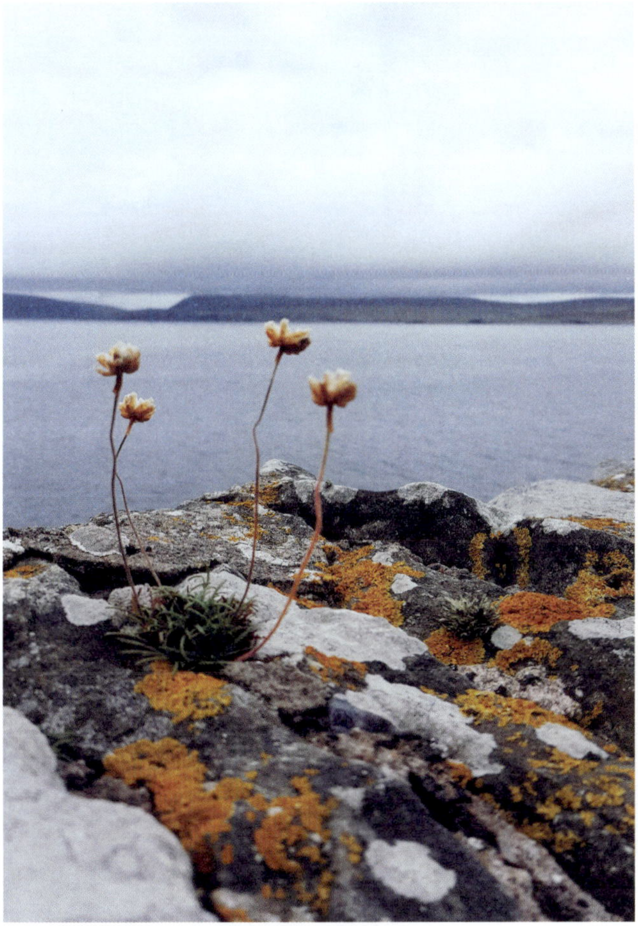

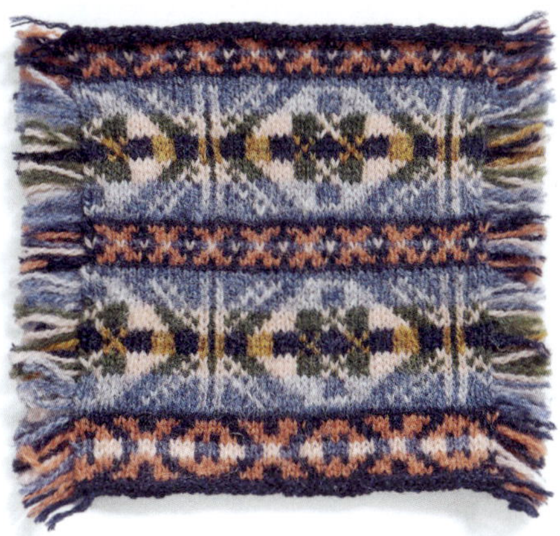

Hauswand
2 ply Jumper Weight von Jamieson & Smith: 32, 1284mix, 9144, 9097, 141, 82mix

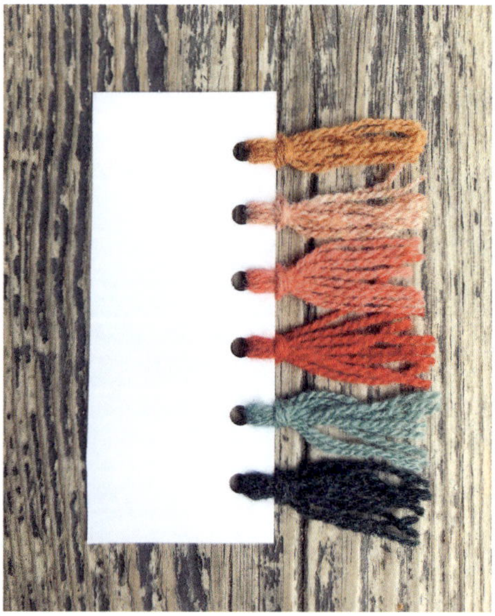

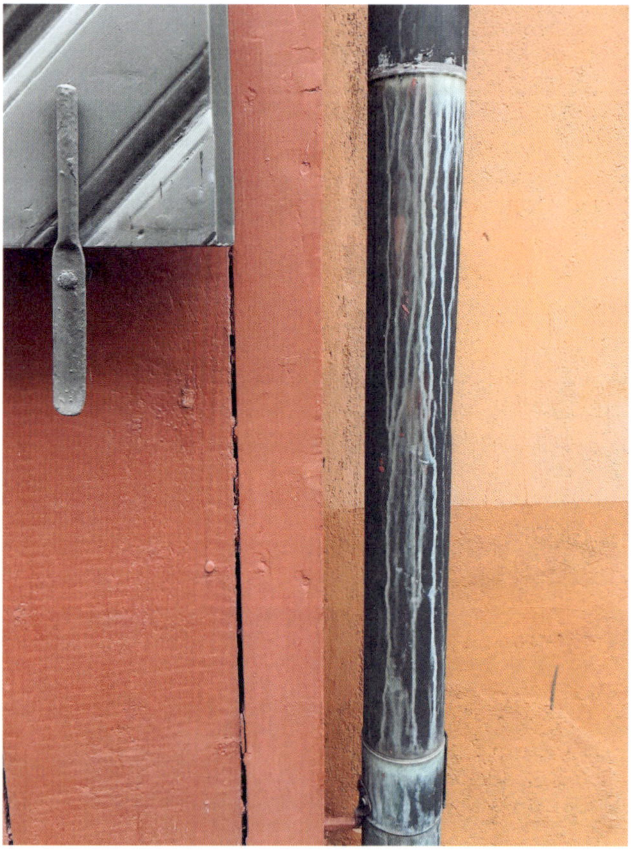

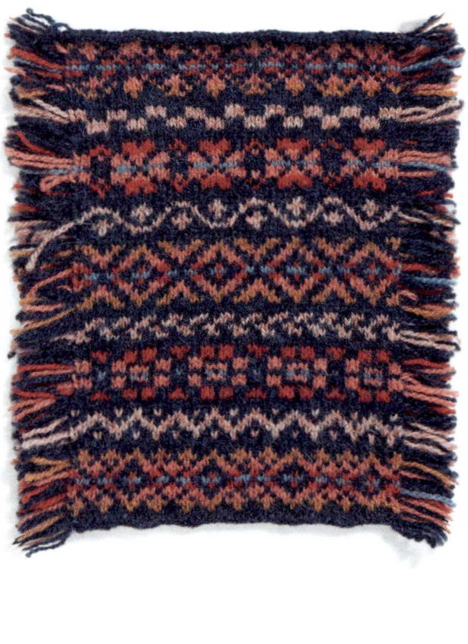

Flechten
2 ply Jumper Weight von Jamieson & Smith: 202, 2, 1280mix, Fc62mix, Fc24mix, 82mix, Fc64mix, Fc44mix

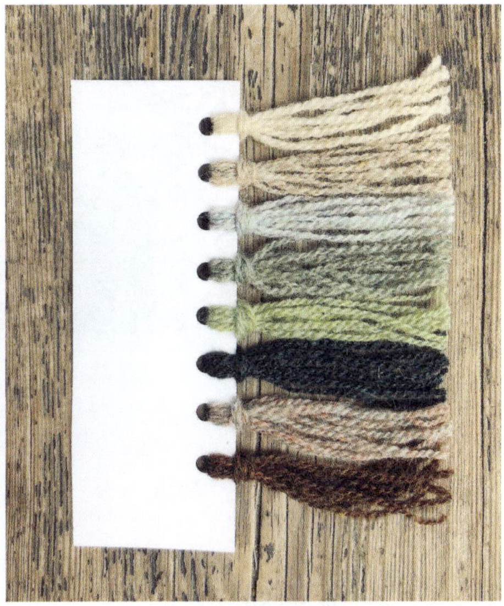

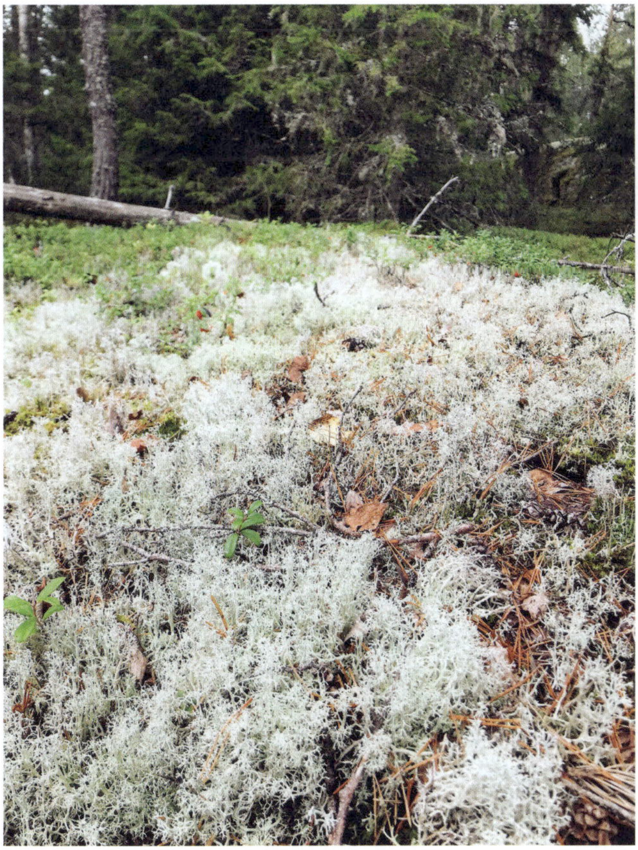

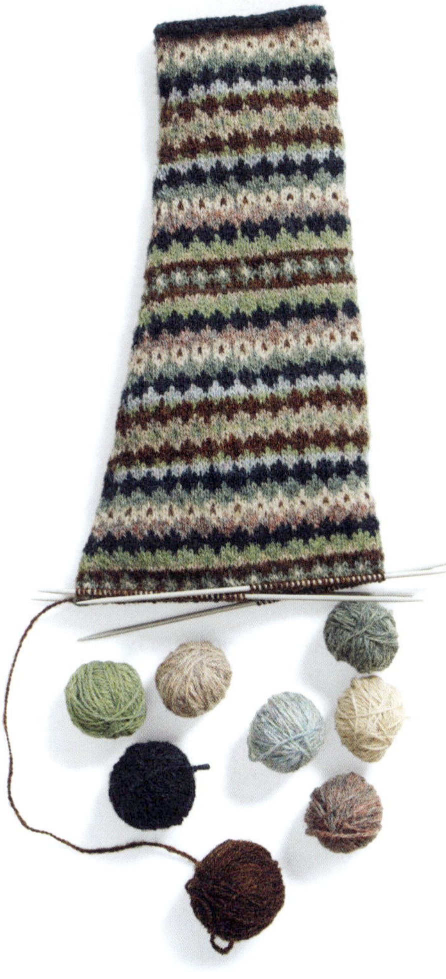

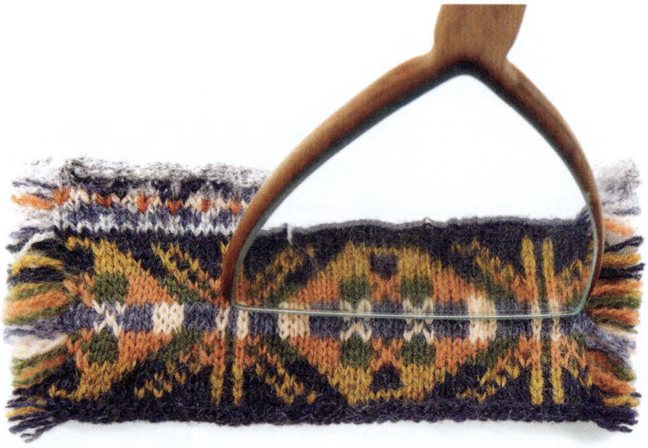

So können Sie (zeitsparend) prüfen, ob Muster und Farbgebung Ihren Vorstellungen entsprechen: Stricken Sie eine Bordüre bis zur Mitte. Stellen Sie einen Handspiegel an die Kante sehen Sie, wie die komplette Bordüre aussehen wird. Wenn Sie zufrieden sind, stricken Sie weiter, ansonsten können Sie jetzt noch eine Änderung vornehmen.

Eine Probe stricken

Mit einem Nadelspiel in Runden mit Steekmaschen arbeiten, die dann aufgeschnitten werden. Die ersten 3 M der 1. Nadel und die letzten 3 M der 4. Nadel sind Steekmaschen, also insgesamt 6. Wenn Sie in einer Runde Haupt- und Musterfarben verwenden, stricken Sie die Steekmaschen mit doppeltem Garn. Wenn Sie Runden nur mit einer Farbe stricken, stricken Sie damit auch die Steekmaschen.

56 M in der Hauptfarbe anschlagen und auf 4 Nadeln verteilen = 14 M auf jeder Nadel.

Die 1. Runde links stricken, nur die Steekmaschen immer rechts.

Die gewählten Bordüren einmal oder mehrfach stricken, bis die Probe groß genug ist, um die Wirkung der Farbgebung einschätzen zu können. Nach der Hälfte können Sie mit einem Spiegel sehen, wie die komplette Bordüre aussieht. Bei einem Allover-Muster hilft der Spiegel ebenfalls, sich eine große Fläche vorzustellen.

Die Probe mit 1 Runde linke M beenden, in der nächsten Runde abketten. Den Steekmaschenstreifen mittig aufschneiden und die 3 M an jeder Seite aufzupfen, sodass Fransen entstehen. Diese auf gleiche Länge schneiden.

Das Probestück handwarm mit Wollwaschmittel waschen und mindestens 30 Minuten im Wasser liegen lassen. Danach in ein Handtuch rollen und so viel Wasser wie möglich herausdrücken.

Die Probe dicht entlang der Kanten auf einer weichen Unterlage feststecken. Die Probe dabei so weit dehnen, dass sich die Maschen schön ausrichten. Die Fransen mit den Fingern ausstreichen.

Trocknen lassen und die Fransen auf 2 cm kürzen.

SIE BRAUCHEN

- **Farbkarte**
- **ausgewähltes Garn**
- **koloriertes Muster**
- **Nadelspiel Nr. 3 oder passend zur Strickfestigkeit**

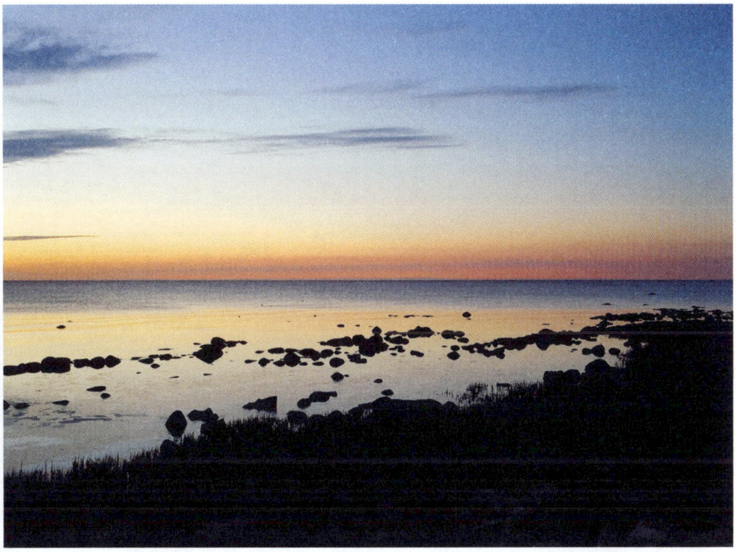

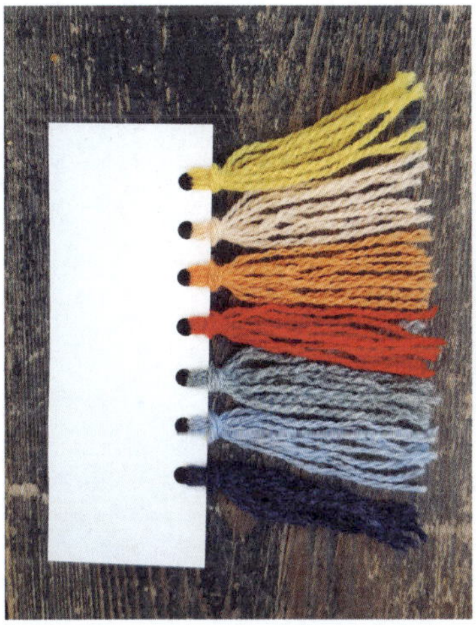

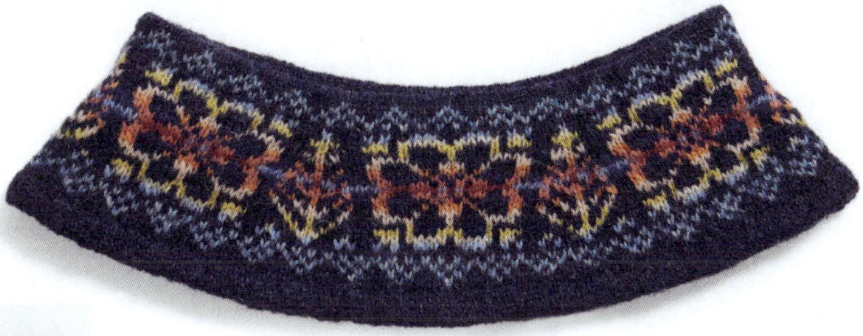

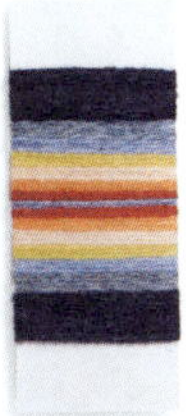

Sonnenuntergang
Spindrift von Jamieson's of Shetland: Daffodil, Peach, Tangerine, Ginger, Highland Mist, Blue Danube, Midnight

Der Kragen »Sonnenuntergang«

Der Horizont im Meer vor Gotland bietet magische Sonnenuntergänge mit einem Farbspektrum vom Blau des Himmels über Gelb, Pfirsich und Orange über warmes Rot bis hin zum dunkelblauen Meer. Natürlich verlangt dieses Naturschauspiel nach einer Farbkarte! Für die verschiedenen Farben bietet sich das Muster *Shetland tree and star* (S. 78 und 80) an. Ich wickle diesmal die Garne in der Reihenfolge, in der sie gestrickt werden sollen, um einen Streifen Pappe. Auch ohne Strickprobe wird deutlich, wie die Farben harmonieren! Ich verwende nur eine Hintergrundfarbe.

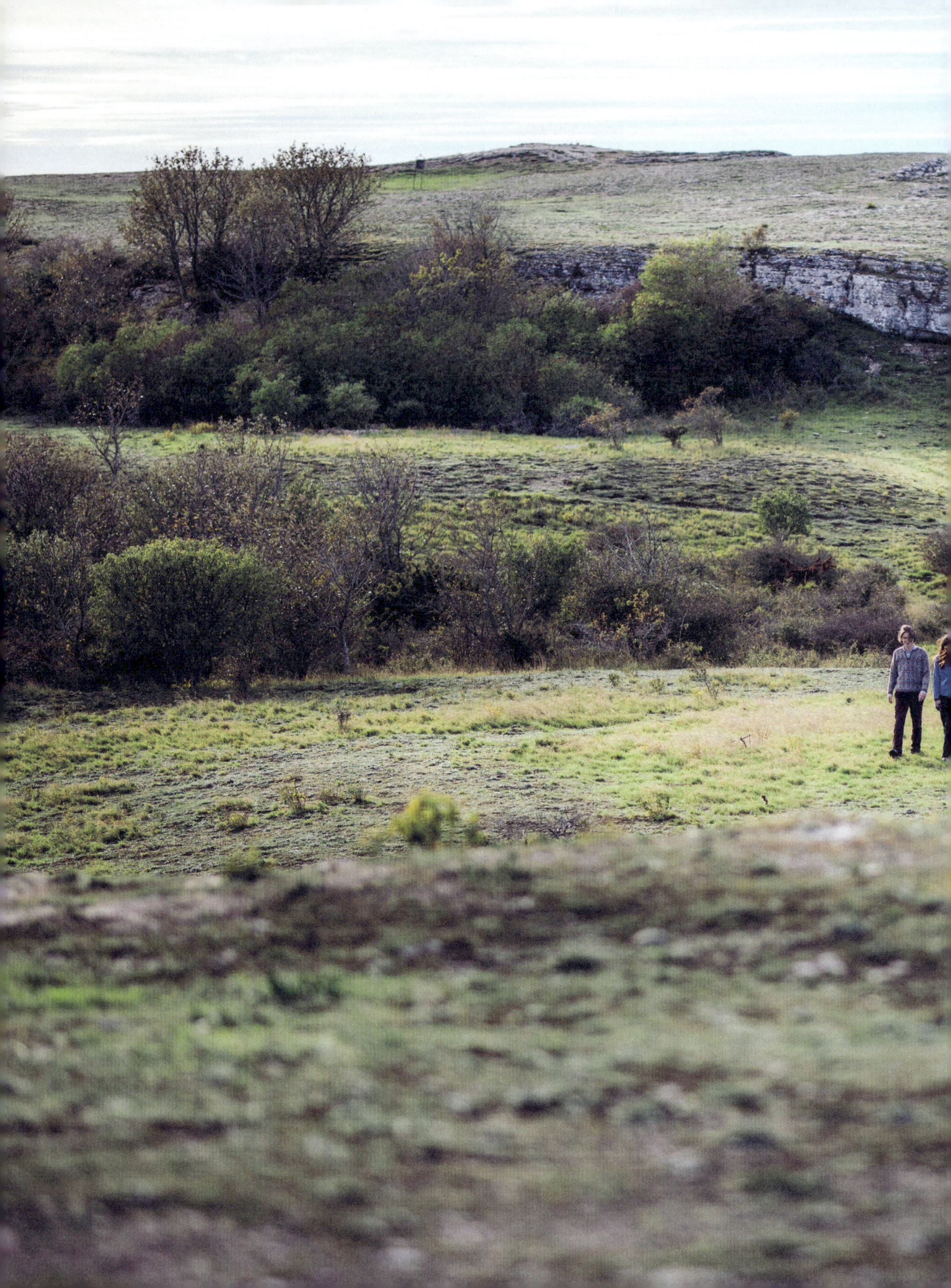

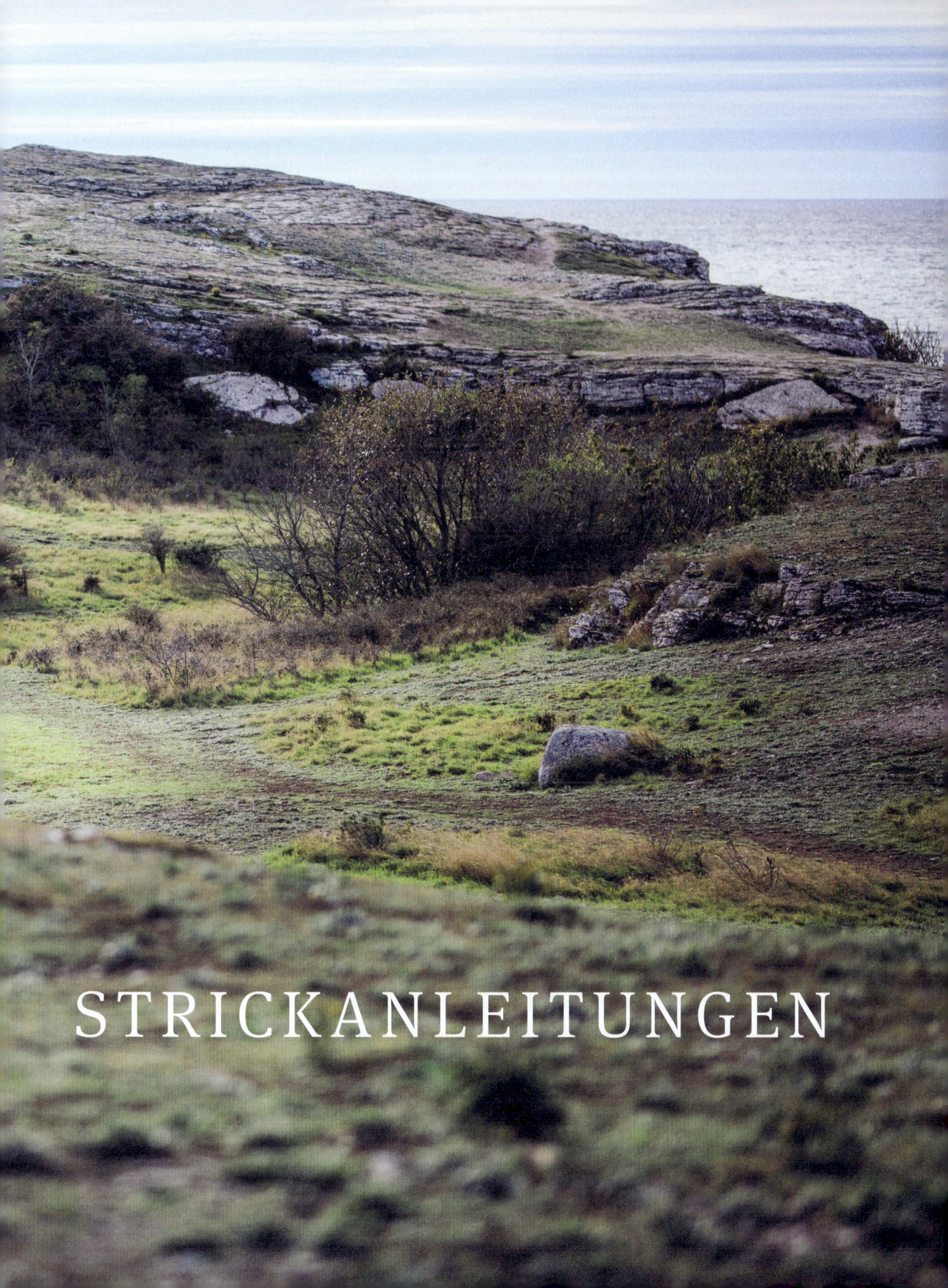

STRICKANLEITUNGEN

Bevor Sie beginnen

rechts: Rundpassenpullover Flechten (Anleitung ab S. 54) und Kinderpullover Kleine Miesmuschel (Anleitung ab S. 68)

Einige Modelle haben eine Farbkomposition, die von einem Vorbild (Foto) aus der Natur inspiriert ist. Ich habe Farbkarten erstellt und Proben gestrickt. Anhand der Proben habe ich verschiedene Kleidungsstücke entworfen. Die Farbinspirationen stammen von den Shetlandinseln und aus Gotland, wo Meer und karge Natur der gemeinsame Nenner sind.

In den Fair-Isle-Mustern habe ich traditionelle Bordüren verwendet; manche Modelle sind vollständig gemustert, andere haben ein Muster auf der Passe, während Rumpf und Ärmel unifarben sind.

Die Modelle sind einfach und traditionell, mit lockerer Passform. Die vollständig gemusterten Modelle haben gerade und leicht überschnittene Ärmel, sodass das Muster nicht in das Armloch eingepasst werden muss. Die Modelle mit Passe und Kragen werden mit Raglanabnahmen gestrickt. Die mehrfarbigen Bündchen können sich etwas eng anfühlen, da sie durch die Stricktechnik nicht elastisch sind.

Für die richtige Größe bitte die in der Anleitung angegebene Maschenprobe einhalten. Wenn das Modell jedoch etwas größer oder kleiner werden soll, können Sie mit einer gröberen oder dünneren Nadel stricken.

Für Stricktipps werfen Sie gern einen Blick in das Kapitel Stricktechniken (S. 144–151).

ABKÜRZUNGEN

2 M re zus (rechtsgeneigte Abnahme) 2 M wie zum Re-str zus-str
abgen abgenommen
abk abketten
Abn/abn Abnahme(n)/abnehmen
anschl anschlagen
aufn aufnehmen
li links
M Masche(n)
MDA (mittige Doppelabnahme) Die nächsten 2 M zus abheben (dabei von links nach rechts einstechen). 1 M stricken, die beiden abgehobenen M über die gestrickte ziehen.
MM Maschenmarkierer
MM-vM Maschenmarkierer in der vorderen Mitte
Nd/Ndn Nadel/Nadeln
R Reihe(n)
Rd Runde(n)
re rechts
Rund-Nd(n) Rundnadel(n)
ssk-Abnahme (linksgeneigte Abnahme) abheben, abheben, zusammenstricken oder gemäß der englischen Abkürzung: slip, slip, knit. 1 M wie zum Rechtsstricken abheben, die nächste M genauso abheben. Beide M zurück auf die linke Nd heben und von hinten (= verschränkt) zus-str.
str stricken
wdh wiederholen
x Mal
ZM Zählmuster
Zun/zun Zunahme(n)/zunehmen
zus zusammen
[*] Die Angaben zwischen den eckigen Klammern bis zum Rundenende stricken, wenn nicht anders angegeben.

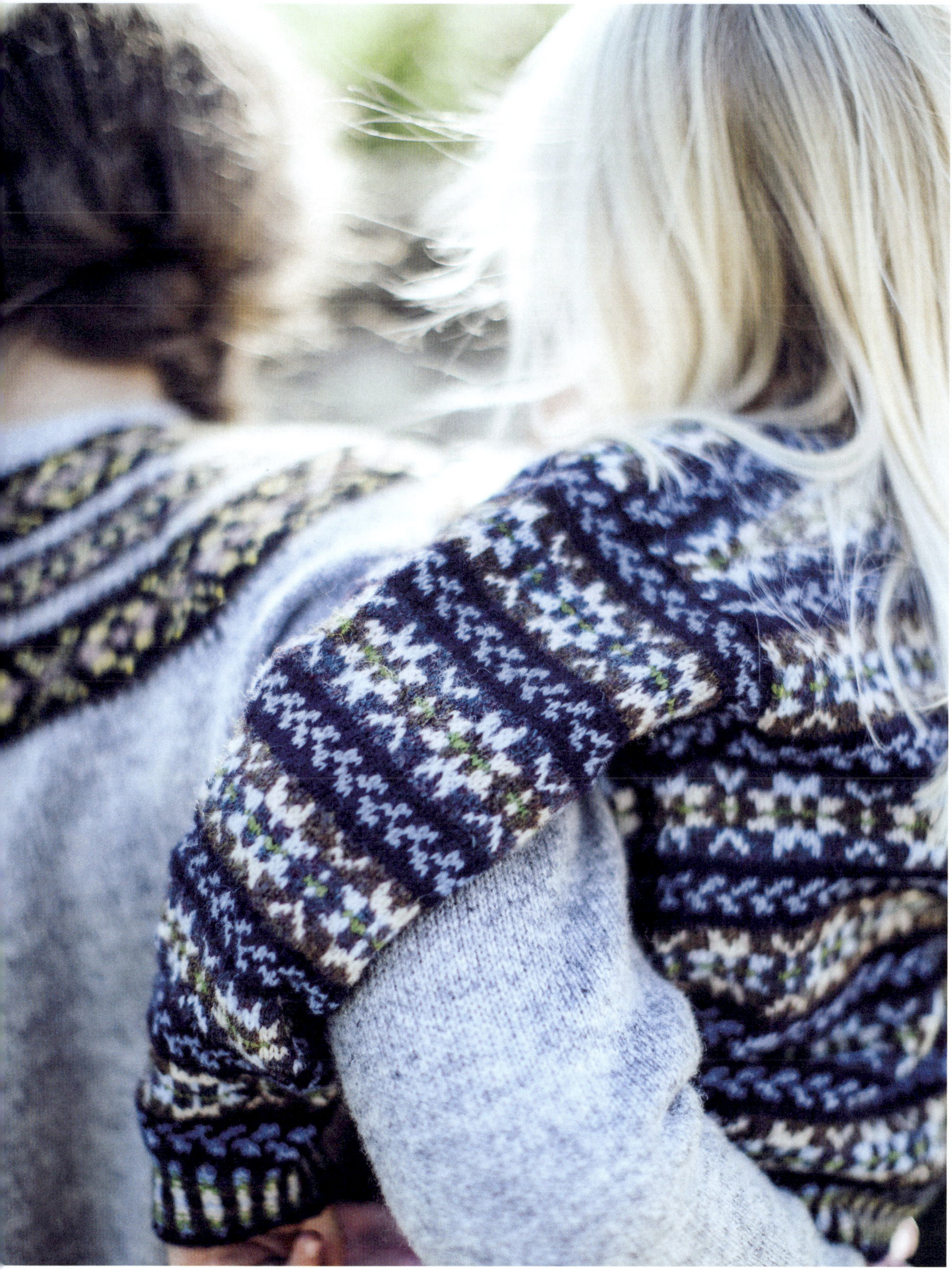

Pullover Moorland

Der Pullover wird in Runden von unten nach oben bis zum Armloch gestrickt, dann in Vorder- und Rückenteil geteilt und getrennt beendet. So wurden schon die allerersten Fair-Isle-Pullover gestrickt. Der Steek, d. h. die zusätzlichen Schnittmaschen, kamen als Technik viel später. Wenn das Ihre Lieblingstechnik ist, können Sie Steekmaschen hinzufügen und weiter in Runden stricken. Die Maschen für den Ärmel werden später aus dem Armausschnitt aufgenommen und Richtung Ärmelbündchen gestrickt. Der Pullover hat als Halsausschnitt einen geraden Schlitz.

Die Farben erinnern an das rostrote Heideland, den blauen Atlantik, den hereinwabernden grünen Nebel, graue Steinmauern mit Flechten und braunen Torf.

Hier weiche ich einmal von der Grundregel »zwei Farben pro Runde« ab. In der mittleren Runde der breiten Bordüre habe ich ein leuchtendes Rot hinzugefügt, um die übrigen Farben zu akzentuieren – damit hat diese Runde drei Farben. Verkreuzen Sie den Spannfaden zweimal zwischen den einzelnen roten Maschen, damit er nicht zu lang wird.

Größe: S (M) L (XL)
Brustumfang: 88 (100) 114 (126) cm
Länge: 54 (61) 61 (68) cm

Garn: zweifädiges Wollgarn, z. B. Spindrift von Jamieson's of Shetland, 105 m/25 g
Garnverbrauch:

A, Oxford	75 (75) 100 (100) g
B, Mogit	25 (25) 25 (25) g
C, Granite	100 (100) 125 (125) g
D, Moorland	75 (75) 100 (100) g
E, Burnt Umber	50 (50) 50 (50) g
F, Eesit	75 (75) 100 (100) g
G, Atlantic	75 (100) 100 (125) g
H, Green Mist	50 (50) 50 (50) g
I, Rust	25 (25) 25 (25) g
J, Natural White	25 (25) 25 (25) g
K, Espresso	25 (25) 25 (25) g

Nadeln: Rundnadel Nr. 3 und Nr. 3,25 (40 und 80 cm lang), Nadelspiel Nr. 3 und Nr. 3,25
Maschenprobe: 33 M und 34 Rd auf 10 x 10 cm mit Nadeln Nr. 3,25

Sonstiges: Maschenmarkierer, Wollnadel mit großem Öhr, Maßband

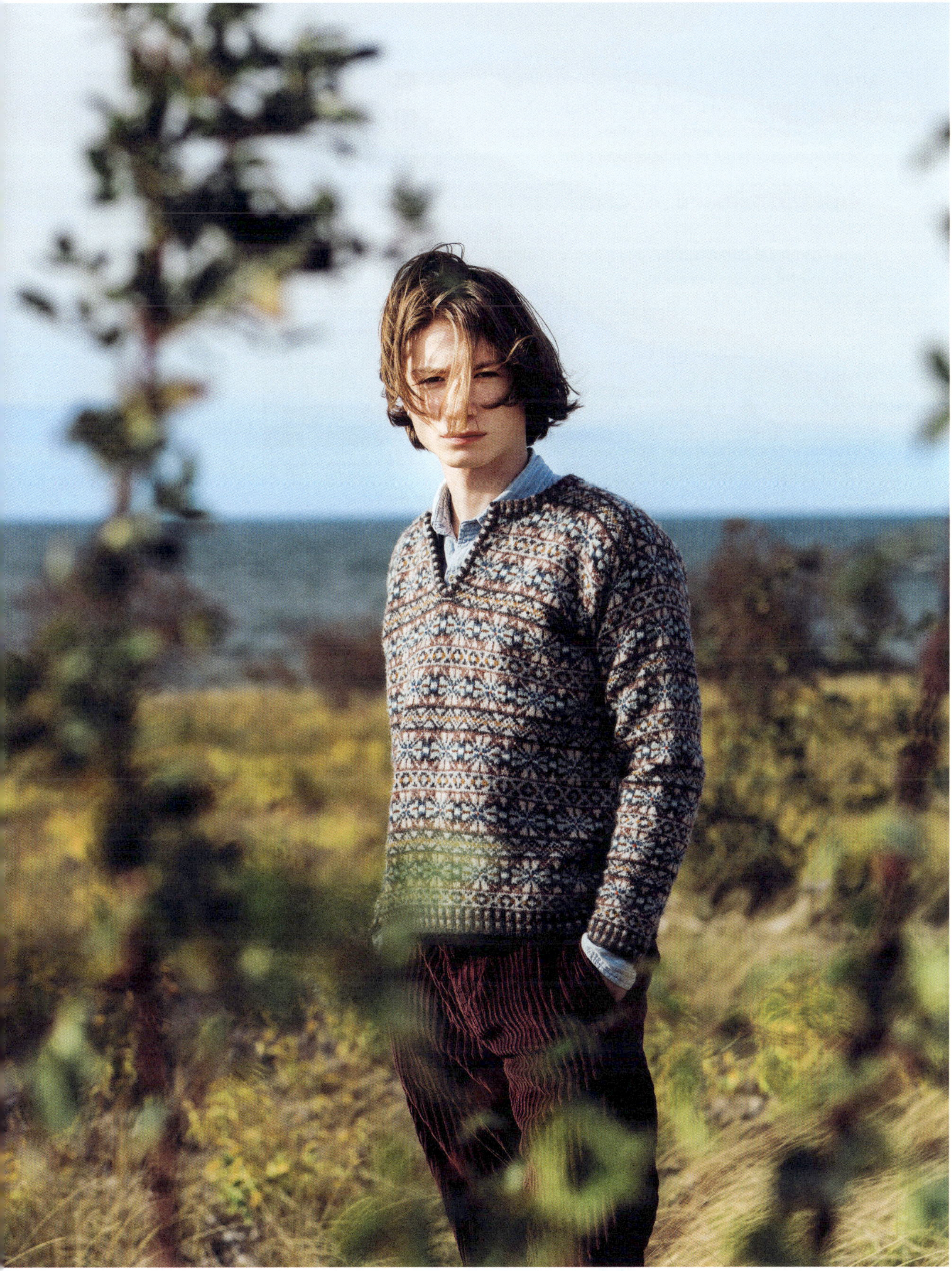

RUMPF

280 (320) 360 (400) M mit Farbe A auf Rund-Nd Nr. 3 (80 cm) anschl. Zur Runde schließen, dabei darauf achten, dass sich die M nicht verdrehen.

Die 1. Rd re str, dabei an den Seiten MM setzen: MM, 140 (160) 180 (200) M, MM, 140 (160) 180 (200) M.

Die 14 Rd von ZM *Bündchen Rumpf* [2 M re, 2 M li] str. Zu Rund-Nd Nr. 3,25 wechseln.

Die *Muster A, B, C* wie folgt für die verschiedenen Größen str:

S: A, B, C, B, A, B, C, B, A, Hälfte B

M und L: A, B, C, B, A, B, C, B, A, B

XL: A, B, C, B, A, B, C, B, A, B, C

Die Arbeit misst jetzt 38 (41) 41 (43) cm.

13 M unter jedem Ärmel an der Seite wie folgt auf einem Hilfsfaden stilllegen:

S: Rd 1–9 von *Muster B* str, 7 M der nächsten Rd str und stilllegen, bis zum MM str und diesen entfernen, 7 M str, die letzten 13 gestr M stilllegen. Str, bis noch 6 M übrig sind, diese auf dem Faden stilllegen, der sich bereits im Armloch befindet.

M und L: Nach *Muster B* 13 M in der Mitte jedes Armlochs auf einen Hilfsfaden legen wie bei Gr. S.

XL: Nach *Muster C* 13 M in der Mitte jedes Armlochs auf einen Hilfsfaden legen wie bei Gr. S.

Teilen: Den Pullover teilen und zwischen den Armlöchern in Hin- und Rück-R str, d. h. Rücken- und Vorderteil getrennt beenden. Die äußerste M an jeder Seite wird in allen R re gestr.

RÜCKENTEIL

Das Rückenteil hat 127 (147) 167 (187) M.

Weiter in R nach ZM str:

S: Muster B beenden, C, B, A, B, Hälfte von C

M und L: C, B, A, B, C, Hälfte von B

XL: B, A, B, C, B, A, Hälfte von B

Für die Armausschnitte in jeder 2. R (in den Hin-R) wie folgt abn: 7× in jeder 2. R beidseitig 1 M abn = 14 M abgen = 113 (133) 153 (173) M.

NACKEN UND SCHULTER

S: Bis einschl. letztes *Muster B* str. Die nächste R beginnt mit der 1. R von *Muster C*. 38 M str, wenden. Die Schulter in R str, am Halsausschnitt 3× 1 M abn.

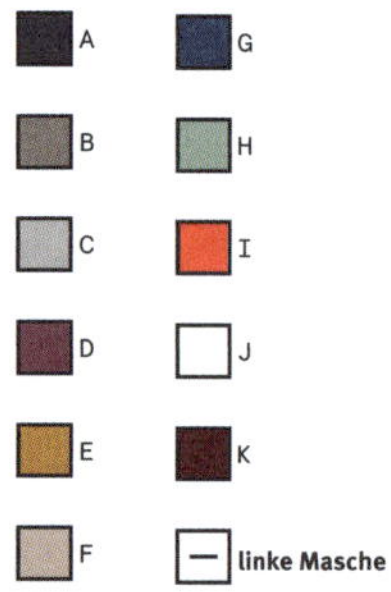

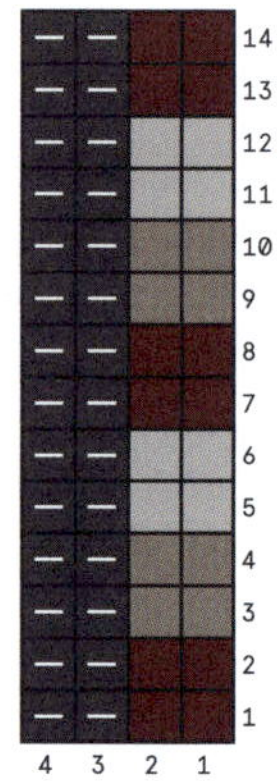

Bündchen Rumpf

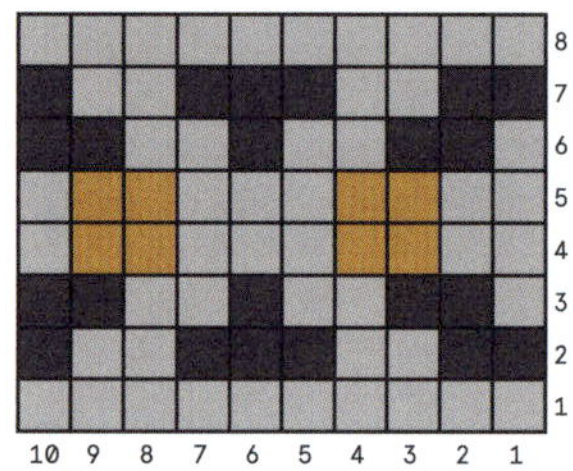

Muster A

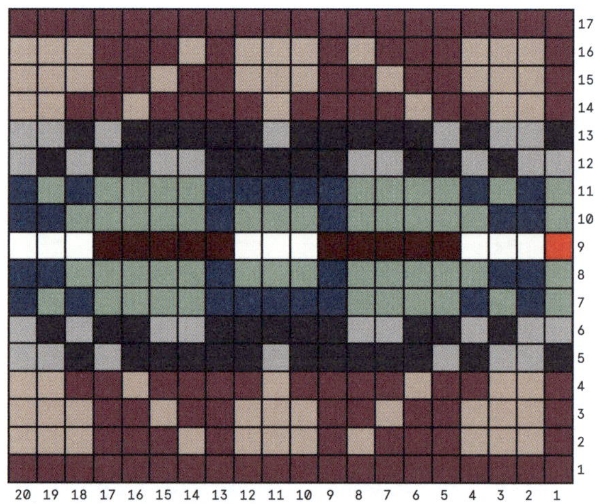

Muster B

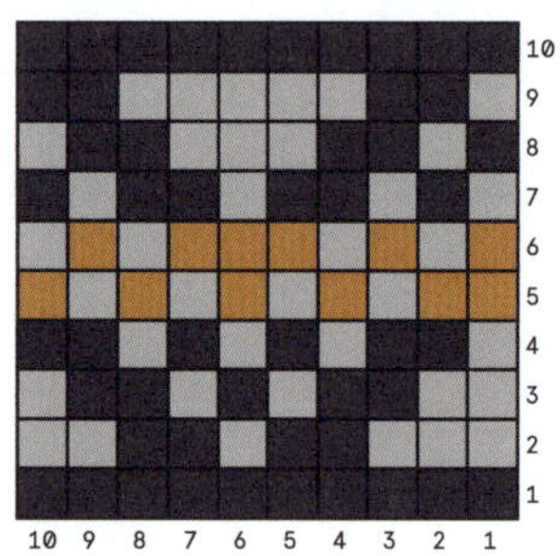

Muster C

5 R im *Muster C* str, nach den Abn bleiben 35 M für die Schulter.

Die 35 Schulter-M stilllegen. 37 M für den hinteren Halsausschnitt stilllegen.

Die zweite Schulter symmetrisch str.

M: Bis einschl. letztes *Muster C* str. Die nächste R beginnt mit der 1. R von *Muster B*. 44 M str, wenden.

Die Schulter in R str, am Halsausschnitt 3× 1 M abn.

8 R im *Muster B* str, nach den Abn bleiben 41 M für die Schulter. Die 41 Schulter-M stilllegen. 45 M für den hinteren Halsausschnitt stilllegen.

Die zweite Schulter symmetrisch str.

L: Bis einschl. letztes *Muster C* str. Die nächste R beginnt mit der 1. R von *Muster B*. 51 M str, wenden.

Die Schulter in R str, am Halsausschnitt 3× 1 M abn.

8 Rd im *Muster B* str, nach den Abn bleiben 48 M für die Schulter.

Die 48 Schulter-M stilllegen. 51 M für den hinteren Halsausschnitt stilllegen.

Die zweite Schulter symmetrisch str.

XL: Bis einschl. letztes *Muster A* str. Die nächste R beginnt mit der 1. R von *Muster B*. 58 M str, wenden.

Die Schulter in R str, am Halsausschnitt 3× 1 M abn.

8 R im *Muster B* str, nach den Abn bleiben 55 M für die Schulter.

Die 55 Schulter-M stilllegen. 57 M für den hinteren Halsausschnitt stilllegen.

Die zweite Schulter symmetrisch str.

VORDERTEIL

Das Vorderteil hat 127 (147) 167 (187) M. Beidseitig der mittleren M in der vorderen Mitte MM setzen: 63 (73) 83 (93) M str, MM, 1 M str, MM, 63 (73) 83 (93) M str.

Bitte kontrollieren, dass das Muster symmetrisch liegt und sich die Musteranordnung des Vorder- und Rückenteils spiegelt.

Für die Armausschnitte in jeder 2. R (Hin-R) wie folgt abn: 7× in jeder 2. R beidseitig 1 M abn = 14 M abgen.

Das Vorderteil wird 4 R nach Beginn des Armlochs durch den senkrechten Schlitz geteilt.

Weiter nach ZM str, dabei den Schlitz arbeiten:

S: Weiter mit Hälfte B, C, B, A, B, Hälfte von C

M und L: C, B, A, B, C, Hälfte von B

XL: B, A, B, C, B, A, Hälfte von B

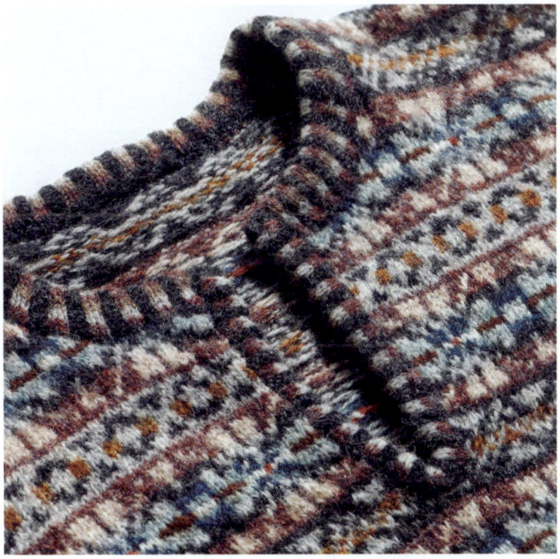

Schlitz und Halsausschnitt mit mehrfarbigem Bündchen

SCHLITZ

Der Schlitz befindet sich in der vorderen Mitte.

Nächste R: Bis zum MM str, die mittlere M auf einem Hilfsfaden stilllegen, beide MM entfernen. Wenden und die beiden Vorderteilhälften in R fertigstr.

Die Randmaschen am rechten und linken Vorderteil zum Schlitz hin werden in allen R re gestr.

Für den Armausschnitt weiter abn. Die Vorderteile haben danach jeweils 56 (66) 76 (86) M.

Halsausschnitt: Wenn der Schlitz 11 (12) 13 (14) cm lang ist, die ersten 10 (12) 13 (14) M am Halsausschnitt auf jeder Seite stilllegen.

Weiter in R, dabei neben dem Schlitz für den Halsausschnitt 1× 3 M und danach in jeder 2. R 4 (5) 6 (7)× 2 M abn. Es sind 35 (41) 48 (55) M für jede Schulter übrig. Die zweite Hälfte des Vorderteils genauso arbeiten.

SCHULTER

S: Genauso lang wie am Rückenteil str, d. h. 5 R von *Muster C*. Bitte prüfen, ob das Muster am Vorder- und Rückenteil übereinstimmt. Die Schultermaschen von Vorder- und Rückenteil rechts auf rechts aufeinanderlegen, die Ndn liegen parallel. Mit einer

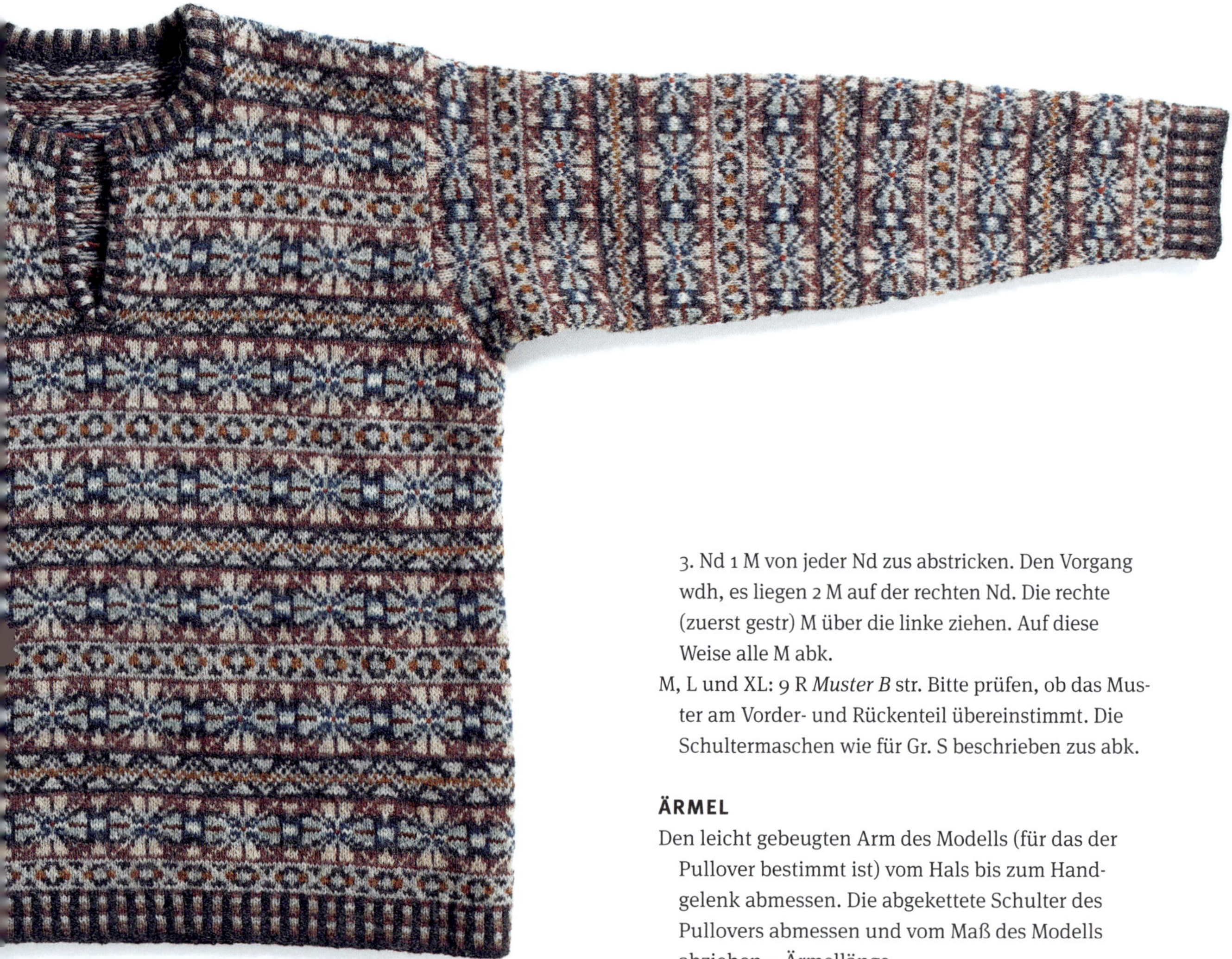

3. Nd 1 M von jeder Nd zus abstricken. Den Vorgang wdh, es liegen 2 M auf der rechten Nd. Die rechte (zuerst gestr) M über die linke ziehen. Auf diese Weise alle M abk.

M, L und XL: 9 R *Muster B* str. Bitte prüfen, ob das Muster am Vorder- und Rückenteil übereinstimmt. Die Schultermaschen wie für Gr. S beschrieben zus abk.

ÄRMEL

Den leicht gebeugten Arm des Modells (für das der Pullover bestimmt ist) vom Hals bis zum Handgelenk abmessen. Die abgekettete Schulter des Pullovers abmessen und vom Maß des Modells abziehen = Ärmellänge.

Beispiel: Länge Hals–Handgelenk = 68 cm, Schulter des Pullovers 14 cm. 68 – 14 = 54 cm. Nun 54 cm von der Unterkante des Pullovers nach oben abmessen. Mit dieser Bordüre beginnt oben der Ärmel!

Unter der Ärmelmitte beginnen. Nehmen Sie mit der Rund-Nd Nr. 3 (40 cm) rund um den Ärmel wie folgt M auf: 7 M aus dem Ärmelloch. 57 (67) 67 (86) M, 1 M aus der Schulternaht, 58 (68) 68 (87) M, 6 M aus dem Ärmelloch, MM = 129 (149) 149 (187) M auf der Nd. Die Mitte der Musterbordüren soll auf die Schulternaht treffen. Zu Rund-Nd Nr. 3,25 (40 cm) wechseln.

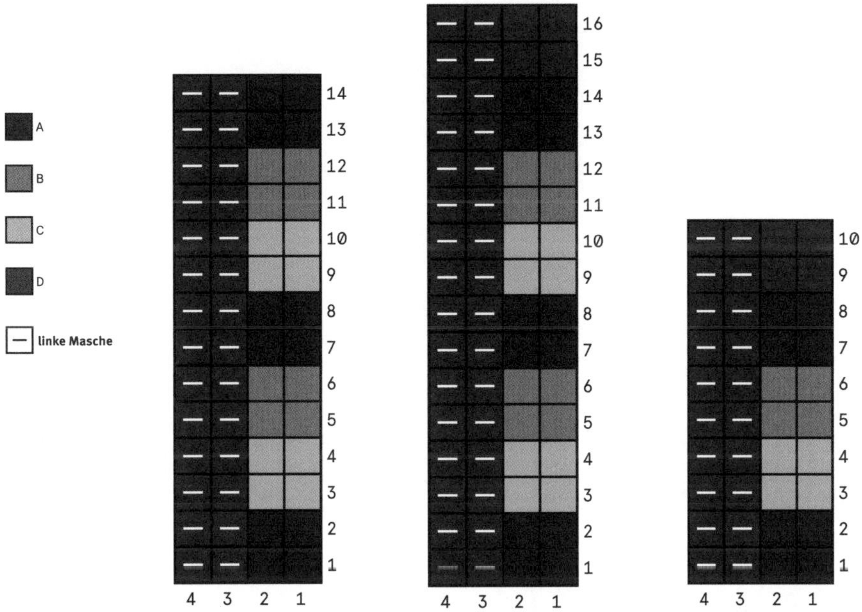

Bündchen Ärmel

Bündchen Hals

Bündchen Schlitz

In jeder 6. (5.) 5. (3.) Rd beids. des MM je 1 M abn, bis noch 84 (88) 88 (92) M übrig sind.

Sobald der Ärmel zu eng wird, zu Nadelspiel Nr. 3,25 wechseln. Das Bündchen gemäß ZM *Bündchen Ärmel* str.

1 Rd mit Farbe A str. Abk. Den anderen Ärmel genauso str.

HALSBÜNDCHEN

Aus dem Halsausschnitt M wie folgt auffassen und mit Farbe A und Rund-Nd Nr. 3 in R str: Am rechten Vorderteil 10 (12) 13 (14) M vom Hilfsfaden, 26 (30) 29 (30) M für die Schulter, 5 (6) 7 (8) M für den Halsausschnitt, 37 (45) 51 (57) M vom Hilfsfaden, 5 (6) 7 (8) M für den Halsausschnitt, 27 (29) 28 (29) M für die Schulter, 10 (12) 13 (14) M vom Hilfsfaden = 120 (140) 148 (160) M auf der Nd. Das Bündchen gemäß ZM *Bündchen Hals* str.

Die 1. und letzte M sind Randmaschen und werden in jeder R rechts gestr. Das Bündchen mit 2 M re beginnen und beenden.

Das Bündchen abk, nach innen falten und mit überwendlichen Stichen annähen.

BÜNDCHEN AM SCHLITZ

Aus dem Schlitz wie folgt M auffassen und mit Farbe A und Rund-Nd Nr. 3 in R str.

Oben am rechten Vorderteil beginnen und dort, wo das Bündchen am Hals doppelt liegt, durch beide Lagen M auffassen.

43 (45) 47 (49) M auffassen, 1 M vom Hilfsfaden, 42 (44) 46 (48) M = 86 (90) 94 (98) M.

Das Bündchen gemäß ZM *Bündchen Schlitz* str, mit 2 M re beginnen und enden. Alle M abk.

Das Bündchen rechts auf rechts falten und die kurzen Seiten oben mit überwendlichen Stichen schließen. Das Bündchen wieder auf rechts wenden und innen mit überwendlichen Stichen annähen.

FERTIGSTELLUNG UND WASCHEN

Alle Fäden vernähen und den Pullover in warmem Wasser mit Wollwaschmittel waschen. 30 Minuten im Wasser liegen lassen. Gut ausspülen und in ein Handtuch rollen. Das Wasser ausdrücken und den Pullover auf einem Pop-up-Pullovertrockner oder auf einem dicken, großen Handtuch in Form ziehen und trocknen lassen.

Rundpassenpullover Flechten

Der Pullover wird zunächst einfarbig mit Raglanärmel gearbeitet und geht dann über in eine gemusterte Passe. Der Rumpf und die Ärmel werden separat in Runden von unten nach oben gestrickt und dann in Höhe der Armlöcher zusammengefügt.

Flechten kommen auf den Shetlandinseln und auch in Schweden in allen möglichen Farben und Formen vor, aber die Gelbflechte *(Xanthoria parietina)* leuchtet wohl am hellsten von allen.

Größe: S (M) L (XL)
Brustumfang: 98 (106) 115 (124) cm
Länge: 56 (58) 60 (62) cm

Garn: zweifädiges Wollgarn, z. B. 2 ply Jumper Weight von Jamieson & Smith, 115 m/25 g
Garnverbrauch:

A, 203	375 (400) 400 (425) g
B, 121	25 (25) 25 (25) g
C, 28	25 (25) 25 (25) g
D, 91	25 (25) 25 (25) g
E, Fc 58	25 (25) 25 (25) g
F, 81	25 (25) 25 (25) g
G, 3	25 (25) 25 (25) g

Nadeln: Rundnadel Nr. 2,5 und 3 (40, 60 und 80 cm lang), Nadelspiel Nr. 2,5 und 3
Maschenprobe: 32 M und 40 R auf 10 x 10 cm mit Nadeln Nr. 3 vor dem Waschen und 26 M und 40 R auf 10 x 10 cm nach dem Waschen

Sonstiges: Maschenmarkierer, Wollnadel mit großem Öhr, Baumwollgarn

1 M zunehmen = den Querfaden zwischen zwei Maschen aufnehmen und verschränkt abstricken.

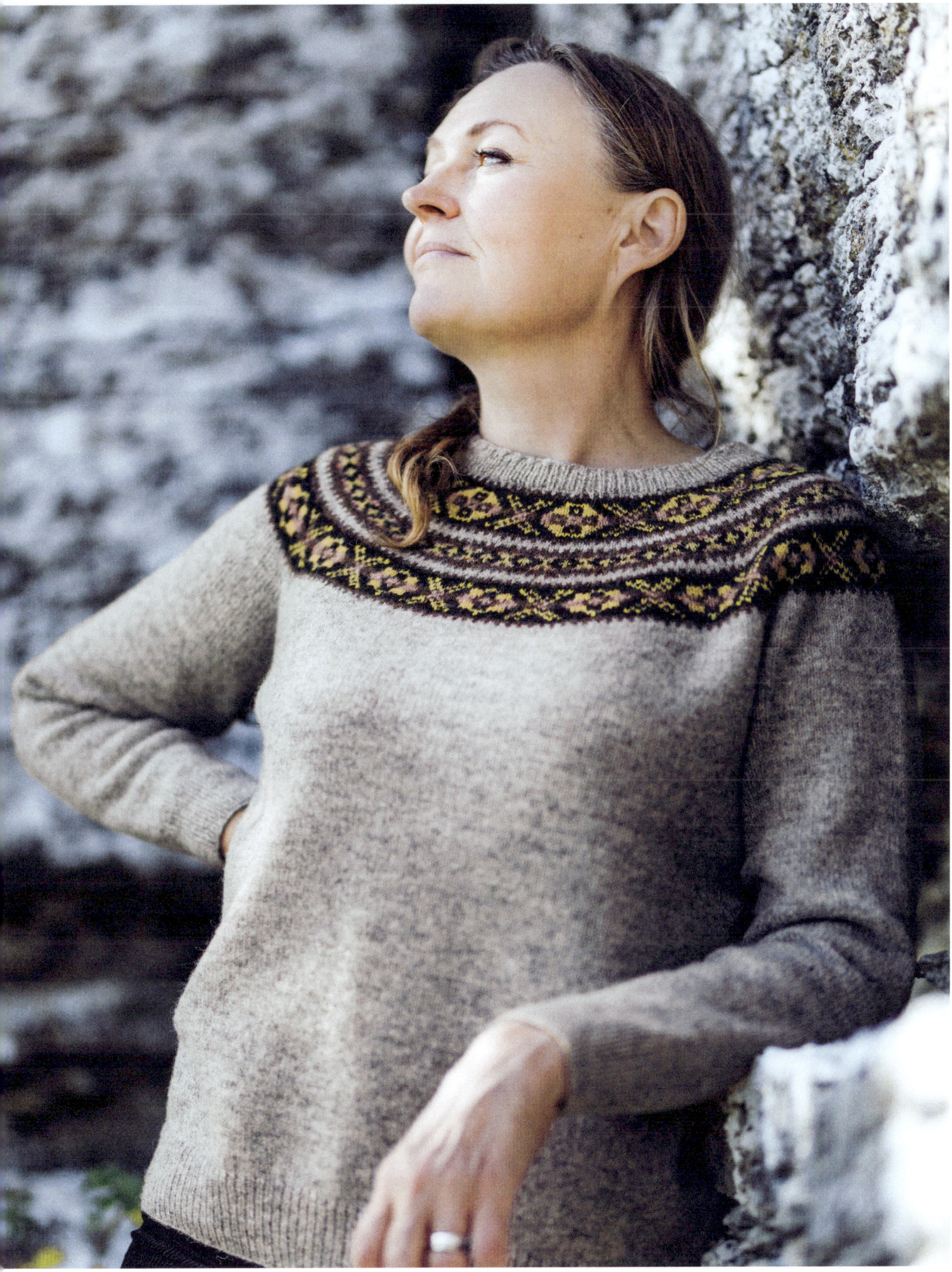

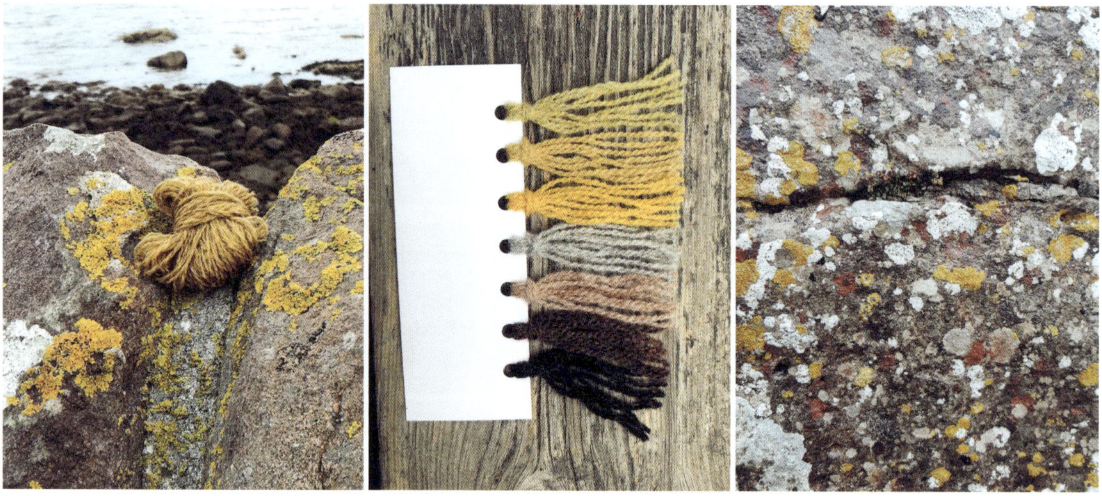

Flechten mit gleichfarbigem Garn auf Felsen in Shetland (links) und Kalkstein mit Flechten in Hoburgen, Gotland (rechts). Die Garnfarben (Mitte) sind eine Kombination aus beiden Motiven.

RUMPF

256 (276) 300 (324) M mit Farbe A auf Rund-Nd Nr. 2,5 (80 cm) anschl. Zur Rd schließen, dabei darauf achten, dass sich die M nicht verdrehen.

6 cm Bündchen [1 M re, 1 M li] str. In der 1. Rd zu Beginn und nach 128 (138) 150 (162) M einen MM für Vorder- und Rückenteil setzen und diese bis zum Armloch mitführen.

Zu Rund-Nd Nr. 3 (80 cm) wechseln und glatt re str, bis die Arbeit 38 (39) 40 (41) cm misst.

Armlöcher: Die M auf der Nd verschieben, ohne sie zu str, und beiderseits der MM je 6 (6) 7 (7) M auf einem Hilfsfaden stilllegen, dabei beide MM entfernen.

An jeder Seite des Pullovers liegen jetzt 12 (12) 14 (14) M auf einem Hilfsfaden.

Die Arbeit ist durch die Armlöcher in Vorder- und Rückenteil geteilt, auf der Nd liegen 2× 116 (126) 136 (148) M = 232 (252) 272 (296) M.

Die Arbeit beiseitelegen.

ÄRMEL

52 (56) 60 (64) M mit Farbe A auf Nadelspiel Nr. 2,5 anschl und die M auf 4 Ndn verteilen. Zur Rd schließen, dabei darauf achten, dass sich die M nicht verdrehen. 6 cm Bündchen [1 M re, 1 M li] str.

Zu Nadelspiel Nr. 3 wechseln und in der 1. Rd nach dem Bündchen wie folgt 2 M zun: 1. Nd: 1 M re, 1 M zun, re str bis zur letzten M auf der 4. Nd, 1 M zun, 1 M re.

In jeder 7. Rd genauso zun, insgesamt 21 (22) 22 (23)× = 94 (100) 104 (110) M.

Den Ärmel bis zu einer Länge von 44 (45) 46 (47) cm gerade str.

Die ersten 6 (6) 7 (7) M und die letzten 6 (6) 7 (7) M der Rd auf einem Hilfsfaden stilllegen = 12 (12) 14 (14) M für jedes Armloch. Den zweiten Ärmel genauso str.

Jetzt werden Rumpf und beide Ärmel zusammengefügt. Weiter in Rd mit Raglanabnahmen str, bis die Musterbordüren beginnen.

PASSE

Das Zusammenfügen der Teile beginnt an der rechten Seite des Rückenteils. Mit Farbe A und Rund-Nd Nr. 3 (80 cm) wie folgt str: Rückenteil 116 (126) 136 (148) M, MM, linker Ärmel 82, (88) 90 (96) M, MM, Vorderteil 116 (126) 136 (148) M, MM, rechter Ärmel 82 (88) 90 (96) M, MM = 396 (428) 452 (488) M auf der Nd.

4 Rd re M str. An den Ärmeln kann es sich etwas eng anfühlen, aber das legt sich, wenn ein paar Zentimeter gestr sind.

In der 5. Rd beginnt die Raglanabnahme: 1 M, 2 M re zus, bis 3 M vor dem nächsten MM str, ssk-Abn, 1 M, MM, 1 M, 2 M re zus, bis 3 M vor dem MM str, ssk-Abn, 1 M, MM, 1 M re, 2 M re zus, bis 3 M vor dem MM str, ssk-Abn, 1 M, MM, 1 M, 2 M re zus, bis 3 M vor dem MM str, ssk-Abn, 1 M, MM. Es wurden 8 M abgen.

Noch 1 (3) 3 (5)× in jeder folgenden Rd abn.

Insgesamt werden 16 (32) 32 (48) M abgen = 380 (396) 420 (440) M.

Dann 11× in jeder 2. Rd genauso abn = 292 (308) 332 (352) M.

Nun verkürzte Reihen str, sodass der Pullover am Vorderteil einen kleinen Ausschnitt bekommt und im Nacken etwas höher wird. In der vorderen Mitte einen MM setzen (MM-vM) und damit das Vorderteil halbieren: 45 M, MM-vM, 45 M (48 M, MM-vM, 48 M) 53 M, MM-vM, 53 M (57 M, MM-vM, 57 M)

Verkürzte Reihen: Bis 5 M vor dem MM-vM str, die Arbeit wenden, die 1. M links abheben, den Faden hinter die Nd legen und so fest anziehen, dass eine Doppelmasche entsteht. Li M bis 5 M vor dem MM-vM str, wenden, Faden vor der Arbeit halten und die 1. M li abheben, dabei den Faden fest nach hinten ziehen (dadurch werden eventuelle Löcher geschlossen, die sich beim Wenden gebildet haben). Bis 5 M vor der vorherigen Wendung str, wenden und die 1. M wie zuvor abheben.

So fortfahren und jeweils 5 M vor dem letzten Wenden wenden, bis an beiden Seiten des MM-vM 5 Mal gewendet wurde.

Ab nun wieder in Rd str, dabei die Doppelmaschen als 1 M abstricken.

RUNDPASSE

Anf und Ende der Rd liegen weiterhin mittig über der Raglanabnahme an der rechten hinteren Schulter.

Muster A str. In der 1. Rd gleichmäßig verteilt 6 (–) 2 (–) M auf 286 (308) 330 (352) M abn, dabei im 1/1-Muster bleiben.

Raglanabnahme bis zur gemusterten Passe

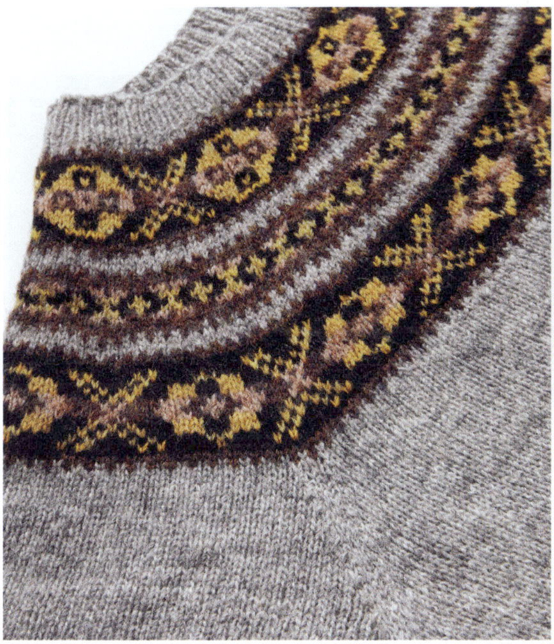

Falls Sie den Pullover zum Trocknen auf ein Jumperboard (Wollbrett) spannen, fädeln Sie einen Baumwollfaden durch das Halsbündchen, damit es nicht ausleiert (Fertigstellung, S. 58).

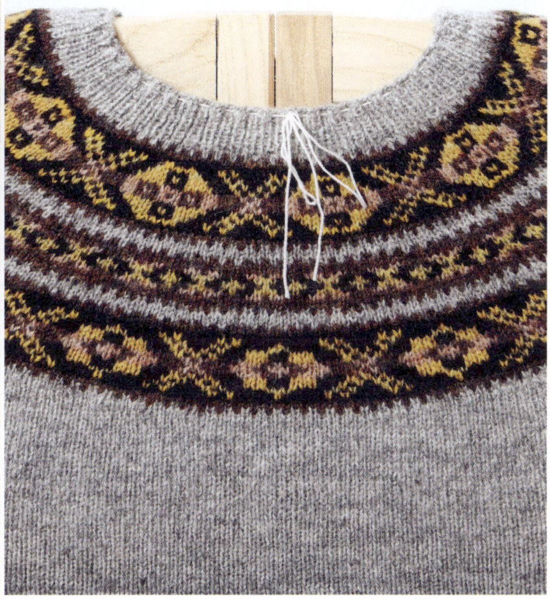

In der 15. Rd 26 (28) 30 (32) M abn, dazu über jeder O- und jeder X-Form je 2 M re zus str = 260 (280) 300 (320) M.

Nach *Muster A* 2 Rd mit Farbe A str.

Muster B str. In der 3. Rd gleichmäßig verteilt 20 (24) 36 (40) M abn = 240 (256) 264 (280) M.

In der 10. Rd von *Muster B*, gleichmäßig verteilt 20 (36) 22 (38) M abn = 220 (220) 242 (242) M.

Nach *Muster B* 2 Rd re mit Farbe A str.

Muster C str. In der 3. Rd gleichmäßig verteilt 22 M abn = 198 (198) 220 (220) M.

In der 16. Rd über jeder O- und X-Form, also 18 (18) 20 (20)× je 1 M abn = 180 (180) 200 (200) M.

Nach *Muster C* 1 Rd re mit Farbe A str.

Halsbündchen: Zu Rund-Nd Nr. 2,5 (40 cm) wechseln und das Bündchen [1 M re, 1 M li] str, dabei in der 1. Rd über jeder O- und X-Form, also 18 (18) 20 (20)× je 1 M abn = 162 (162) 180 (180) M. 2 cm Bündchen str, dann alle M abk.

Armlöcher schließen: Den Pullover auf links wenden. Die 12 (12) 14 (14) M am Rumpf für das Armloch und die gleiche Anzahl M am Ärmel für das Armloch jeweils auf eine Nadelspielnadel heben. Die Ndn parallel halten. Mit einer 3. Nd 1 M von jeder Nd zus abstricken. Den Vorgang wdh, es liegen 2 M auf der rechten Nd. Die rechte (zuerst gestr) M über die linke ziehen. Auf diese Weise alle M abk.

Die Löcher an den Enden des Armlochs schließen.

FERTIGSTELLUNG

Alle Fäden vernähen.

Einen Baumwollfaden durch die obere Kante des Halsbündchens fädeln (siehe Foto S. 57).

Das Strickstück in warmem Wasser mit Wollwaschmittel waschen und mindestens 30 Minuten im Wasser liegen lassen. Gründlich ausspülen.

Den Pullover in ein Handtuch wickeln und das Wasser herausdrücken. Den Pullover auf einem Jumperboard spannen. Den Baumwollfaden aus dem Halsbündchen nach dem Trocknen herausziehen.

Wird der Pullover liegend getrocknet, ist der Baumwollfaden nicht nötig.

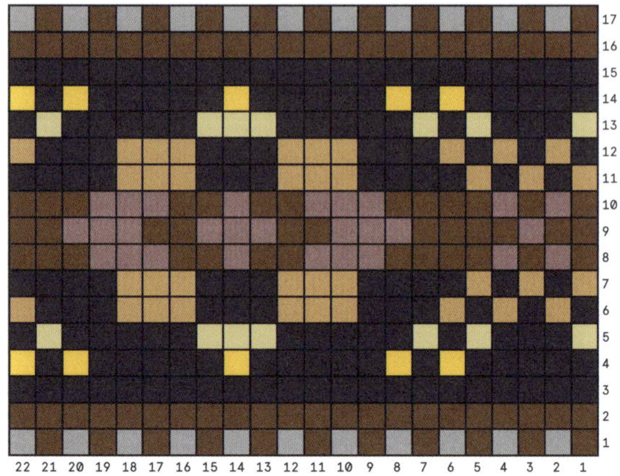

Muster A

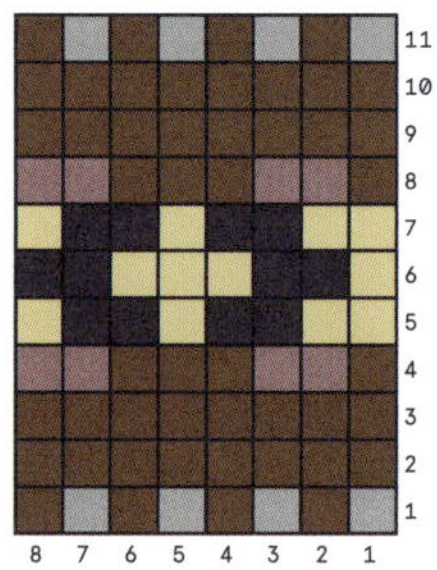

Muster B

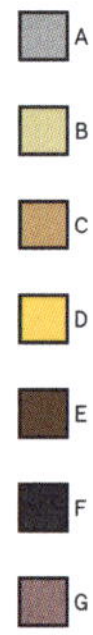

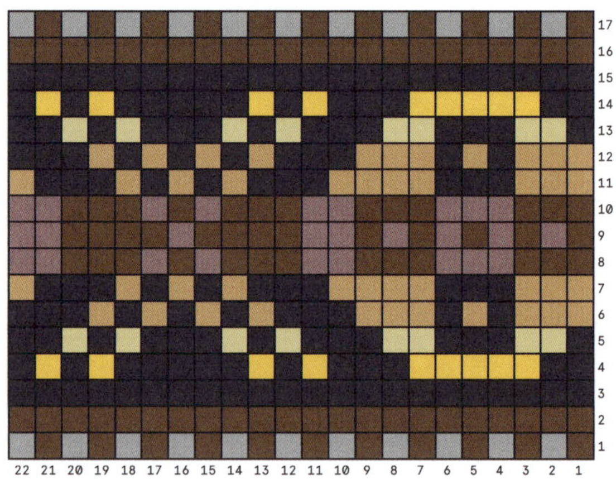

Muster C

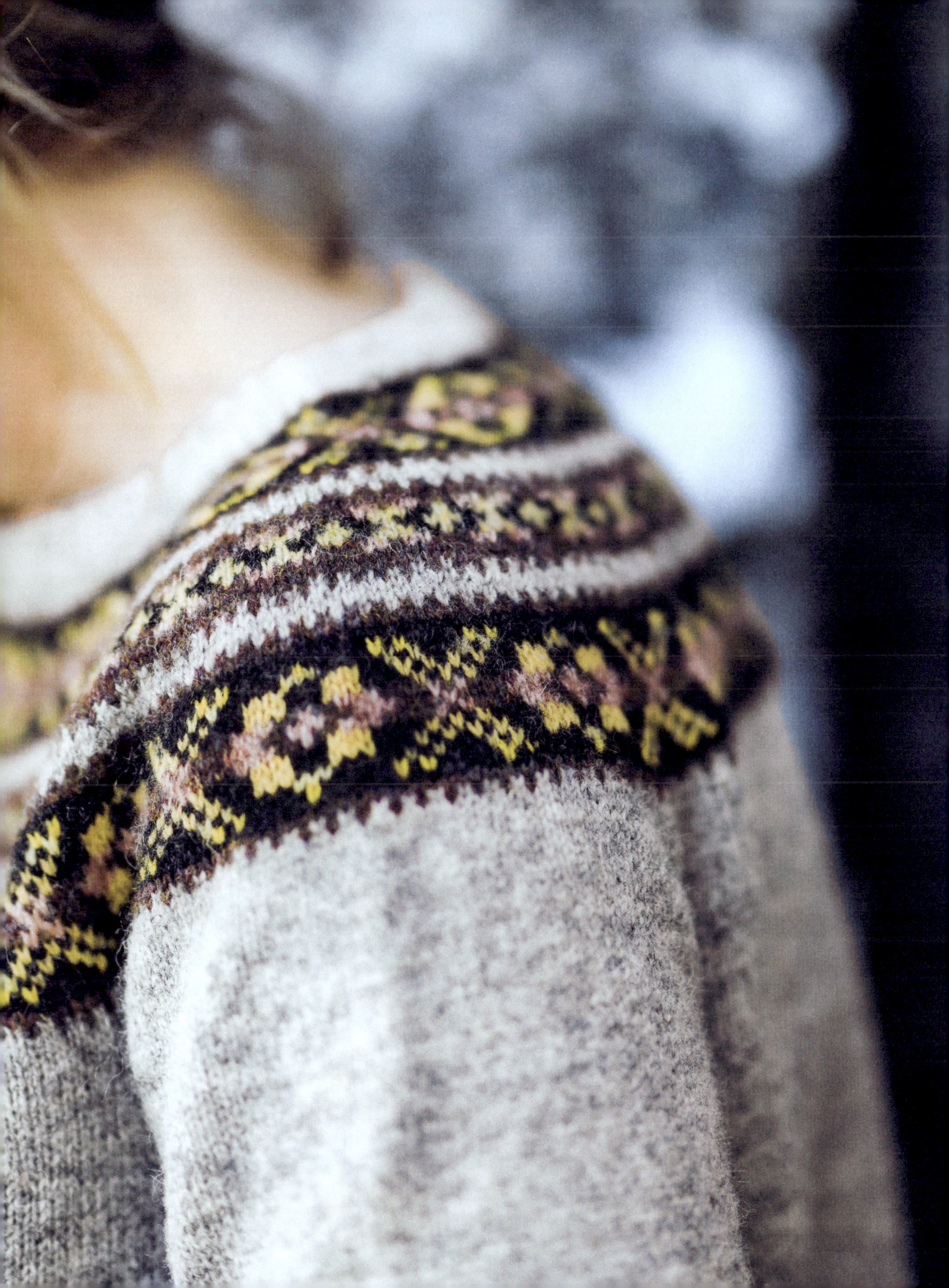

Jacke East Burra

Die Strickjacke wird von unten nach oben in Runden gestrickt und später vorn in der Mitte und für die Ärmel aufgeschnitten. Es ist ein kastiges, weites Modell mit überschnittenen Schultern. Die bunten Rauten im Muster waren in den 1950er Jahren ein beliebtes Motiv.

East Burra ist eine kleine Insel, auf der hauptsächlich Schafe und Vögel leben. Es gibt einige Ruinen alter Gebäude, die Wind und Wetter trotzen. Die Fensterrahmen sind immer noch da, mit Flechten in leuchtendem Gelb und Grün auf dem braunen, morschen Holz. Hier fand ich die Farben für die Jacke East Burra.

Größe: S (M) L (XL)
Brustumfang: 85 (99) 113 (127) cm
Länge: 59 (65) 65 (72) cm

Garn: zweifädiges Wollgarn, z. B. Spindrift von Jamieson's of Shetland, 105 m/25 g
Garnverbrauch:

A, Shetland Black	150 (175) 175 (200) g
B, Moorit	75 (75) 100 (100) g
C, Mogit	50 (50) 75 (75) g
D, Mooskit	50 (75) 75 (75) g
E, Eesit	75 (100) 100 (125) g
F, Laurel	50 (50) 50 (75) g
G, Granny Smith	50 (50) 50 (50) g
H, Turf	25 (25) 25 (25) g
I, Moss	25 (25) 25 (25) g
J, Yellow Ochre	25 (25) 25 (25) g

Nadeln: Rundnadel Nr. 2,5 (80 cm lang), Rundnadel Nr. 3 (40 und 80 cm lang), Nadelspiel Nr. 2,5 und 3
Häkelnadel: Nr. 1,5–2
Maschenprobe: 34 M und 40 R auf 10 x 10 cm mit Nadeln Nr. 3

Sonstiges: Maschenmarkierer, Wollnadel mit großem Öhr, 9 (10) 10 (11) Knöpfe mit 16 mm Durchmesser und genauso viele mit 10 mm Durchmesser, Zahnstocher oder Streichholz, Nähgarn, Nähnadel

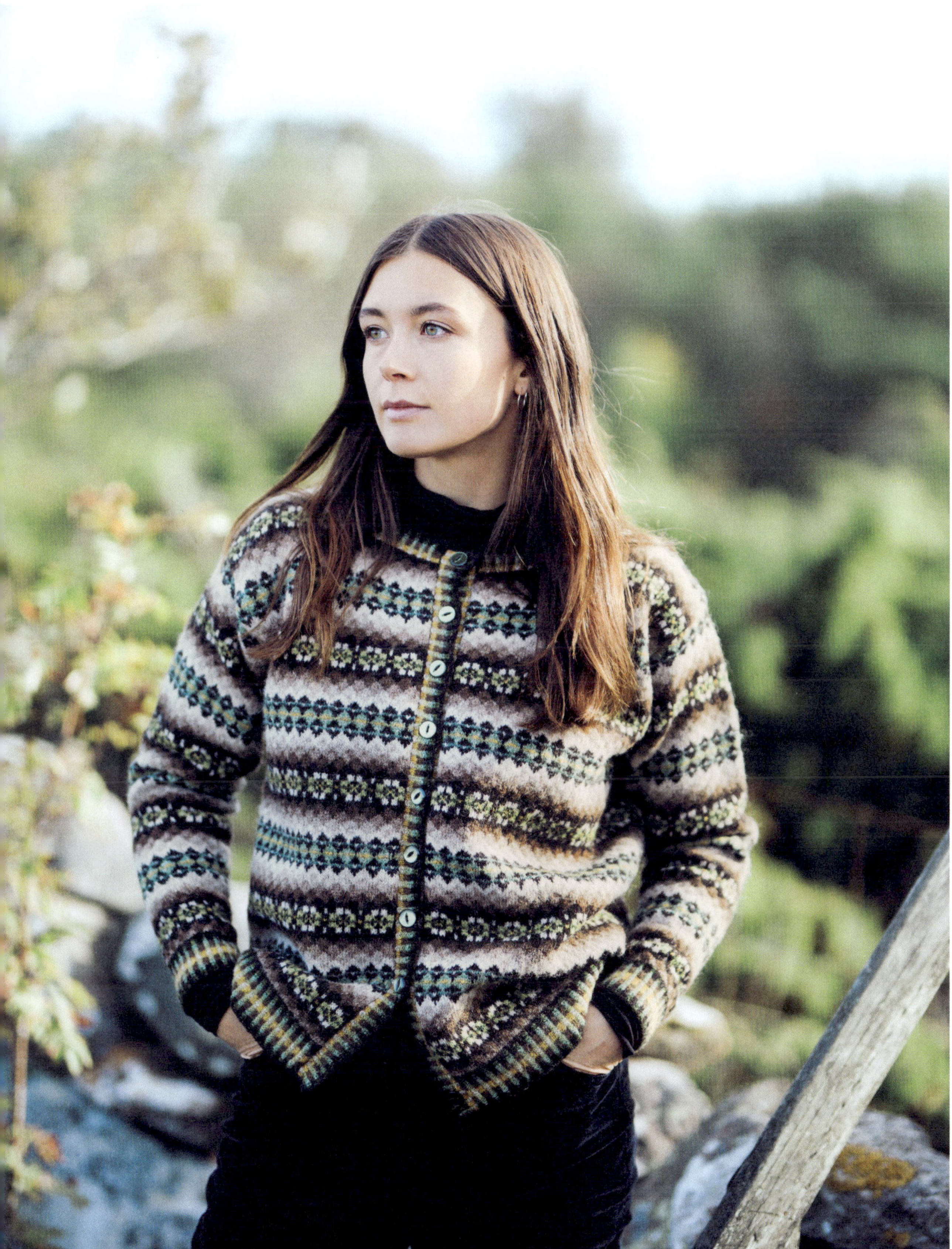

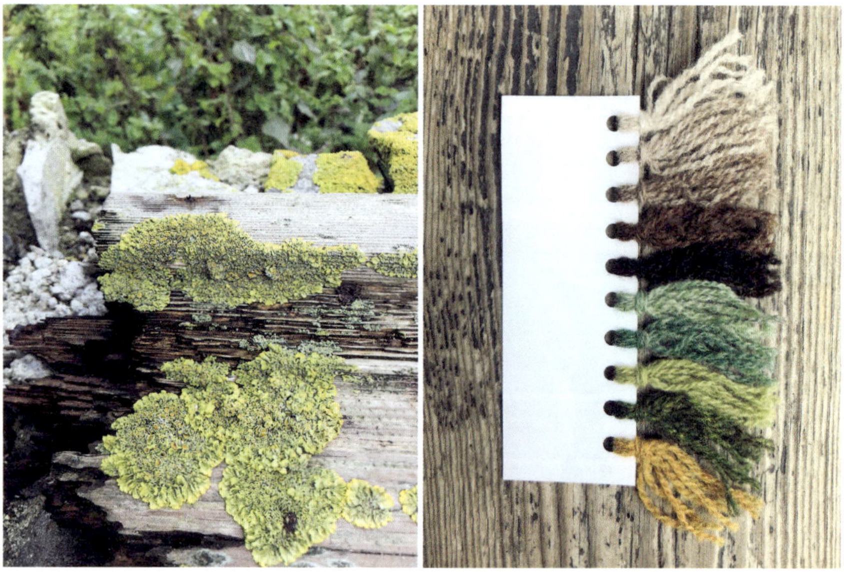

Gelbgrüne Flechten mit Einsprengseln von kühlem Grün auf morschem Holz dienten als Farbinspiration für die Strickjacke.

RUMPF

Mit Farbe A und Rund-Nd Nr. 2,5 (80 cm) anschl:
S: 6, MM, 73, MM, 144, MM, 73, MM, 6
M: 6, MM, 85, MM, 168, MM, 85, MM, 6
L: 6, MM, 97, MM, 192, MM, 97, MM, 6
XL: 6, MM, 109, MM, 216, MM, 109, MM, 6
= 302 (350) 398 (446) M. Zur Rd schließen.

Die ersten 6 und letzten 6 M in der Rd sind die 12 Schnittmaschen für den Steek. Rd-Anf/Rd-Ende liegt in der Mitte des Steeks, dort finden alle Farbwechsel statt. Die Steek-M gemäß ZM *Steek* str.

Bündchen: Das Bündchen mehrfarbig gemäß ZM *Bündchen Rumpf und Ärmel* str: 6 M, MM, [2 M re, 2 M li] stets wdh, enden mit 2 M re, MM, 6 M.

Zu Rund-Nd Nr. 3 (80 cm) wechseln.

1 Rd re M mit Farbe A str, gleichzeitig an den Seiten und in der hinteren Mitte insgesamt 3 M abn: 6 M, MM, 71 (83) 95 (107) M, 2 M re zus, MM, 72 (84) 96 (108) M, 2 M re zus, 70 (82) 94 (106) M, MM, 2 M re zus, 71 (83) 95 (107) M, MM, 6 M = 72 (84) 96 (108) M pro Vorderteil und 143 (167) 191 (215) M für das Rückenteil (+ je 6 Steek-M) auf der Nd.

Gemäß ZM *Muster* str, bis der Rumpf 38 (42) 42 (46) cm misst.

ARMLOCH

6 M str, MM, 66 (78) 90 (102) M str, die übrigen 6 M auf einen Hilfsfaden legen, den Seiten-MM entfernen, 5 M vom Rückenteil auf denselben Hilfsfaden legen. Einen neuen MM setzen, 12 Steek-M anschl, MM, 133 (157) 181 (205) M, die restlichen 5 M auf einen Hilfsfaden legen, den Seiten-MM entfernen, 6 M vom Vorderteil auf denselben Hilfsfaden legen, MM, 12 Steek-M anschl, MM, 66 (78) 90 (102) M, MM, 6 M. Die 12 neuen Steek-M auf jeder Seite werden gemäß ZM *Steek* gestr.

Es wurden an jeder Seite 11 M für die Armausschnitte auf einen Hilfsfaden gelegt. Prüfen, dass das Muster am Vorder- und Rückenteil am Armloch übereinstimmt.

In den nächsten 6 Rd je 1 M beidseits des Armlochs in jeder Rd wie folgt abn: 6 M, MM, str bis 2 M vor dem nächsten MM, 2 M re zus, MM, 12 M, MM, ssk-Abn, str bis 2 M vor dem nächsten MM, 2 M re zus, MM, 12 M, MM, ssk-Abn, bis zum MM str, 6 M = 60 (72) 84 (96) M pro Vorderteil und 121 (145) 169 (193) M für das Rückenteil.

Gemäß ZM *Muster* str, bis das Armloch 12 (15) 15 (18) cm misst.

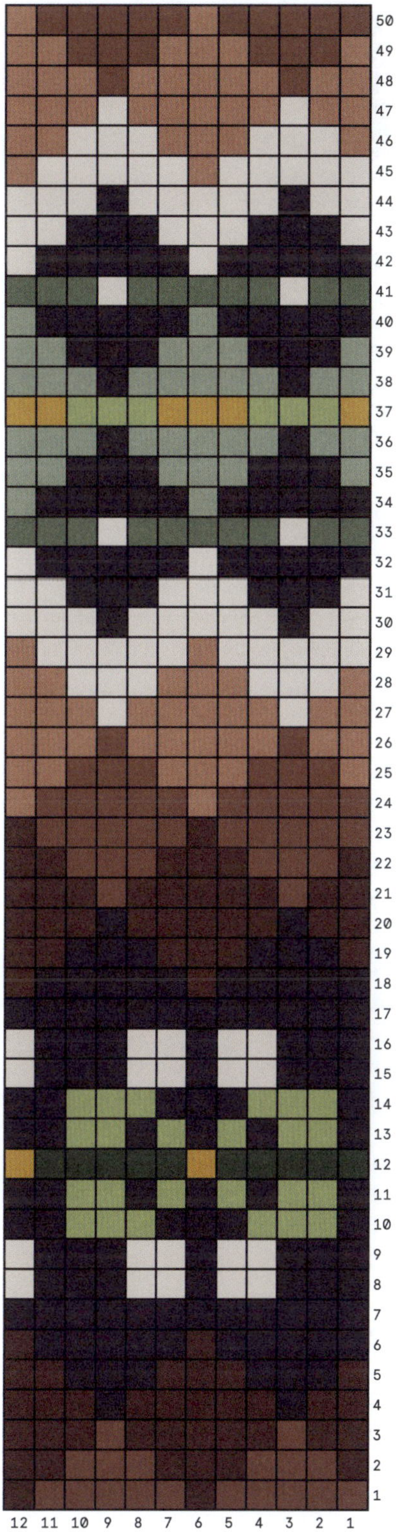

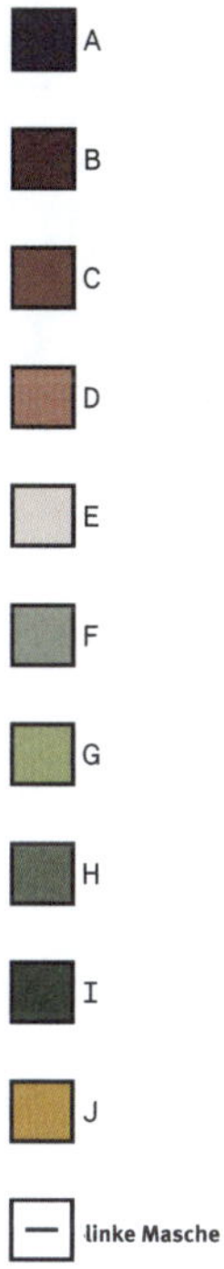

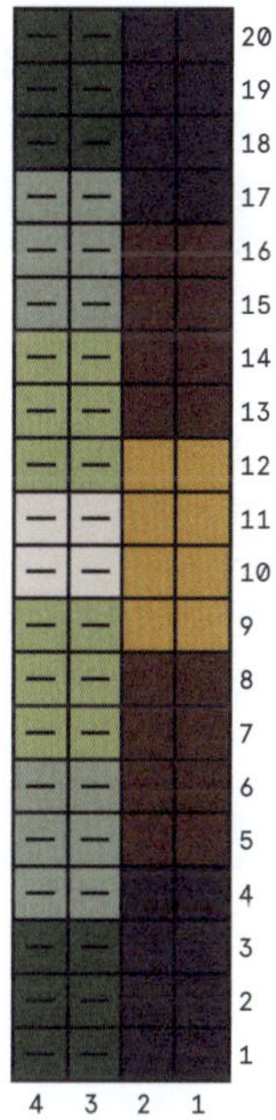

Bündchen Rumpf und Ärmel

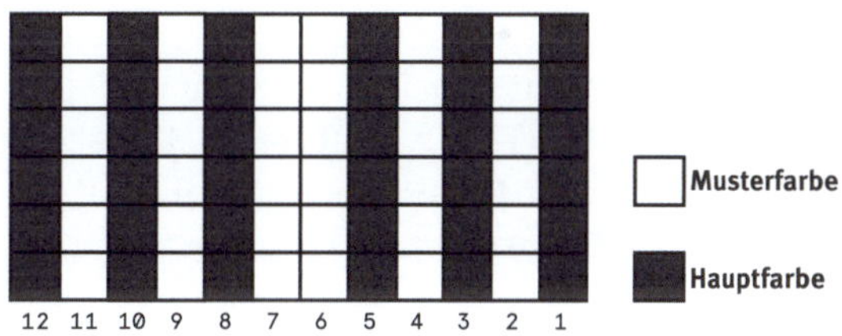

Steek

Muster

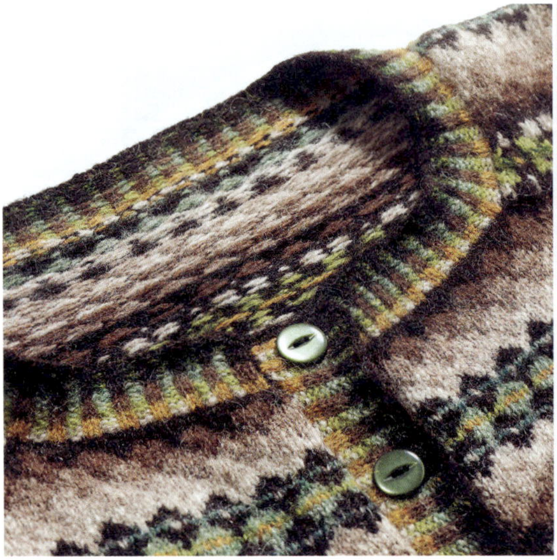

Halsausschnitt mit Halsbündchen und Knopfblende

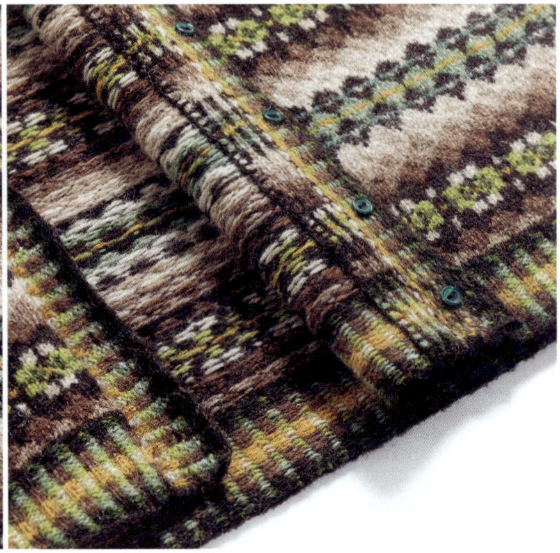

Die Knopfblende von links. Der Steek wurde im Langettenstich angenäht. Innen befindet sich gegenüber jedes Knopfs auf der Vorderseite jeweils ein kleiner Gegenknopf.

HALS

Die ersten 6 Steek-M abk, 20 (25) 30 (35) M str und auf einen Hilfsfaden legen, 40 (47) 54 (61) M str, MM, 12 M, MM, 121 (145) 169 (193) M, MM, 12 M, MM, 60 (72) 84 (96) M str, dann die zuletzt gestr 20 (25) 30 (35) M auf einen Hilfsfaden legen, MM, die letzten 6 Steek-M abk, den Faden abschneiden.

6 neue Steek-M für den Halsausschnitt anschl und weiter gemäß ZM *Muster* str, am Rd-Ende 6 neue Steek-M anschl.

Ab der nächsten Rd für den Halsausschnitt wie folgt beidseits 5× 1 M in jeder 2. Rd abk: 6 M, MM, ssk-Abn, 38 (45) 52 (59) M, MM, 12 M, MM, 121 (145) 169 (193) M, MM, 38 (45) 52 (59) M, 2 M re zus, MM, 6 M.

Nach den Abn am Halsausschnitt hat jedes Vorderteil noch 35 (42) 49 (56) M.

Str, bis das Armloch 21 (23) 23 (26) cm misst. Die Schultern von Vorderteil und Rückenteil stoßen in der Mitte einer Bordüre aufeinander, wobei auf dem Vorderteil die Mittelrunde gestr wurde, das Rückenteil nur bis zur Rd vor der Bordürenmitte.

Abkettrunde: 6 Steek-M abk, die mittlere Bordürenrunde über 35 (42) 49 (56) M str, 12 Steek-M abk. Die Schultern des Vorder- und Rückenteils rechts auf rechts legen, die Ndn liegen parallel zueinander, und mit einer 3. Nd 35 (42) 49 (56) M zus abk. Den Faden abschneiden.

Die 51 (61) 71 (81) M für den Nacken auf einen Hilfsfaden legen.

Die übrigen 35 (42) 49 (56) M des Rückenteils auf eine Nd schieben, ohne sie zu str. 12 Steek-M abk.

Die mittlere Bordürenrunde am Vorderteil über 35 (42) 49 (56) M str. Die übrigen 6 Steek-M abk.

Die Schultern rechts auf rechts legen und zus abk. Den Faden abschneiden.

ÄRMEL

Den Steek im Armloch aufschneiden, dabei eine Hand darunterlegen und darauf achten, keine Spannfäden durchzuschneiden.

Aus dem Armloch mit Farbe A und Rund-Nd Nr. 2,5 (40 cm) durch die äußerste M des Steeks (durch beide Maschenbogen) wie folgt M auffassen: Die Rd beginnt und endet in der mittleren M der 11 M auf dem Hilfsfaden unter dem Ärmel. Die letzten 6 M vom Hilfsfaden str, 66 (74) 74 (82) M aus der Kante, 1 M aus der Mitte der Schulternaht und 66 (74) 74 (82) M aus der Kante auffassen, dann die verbliebenen 5 M vom Hilfsfaden, MM = 144 (160) 160 (176) M.

Den Arm am Modell (Person, für die die Jacke bestimmt ist) vom Handgelenk bis zum Hals messen und die tatsächliche Schulterbreite der Strickjacke abziehen. Dieses Maß ist die Länge des zu strickenden Ärmels.

Um herauszufinden, wo Sie im ZM *Muster* beginnen müssen, damit der Ärmel am Bündchen genauso endet wie am Rumpf, messen Sie vom Bündchen am Rumpf die Länge Ihres Ärmels ab. Beginnen Sie an dieser Stelle im ZM.

Zu Rund-Nd Nr. 3 wechseln.

In der 1. Rd des ZM *Muster* die M verschränkt abstricken, um Löcher zu vermeiden.

4 Rd ohne Abn str, dann auf beiden Seiten des MM im Abstand von etwa 1 cm 30 (38) 38 (44)× je 1 M abn = 84 (84) 84 (88) M.

Vor dem Bündchen 1 Rd re M nur mit Farbe A str.

Bündchen: Zu Nadelspiel Nr. 2,5 wechseln und das mehrfarbige Bündchen gemäß ZM *Bündchen Rumpf und Ärmel* str.

Den Ärmel mit Farbe A abk und den Faden abschneiden. Den zweiten Ärmel genauso str.

HALSKANTE

Den Steek am Hals aufschneiden.

Mit Farbe A und Rund-Nd Nr. 2,5 zuerst 1 neue M am äußersten Rand aufn (Nahtmasche), die ersten 20 (25) 30 (35) M str, aus dem Halsausschnitt 26 M (für alle Größen) aufn, 51 (61) 71 (81) M im Nacken, 25 M (für alle Größen) aufn, 20 (25) 30 (35) M str, 1 M aufn = 144 (164) 184 (204) M.

Gemäß ZM *Bündchen Hals und Knopfblende* str, dabei in der 1. R mit den Farben E und J von der rechten Seite beginnend alle M re str. Die erste und letzte M in allen R immer re str. In der nächsten R (Rück-R) beginnt das Rippenmuster: Die R beginnt mit 1 M re, [2 M li, 2 M re] stets wdh, enden mit 2 M li, 1 M re.

Mit Farbe A fest abk, damit der Halsausschnitt sich nicht wellt.

KNOPFBLENDE

Achtung! Den Steek nicht aufschneiden, bevor die Knopfblenden fertig gestr sind.

Zuerst das Bündchen str, das (bei Damenverschluss) Knöpfe bekommen soll (linke Seite beim Tragen), da sich die Position der Knopflöcher dann an der anderen Kante (rechte Seite beim Tragen) leichter ermitteln lässt.

M aufn und mit Farbe A str, dabei ein ca. 25 cm langes Fadenende hängen lassen.

Außen an der Halskante beginnen und die restlichen M in der äußersten M des Steeks aufn, jeweils durch die ganze M und in allen R: 10 M (aus Halsbündchen), 183 (212) 212 (227) M, 20 M (aus dem Saumbündchen) = 213 (242) 242 (257) M. Den Faden abschneiden.

In der nächsten R von der rechten Seite aus in den Farben E und J gemäß ZM *Bündchen Hals und Knopfblende* nur re M str, gleichzeitig 39 (48) 48 (43) M gleichmäßig verteilt abn = 174 (194) 194 (214) M.

Gemäß ZM *Bündchen Hals und Knopfblende* str.

Falls die Maschenprobe nicht eingehalten wurde und Sie z. B. lockerer gestr haben, hat das Vorderteil weniger Rd und Sie nehmen dadurch weniger M an der Kante auf. Dann müssen Sie umrechnen, damit das Bündchen schön zur Jacke passt.

Das Bündchen fest abk, damit es sich nicht wellt. Den Faden abschneiden, dabei 25 cm hängen lassen.

Mit den beiden Fadenenden wird eine Reihe feste M an die kurzen Seiten der Knopfblende gehäkelt.

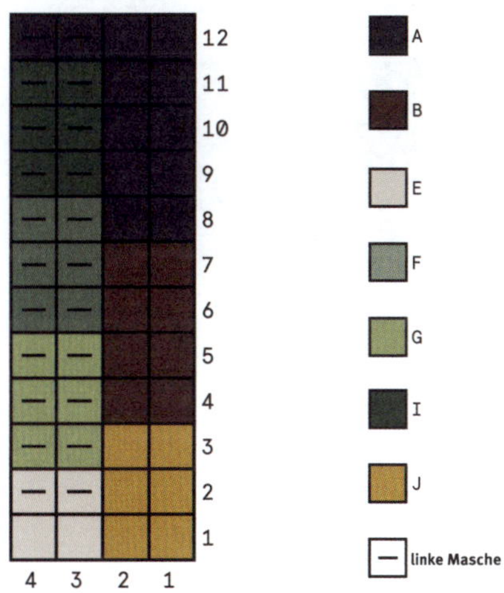

Bündchen Hals und Knopfblende

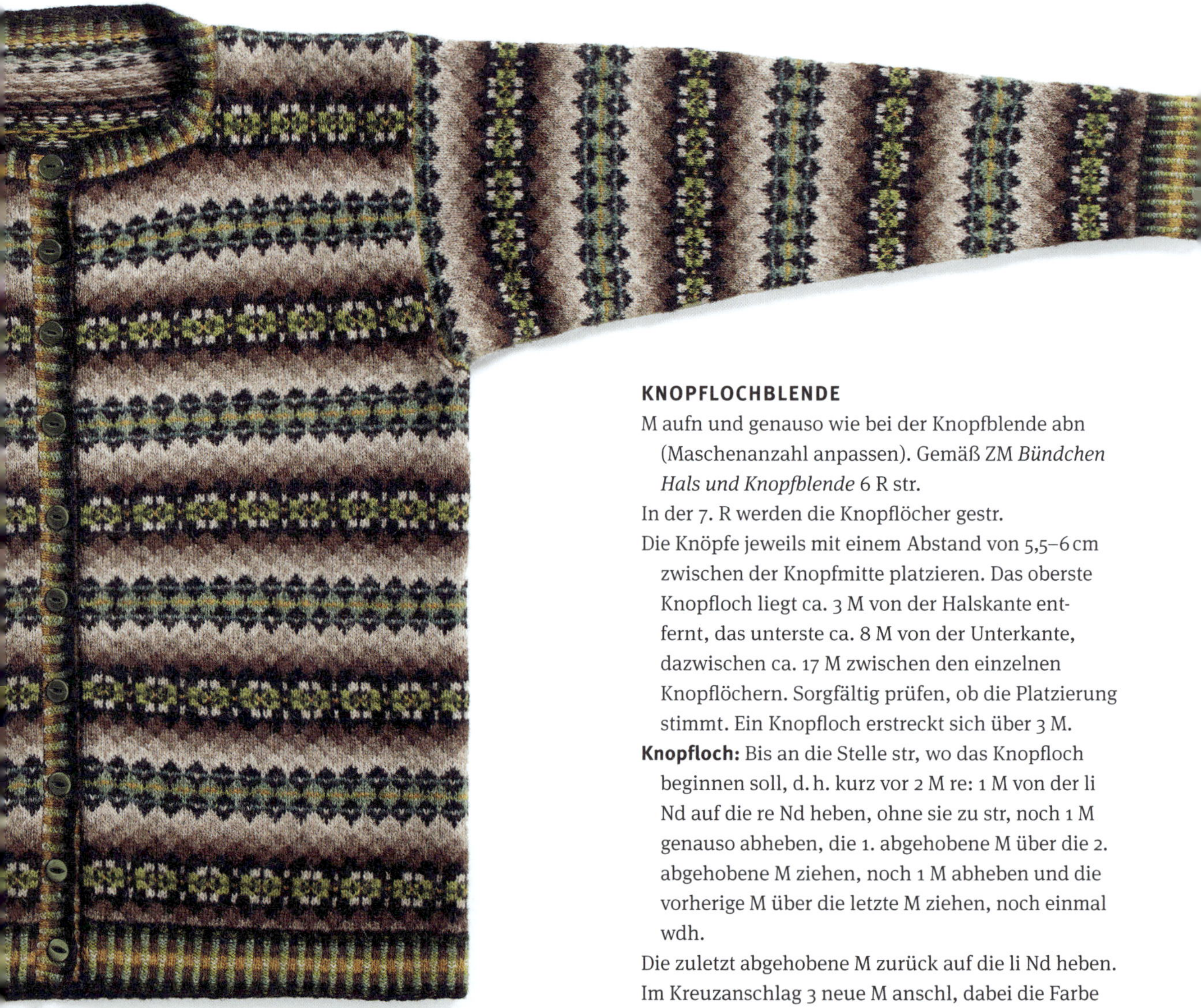

KNOPFLOCHBLENDE

M aufn und genauso wie bei der Knopfblende abn (Maschenanzahl anpassen). Gemäß ZM *Bündchen Hals und Knopfblende* 6 R str.

In der 7. R werden die Knopflöcher gestr.

Die Knöpfe jeweils mit einem Abstand von 5,5–6 cm zwischen der Knopfmitte platzieren. Das oberste Knopfloch liegt ca. 3 M von der Halskante entfernt, das unterste ca. 8 M von der Unterkante, dazwischen ca. 17 M zwischen den einzelnen Knopflöchern. Sorgfältig prüfen, ob die Platzierung stimmt. Ein Knopfloch erstreckt sich über 3 M.

Knopfloch: Bis an die Stelle str, wo das Knopfloch beginnen soll, d. h. kurz vor 2 M re: 1 M von der li Nd auf die re Nd heben, ohne sie zu str, noch 1 M genauso abheben, die 1. abgehobene M über die 2. abgehobene M ziehen, noch 1 M abheben und die vorherige M über die letzte M ziehen, noch einmal wdh.

Die zuletzt abgehobene M zurück auf die li Nd heben.

Im Kreuzanschlag 3 neue M anschl, dabei die Farbe mit rechten M um den Daumen legen.

Auf diese Weise alle Knopflöcher einarbeiten und danach das ZM *Bündchen Hals und Knopfblende* fertig str.

Das Bündchen fest abk, damit es sich nicht wellt. Den Faden abschneiden, dabei 25 cm hängen lassen.

Mit den Fäden am Anf und Ende des Bündchens wird eine Reihe feste M an die kurzen Seiten der Knopflochblende gehäkelt.

FERTIGSTELLUNG

Alle Fäden vernähen, außer den Fäden am Steek in der vorderen Mitte.

Die Steek-Schnittkanten an den Armlöchern und am Halsausschnitt nach innen falten und im Langettenstich annähen, dazu das gleiche Garn verwenden, mit dem Sie gestr haben.

Die Strickjacke mit Wollwaschmittel waschen, bevor (!) der Steek in der vorderen Mitte aufgeschnitten wird, und mindestens 30 Minuten im Wasser liegen lassen. Gründlich ausspülen. In ein Handtuch einrollen und so viel Wasser wie möglich herausdrücken.

Die Jacke auf einem Jumperboard (Wollbrett) spannen oder auf einem Handtuch oder Pop-up-Pullovertrockner liegend trocknen lassen, dabei in Form und auf Maß ziehen.

Wenn die Jacke trocken ist, den Steek vorne aufschneiden. Die Steek-Schnittkanten nach innen falten und im Langettenstich annähen.

Mit doppeltem Faden die Knöpfe annähen, dabei einen Zahnstocher auf den Knopf legen und einen kleineren Knopf auf der Rückseite mitfassen. Den Zahnstocher herausziehen. Den Faden fünfmal unter dem großen Knopf wickeln, sodass ein Stielchen entsteht, und gut vernähen.

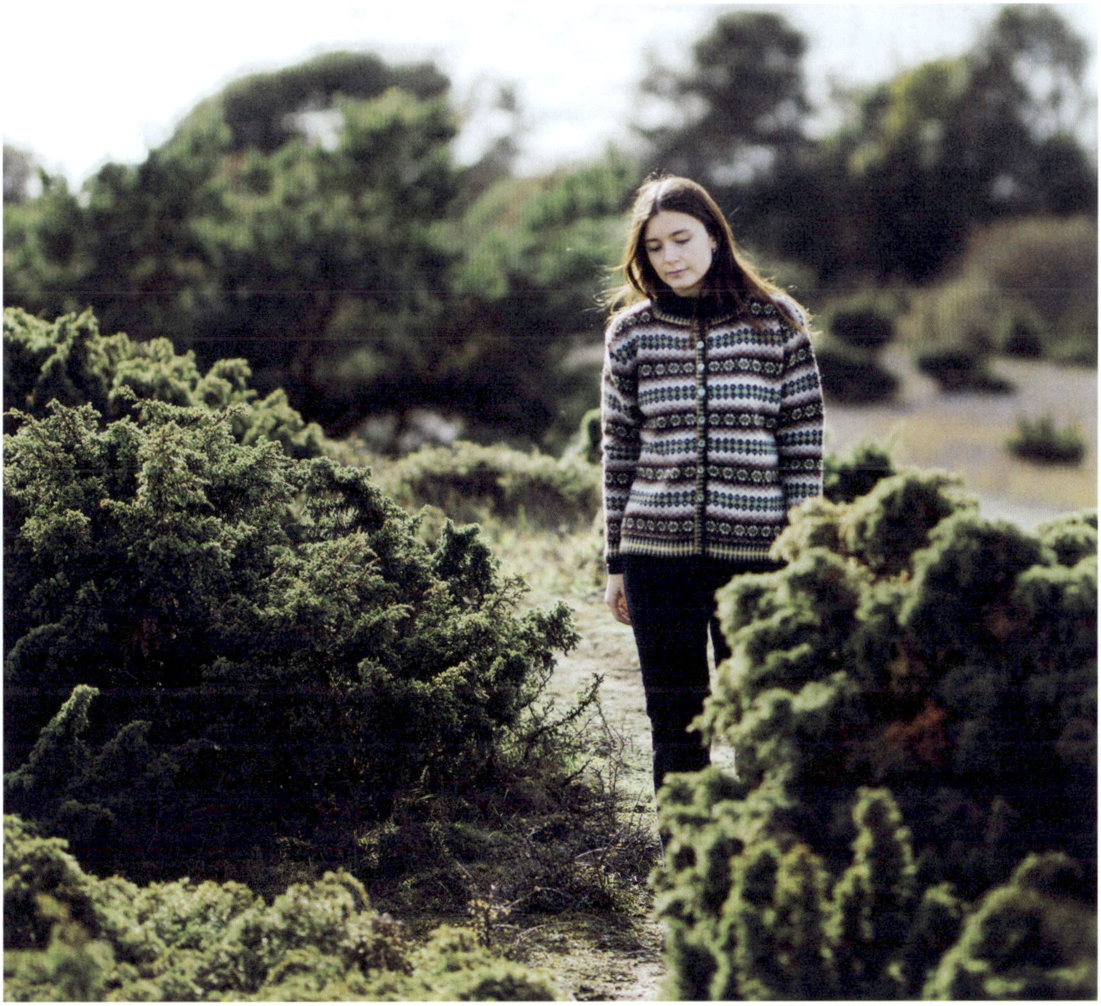

Kinderpullover Kleine Miesmuschel

Der Pullover wird in Runden von unten nach oben gestrickt. Das Modell ist gerade geschnitten und hat leicht überschnittene Schultern. Aus dem Armausschnitt werden Maschen für den Ärmel aufgenommen und von oben nach unten gestrickt.

Die neun Farben der Garnkarte Miesmuschel (S. 76) habe ich hier etwas reduziert. Im Ausschnitt des Fotos (S. 70) sehe ich den blauen Schimmer der Muschel vor den braunlila Algen, einen Streifen aus giftgrünen Algen und beigen Sand, und das bilde ich im Pullover nach.

Größe: 4–5 Jahre
Brustumfang: 70 cm
Länge: 43 cm
Ärmellänge: 34 cm

Garn: zweifädiges Wollgarn, z. B. 2 ply Jumper Weight von Jamieson & Smith, 115 m/25 g
Garnverbrauch:

A, 36	75 g
B, 202	50 g
C, 14	25 g
D, Fc15mix	50 g
E, Fc14mix	50 g
F, Fc58mix	50 g
G, Fc11mix	25 g

Nadeln: Rundnadel Nr. 2,5 und 3 (jeweils 40 und 60 cm lang), Nadelspiel Nr. 2,5 und 3
Maschenprobe: 32 M und 38 Rd auf 10 x 10 cm mit Nadeln Nr. 3

Sonstiges: Maschenmarkierer, Wollnadel mit großem Öhr

In der Anleitung ist das Muster symmetrisch, d. h. das Vorder- und Rückenteil wird gespiegelt.

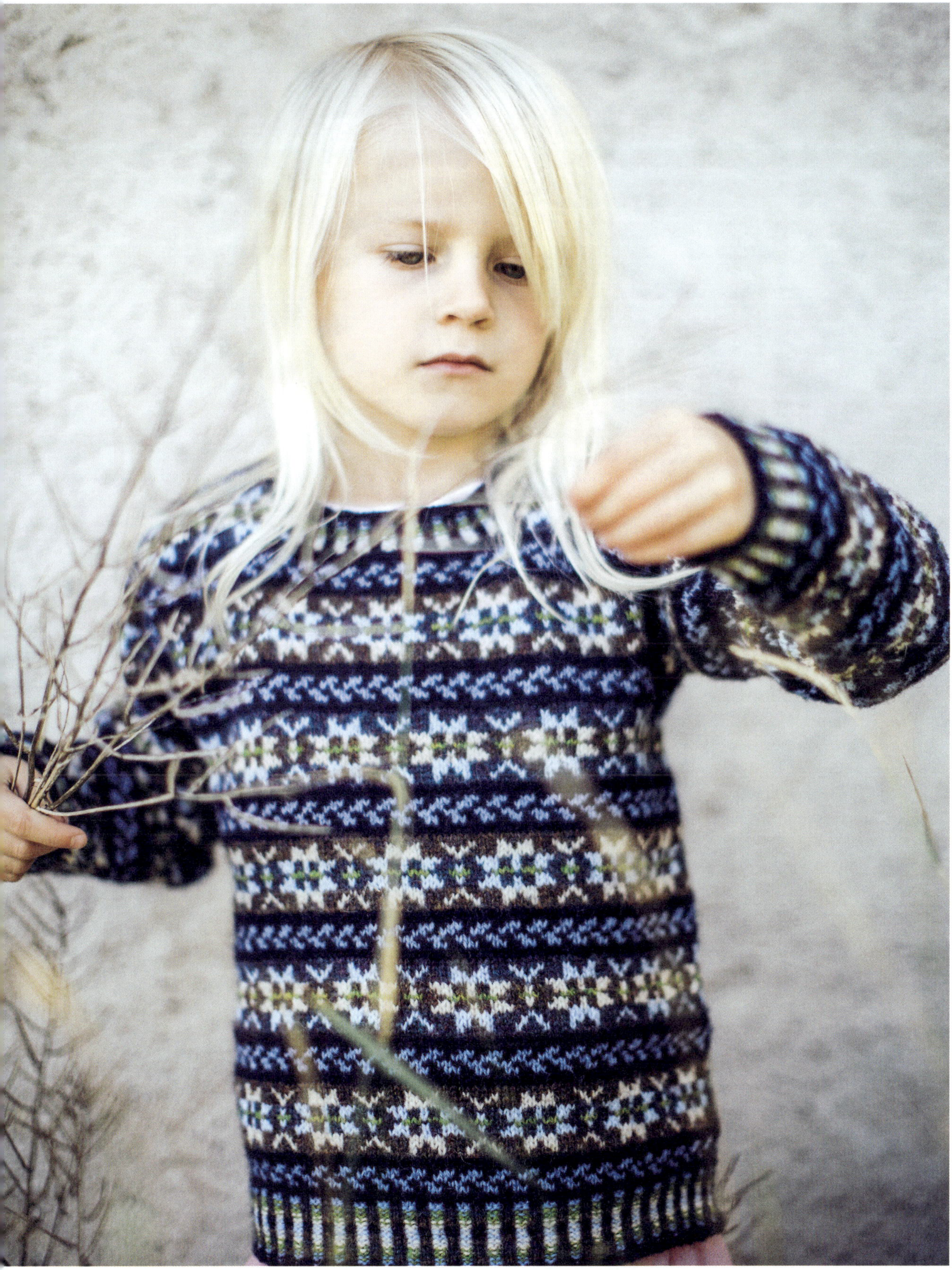

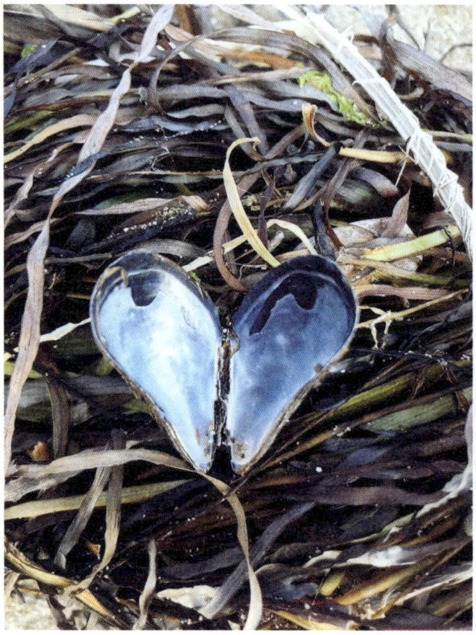 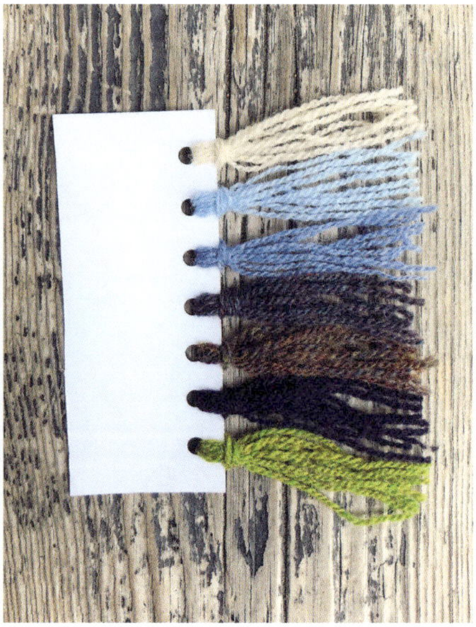

Die schimmernde Innenseite der Miesmuschelschale und die Algen in verschiedenen Farben inspirierten mich für diesen Pullover.

RUMPF

224 M mit Farbe A und Rund-Nd Nr. 2,5 (60 cm) anschl. Zur Rd schließen, dabei darauf achten, dass sich die M nicht verdrehen.

Das mehrfarbige Bündchen gemäß ZM *Bündchen Rumpf* str. An beiden Seiten Maschenmarkierer setzen: MM, 112 M, MM, 112 M.

Zu Rund-Nd Nr. 3 (60 cm) wechseln und gemäß ZM *Muster* str, bis die Arbeit ca. 27 cm misst oder eine der breiten Bordüren fertig gestr ist.

Armausschnitt: Weiter gemäß ZM *Muster* str, aber die ersten 5 M auf einen Hilfsfaden heben, 5 Steek-M anschl. Str, bis noch 6 M bis zum nächsten MM übrig sind, diese 6 M auf einen Hilfsfaden legen, den MM entfernen und 5 M vom Rückenteil auf denselben Faden heben, 10 Steek-M anschl. Str, bis noch 6 M übrig sind, diese auf denselben Faden im Armloch legen, 5 Steek-M anschl.

Nun liegen an jeder Seite des Pullovers 11 M auf einem Hilfsfaden, an jeder Seite sind 10 Steek-M und das Vorder- und Rückenteil haben jeweils 101 M.

Die Steek-M gemäß ZM *Steek* str. Am Armloch wie folgt abn: 5 Steek-M, MM, ssk-Abn, str bis 2 M vor dem MM, 2 M re zus, MM, 10 Steek-M, MM, ssk-Abn, str, bis noch 2 M vom Rückenteil übrig sind, 2 M re zus, 5 Steek-M. Die Abn in den nächsten 3 Rd wdh = 93 M übrig für Vorder- und Rückenteil (plus Steek-M). Beidseitig der mittleren M am Vorderteil einen MM setzen: 46 M str, MM, 1 M, MM, 46 M str. Str, bis das Armloch 8 cm hoch ist.

Die mittleren 33 M des Vorderteils wie folgt auf einen Hilfsfaden legen: 5 M str, MM, 30 M str, MM, 33 M auf einen Hilfsfaden legen, 10 Steek-M anschl und gemäß ZM *Steek* str, MM, 30 M str, MM, 10 M str, MM, 93 M str, MM, 5 M str.

Halsausschnitt vorne: In jeder Rd an beiden Seiten des Halsausschnitts 3× 1 M abn: 5 M, MM, bis 2 M vor den nächsten MM str, 2 re zus, MM, 10 M, MM, ssk-Abn, bis Rd-Ende str.

Jetzt hat jede Vorderteilhälfte noch 27 M.

Weiter laut ZM *Muster* str, bis das Armloch ca. 17 cm misst. Die Schulterpartien treffen mitten in einer breiten Bordüre aufeinander, d. h. die Bordüre wird je zur Hälfte am Vorder- bzw. Rückenteil gestr und auf links zus abgekettet.

Abkettrunde: Die mittlere Rd der breiten Bordüre am Vorderteil wie folgt str: 5 Steek-M zurückstricken (wieder auflösen), 10 Steek-M abk, 27 M linkes Vorderteil str, MM entfernen, 10 Steek-M abk, 27 M rechtes Vorderteil str, MM entfernen, 10 Steek-M abk.

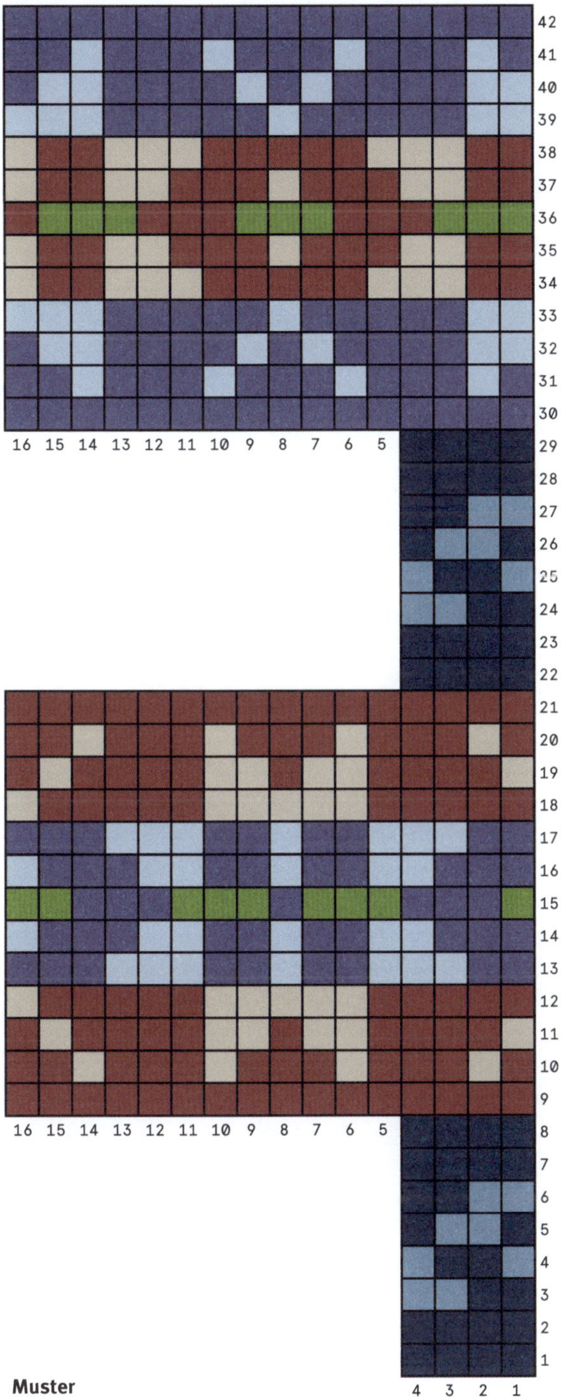

Muster

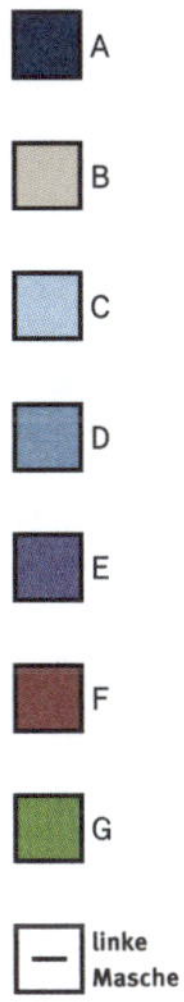

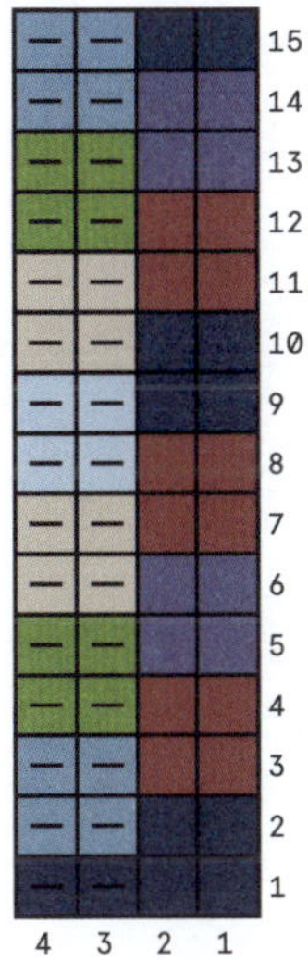

Bündchen Rumpf

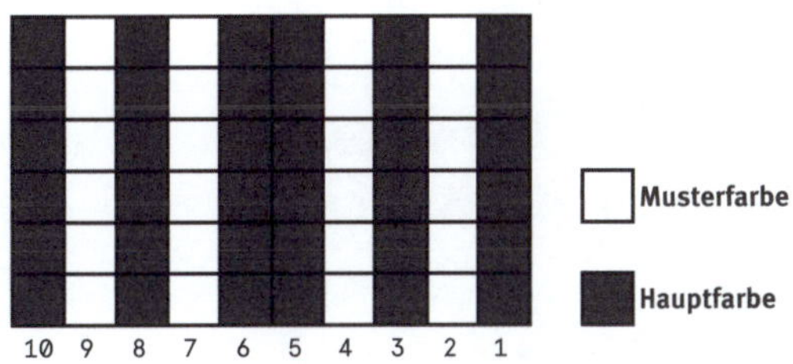

Steek

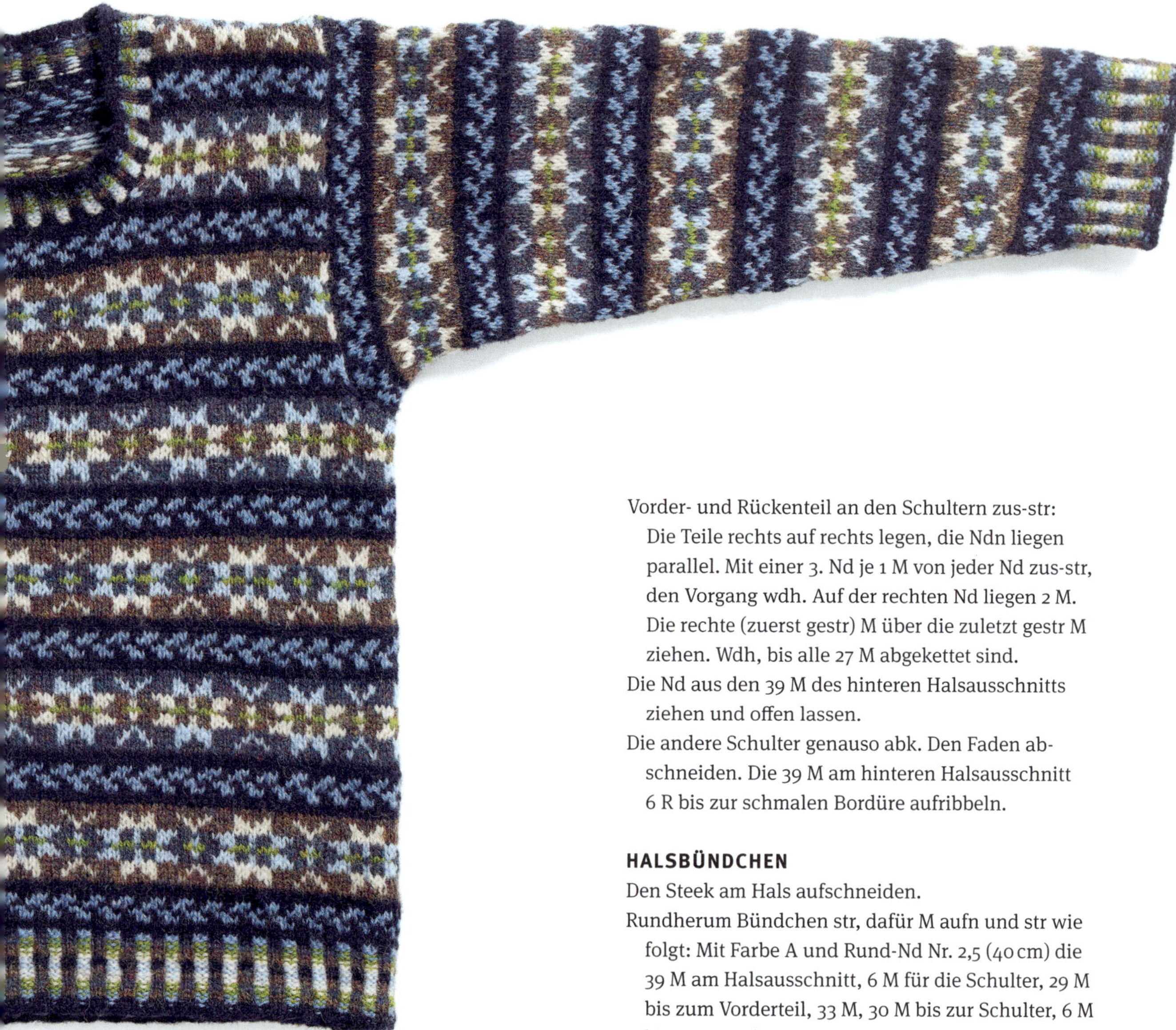

Vorder- und Rückenteil an den Schultern zus-str: Die Teile rechts auf rechts legen, die Ndn liegen parallel. Mit einer 3. Nd je 1 M von jeder Nd zus-str, den Vorgang wdh. Auf der rechten Nd liegen 2 M. Die rechte (zuerst gestr) M über die zuletzt gestr M ziehen. Wdh, bis alle 27 M abgekettet sind.

Die Nd aus den 39 M des hinteren Halsausschnitts ziehen und offen lassen.

Die andere Schulter genauso abk. Den Faden abschneiden. Die 39 M am hinteren Halsausschnitt 6 R bis zur schmalen Bordüre aufribbeln.

HALSBÜNDCHEN

Den Steek am Hals aufschneiden.

Rundherum Bündchen str, dafür M aufn und str wie folgt: Mit Farbe A und Rund-Nd Nr. 2,5 (40 cm) die 39 M am Halsausschnitt, 6 M für die Schulter, 29 M bis zum Vorderteil, 33 M, 30 M bis zur Schulter, 6 M bis zum Nacken = 143 M.

Die 1. Rd nur re str: 2 M mit Farbe A und 2 M mit Farbe B.

Gleichzeitig in dieser Runde 11 M abn: [10 M, 2 M re zus] bis Rd-Ende stets wdh = 132 M für das Halsbündchen. Das Bündchen gemäß ZM *Bündchen Hals* str und abk.

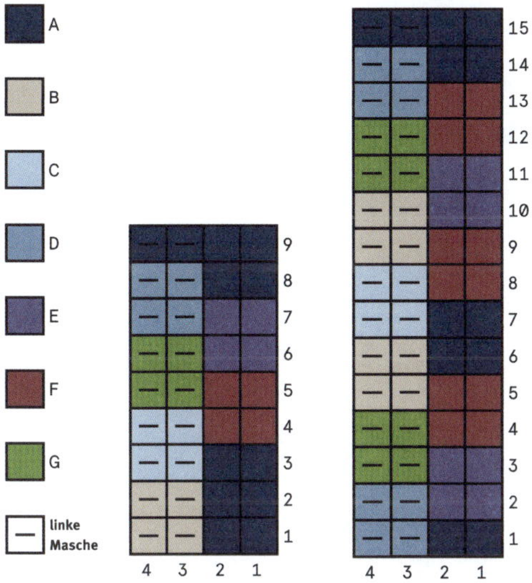

Bündchen Hals

Bündchen Ärmel

Bündchen: Die 1. Rd re M mit Nadelspiel Nr. 2,5 wie folgt str: [2 M re Farbe A, 2 M re Farbe D] und gleichzeitig auf die Rd verteilt 4 M abn = 56 M.

Gemäß ZM *Bündchen Ärmel* fortfahren. Alle M abk.

Den zweiten Ärmel genauso str.

FERTIGSTELLUNG

Alle Fäden vernähen und den Pullover in warmem Wasser mit Wollwaschmittel waschen, mindestens 30 Minuten im Wasser liegen lassen. Ausspülen, in ein Handtuch rollen und so viel Wasser wie möglich herausdrücken.

Den Pullover auf Maß ziehen und auf einem Handtuch liegend trocknen lassen.

ÄRMEL

Den Steek im Ärmelausschnitt aufschneiden. Der Ärmel wird von oben nach unten gestr.

Mit der schmalen Bordüre aus ZM *Muster* beginnen.

Die Musterrapporte gehen um den Ärmel herum nicht auf, aber das macht nichts.

Die Rd unter dem Ärmel mit Farbe A und Rund-Nd Nr. 2,5 (40 cm) beginnen, 5 M vom Hilfsfaden str, 58 M für die Schulter durch jede äußerste M des Steeks durch beide Maschenbogen aufn und str, 58 M bis zu den restlichen 6 M, diese str, MM = 127 M auf der Nd.

Zu Rund-Nd Nr. 3 (40 cm) wechseln und in der nächsten Rd 18 M abn: [5 M, 2 re zus] bis Rd-Ende stets wdh, die letzte M str = 109 M.

Sobald die Rund-Nd zu kurz ist, zum Nadelspiel Nr. 3 wechseln.

Nach den 42 Rd von ZM *Muster* noch 4 Rd ohne Abn str.

Dann beidseitig des MM (in der Mitte unter dem Ärmel) in jeder 4. Rd 1 M abn, bis noch 60 M übrig sind.

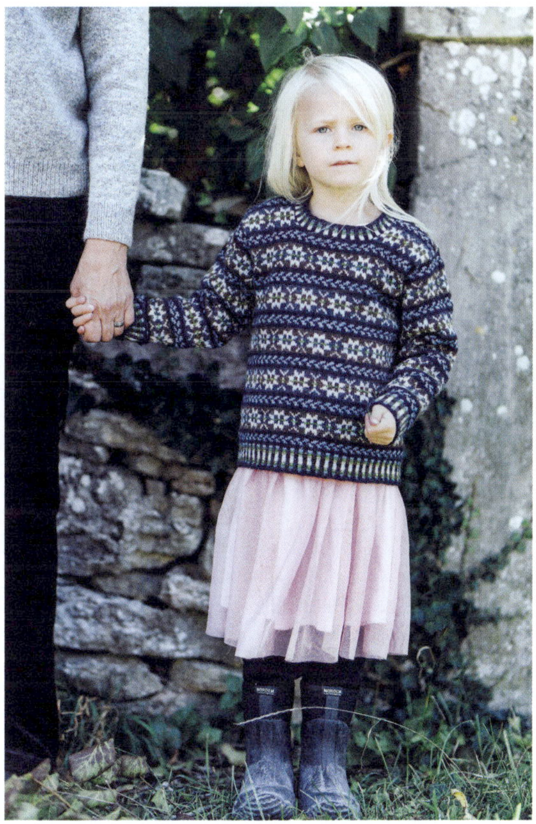

Raglanpullover Miesmuschel & Levenwick Beach

Dies ist ein Basisschnitt für einen Raglanpullover mit zwei verschiedenen Kragen. Die Pullover werden von unten nach oben gearbeitet. Das Rücken- und Vorderteil sowie die Ärmel werden zunächst separat gestrickt, zusammengefügt und mit Raglanabnahmen bis zum Hals gestrickt. Der Kragen wird separat gestrickt und zum Schluss mit dem Halsausschnitt zusammengestrickt. Das Muster des Kragens heißt *The Shetland tree and star* und ist ein traditionelles Muster von den Shetlandinseln.

Größe: S (M) L (XL)
Brustumfang: 98 (106) 115 (124) cm
Länge: 56 (58) 60 (62) cm

Garn Miesmuschel (Blauton): zweifädiges Wollgarn, z. B. 2 ply Jumper Weight von Jamieson & Smith
Garnverbrauch Miesmuschel:

A, Fc61mix	375 (400) 400 (425) g
B, 202	25 (25) 25 (25) g
C, 14	25 (25) 25 (25) g
D, Fc15mix	25 (25) 25 (25) g
E, Fc47mix	25 (25) 25 (25) g
F, 36	25 (25) 25 (25) g
G, Fc11mix	25 (25) 25 (25) g
H, Fc12mix	25 (25) 25 (25) g
I, Fc14mix	25 (25) 25 (25) g

Sonstiges: Maschenmarkierer, 2,5 m Baumwollgarn, Wollnadel mit großem Öhr

Garn Levenwick Beach (Beigeton): zweifädiges Wollgarn, z. B. Spindrift von Jamieson's of Shetland, 105 m/25 g.
Garnverbrauch Levenwick Beach:

A, Mooskit	375 (400) 400 (400) g
B, Granite	25 (25) 25 (25) g
C, Sholmit	25 (25) 25 (25) g
D, Blue Danube	25 (25) 25 (25) g
E, Fjord	25 (25) 25 (25) g
F, Prussian Blue	25 (25) 25 (25) g
G, Cosmos	25 (25) 25 (25) g
H, Chartreuse	25 (25) 25 (25) g

Nadeln: Rundnadel Nr. 2,5 und 3 (jeweils 40, 60 und 80 cm lang), Nadelspiel Nr. 2,5 und 3
Maschenprobe: 32 M und 40 Rd auf 10 x 10 cm mit Nadeln Nr. 3 vor dem Waschen; 26 M und 40 Rd auf 10 x 10 cm nach dem Waschen und Spannen

1 M zunehmen = den Querfaden zwischen zwei Maschen aufnehmen und verschränkt abstricken.

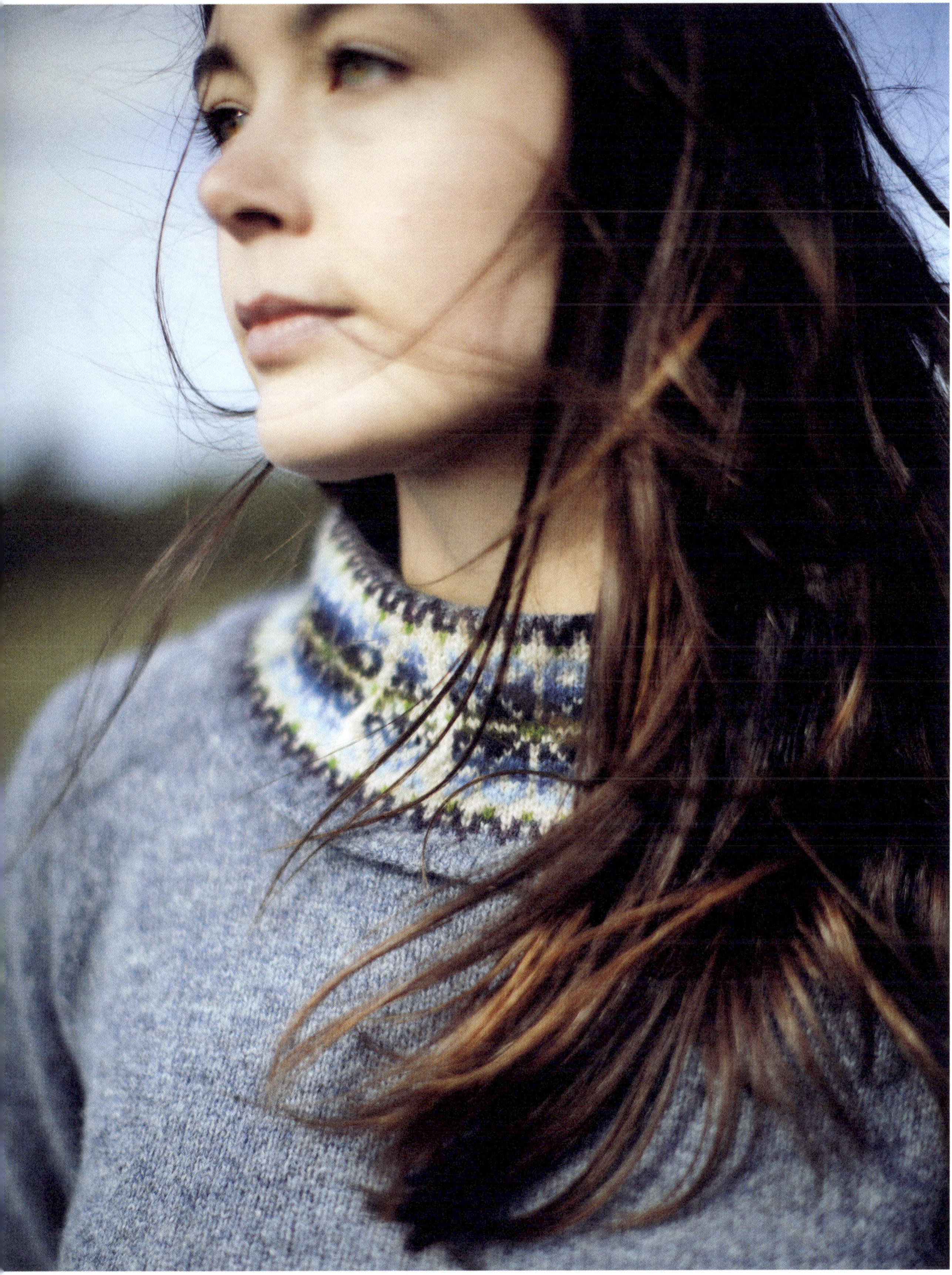

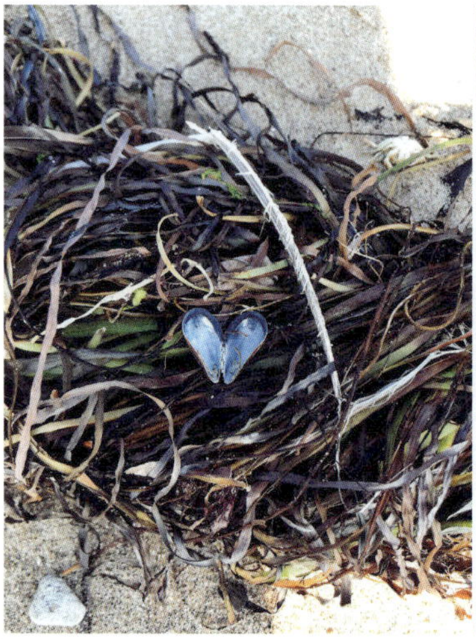

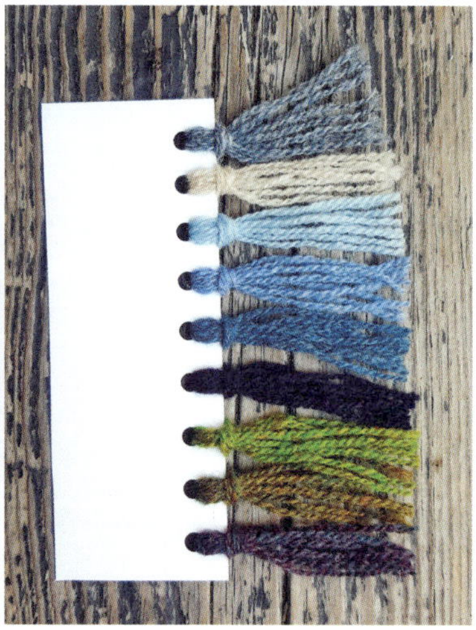

Die Miesmuschel ist wunderschön mit ihrer blau schimmernden Innenschale. Auf einem Bett aus braungrünen Algen fand ich eine in Herzform geöffnete Muschel. Das Foto wurde an der Westküste Schwedens aufgenommen, es hätte aber genauso gut auf Gotland oder den Shetlandinseln sein können.

RUMPF

256 (276) 300 (324) M mit Farbe A und Rund-Nd Nr. 2,5 (80 cm) anschl. Zur Rd schließen, dabei darauf achten, dass sich die M nicht verdrehen.

6 cm Bündchen in Einerrippen str. In der 1. Rd an den Seiten 2 MM für das Vorder- bzw. Rückenteil setzen: am Anf und nach 128 (138) 150 (162) M. Die MM bis zum Armloch mitführen.

Nach dem Bündchen zu Rund-Nd Nr. 3 (80 cm) wechseln und gerade str, bis die Arbeit 38 (39) 40 (41) cm misst.

ARMLOCH

Die M verschieben, ohne sie zu str: beidseitig der MM je 6 (6) 7 (7) M auf einen Hilfsfaden legen, dabei beide MM entfernen.

Jetzt liegen an beiden Seiten je 12 (12) 14 (14) M auf einem Hilfsfaden.

Auf der Nd liegen je 116 (126) 136 (148) M für Vorder- und Rückenteil separat = 232 (252) 272 (296) M. Die Arbeit beiseitelegen.

ÄRMEL

52 (56) 60 (64) M mit Farbe A und Nadelspiel Nr. 2,5 anschl.

6 cm Bündchen in Einerrippen str.

Zu Nadelspiel Nr. 3 wechseln und in der 1. Rd 2 M zun wie folgt: 1. Nadel: 1 M, 1 M zun, str bis zur letzten M auf der 4. Nadel, 1 M zun, 1 M. Auf diese Weise in jeder 7. Rd insgesamt 21 (22) 22 (23)× zun = 94 (100) 104 (110) M. Ohne Zun gerade str, bis der Ärmel 44 (45) 46 (47) cm misst.

Die ersten 6 (6) 7 (7) M auf einen Hilfsfaden legen, 82 (88) 90 (96) M str, die restlichen 6 (6) 7 (7) M auf denselben Hilfsfaden legen. Nun liegen für das Armloch 12 (12) 14 (14) M auf einem Hilfsfaden.

Beiseitelegen und den zweiten Ärmel genauso str.

Nun sind der Rumpf und beide Ärmel gestr. Sie werden im Folgenden zusammengefügt und mit Raglanabnahmen bis zum Hals in Runden gestr.

PASSE

Das Zusammenfügen der Teile beginnt an der rechten Schulter des Rückenteils.

Mit Farbe A und Rund-Nd Nr. 3 (80 cm) wie folgt str: 116 (126) 136 (148) M für das Rückenteil, MM, 82 (88) 90 (96) M für den linken Ärmel, MM, 116 (126) 136 (148) M für das Vorderteil, MM, 82 (88) 90 (96) M für den rechten Ärmel, MM = 396 (428) 452 (488) M auf der Nd.

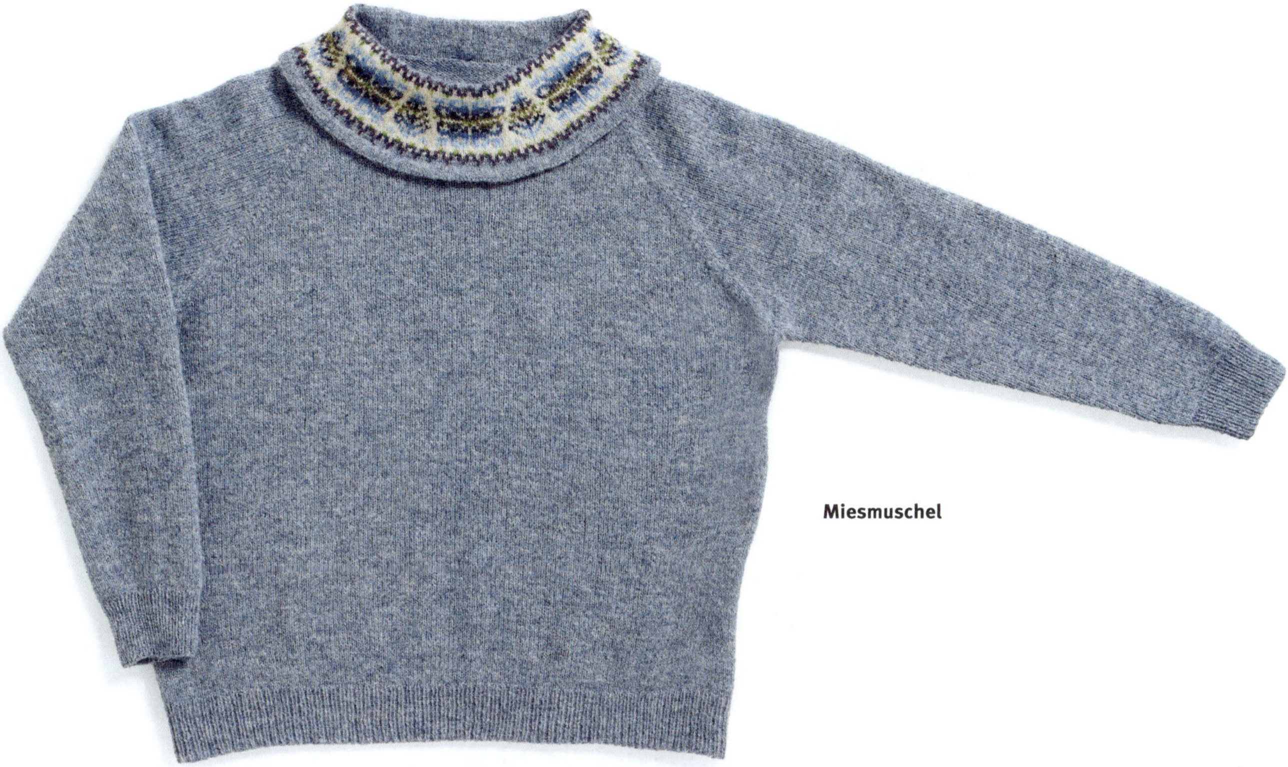

Miesmuschel

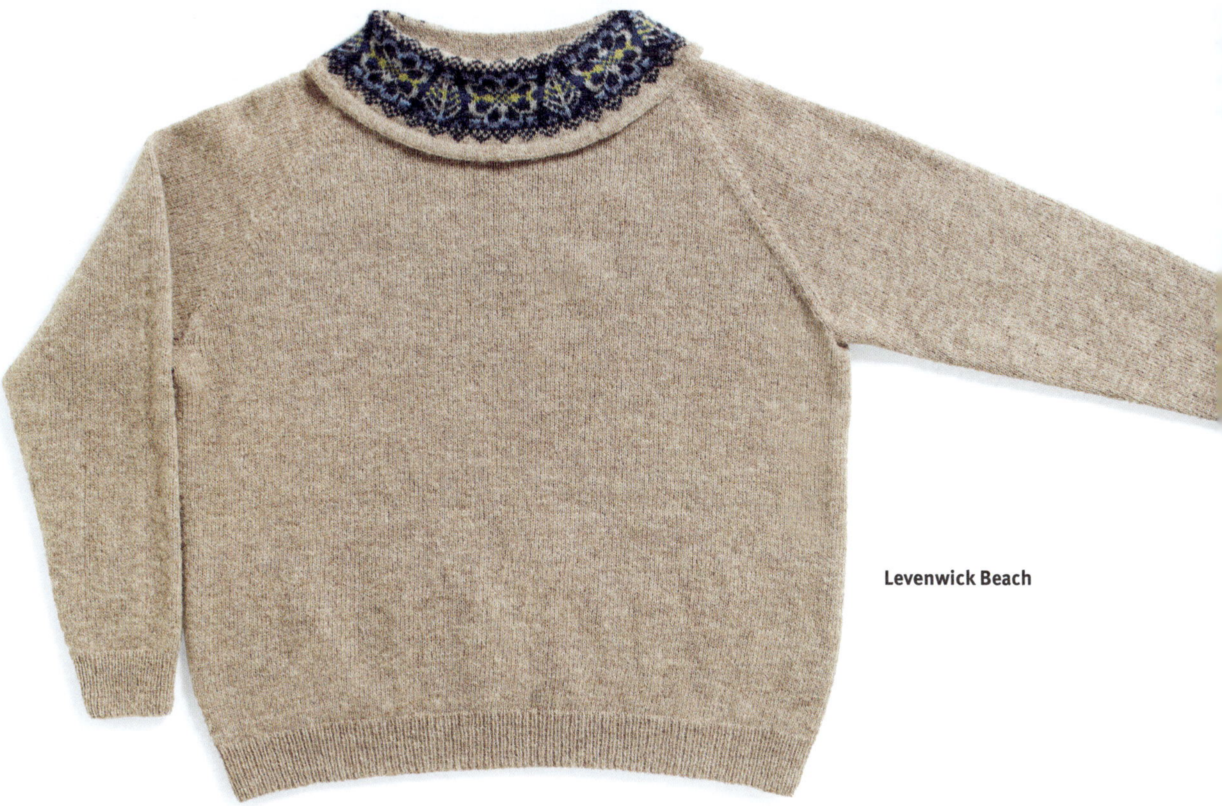

Levenwick Beach

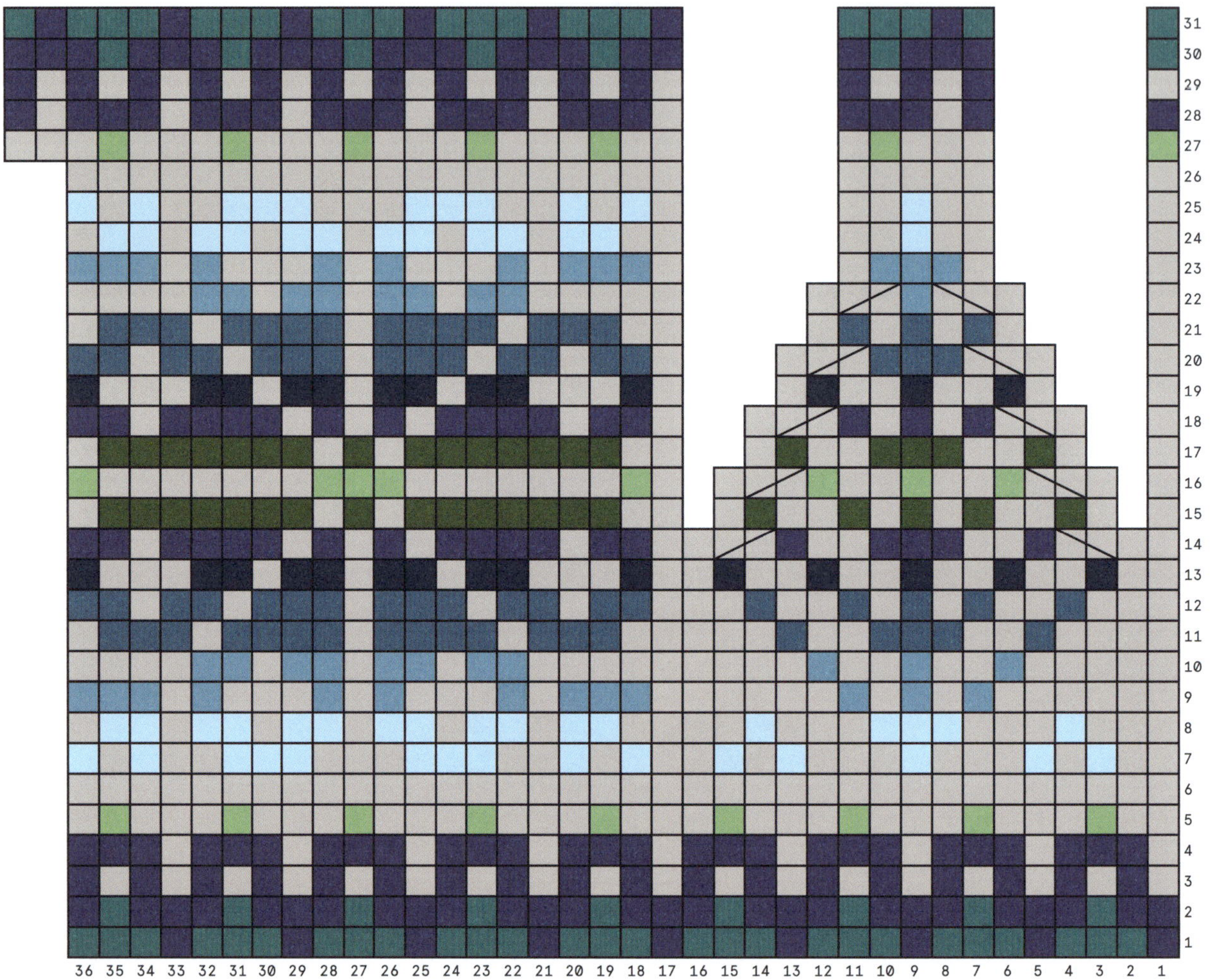

Miesmuschel/Kragen

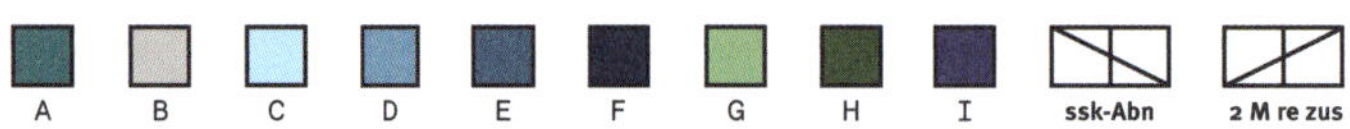

4 Rd re M str. Über den Ärmeln kann es sich etwas eng anfühlen, aber das gibt sich, nachdem ein paar Zentimeter gestr wurden.

In der 5. Rd mit den Raglanabnahmen beginnen: 1 M, 2 M re zus, bis 3 M vor dem nächsten MM str, ssk-Abn, MM, 1 M, 2 M re zus, bis 3 M vor dem nächsten MM str, ssk-Abn, MM, 1 M, 2 M re zus, bis 3 M vor dem nächsten MM str, ssk-Abn, MM, 1 M, 2 M re zus, MM, bis 3 M vor dem nächsten MM str, ssk-Abn, MM. In einer solchen Rd werden 8 M abgen.

Auf diese Weise auch in den 1 (3) 3 (5) folgenden Rd abn = 16 (32) 32 (48) M abgen = 380 (396) 420 (440) M.

Danach genauso in jeder 2. Rd 26 (28) 28 (30)× abn = 172 (172) 196 (200) M.

Die Arbeit ist eingeteilt in Rückenteil, Ärmel, Vorderteil und Ärmel: 60, 26, 60, 26 (62, 24, 62, 24) 72, 26, 72, 26 (76, 24, 76, 24) M.

Einen MM in die Mitte des Vorderteils (MM-vM) setzen: 30, MM-vM, 30 (31, MM-vM, 31) 36, MM-vM, 36 (38, MM-vM, 38) M. Die Raglanabnahmen in jeder 2. Rd noch 6 (6) 8 (8)× str, *gleichzeitig* verkürzte Reihen str, sodass vorn ein kleiner Halsausschnitt und hinten ein etwas höherer Nacken entsteht.

Verkürzte Reihen: Bis 5 M vor dem MM-vM str, die Arbeit wenden, die 1. M links abheben, den Faden hinter die Nd legen und so fest anziehen, dass eine Doppelmasche entsteht, li M bis 5 M vor dem MM-vM str, wenden, Faden vor der Arbeit halten und die 1. M li abheben, dabei den Faden fest nach hinten ziehen (dadurch werden eventuelle Löcher geschlossen, die sich beim Wenden gebildet haben). Bis 5 M vor der vorherigen Wendung str, wenden. So fortfahren, also immer 5 M vor dem letzten Wenden wenden, bis an beiden Seiten des MM-vM 5× gewendet wurde.

In der nächsten Rd re M str, dabei alle Doppelmaschen bei den Wendungen zus abstricken.

Noch 7 Rd str und mit den Raglanabnahmen fortfahren = 124 (124) 132 (136) M. Die Rund-Nd im Strickstück lassen und den Faden abschneiden.

Die Armlöcher zus-str: Eine Nadelspielnadel durch die 12 (12) 14 (14) stillgelegten Armlochmaschen am Rumpf schieben und eine zweite Nadelspielnadel durch die stillgelegten Armlochmaschen am Ärmel.

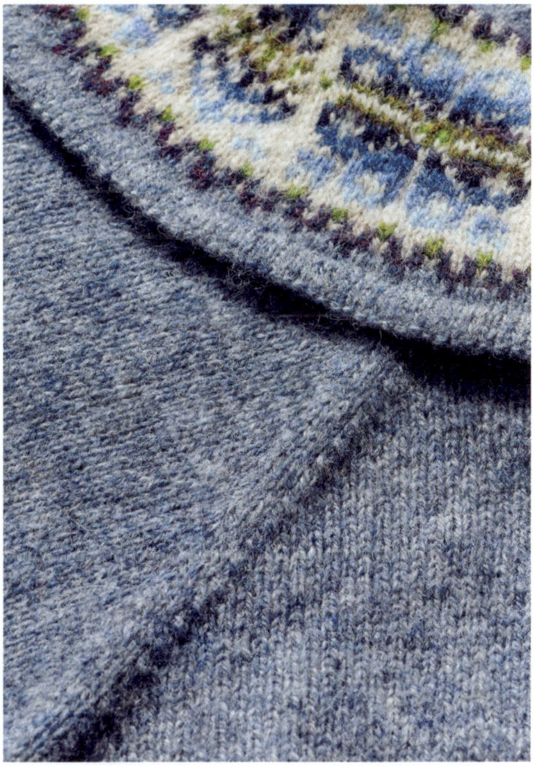

Raglanabnahmen

Den Pullover auf links wenden. Die Ndn parallel halten und mit einer 3. Nd jeweils 1 M von beiden Ndn rechts zus abstricken. Den Vorgang wdh, es liegen 2 M auf der rechten Nd. Die rechte (zuerst gestr) M über die linke ziehen. Auf diese Weise alle M abk.

FERTIGSTELLUNG

Die Löcher am Anf und Ende des Armlochs schließen. Alle Fäden vernähen und das Kleidungsstück waschen, auf einem Jumperboard (siehe S. 150) spannen oder flach auf ein Handtuch legen, auf Maß ziehen und trocknen lassen.

Falls sich das Bündchen gedehnt hat, erneut anfeuchten, etwas zusammenschieben und liegend trocknen lassen. So wird es wieder elastisch.

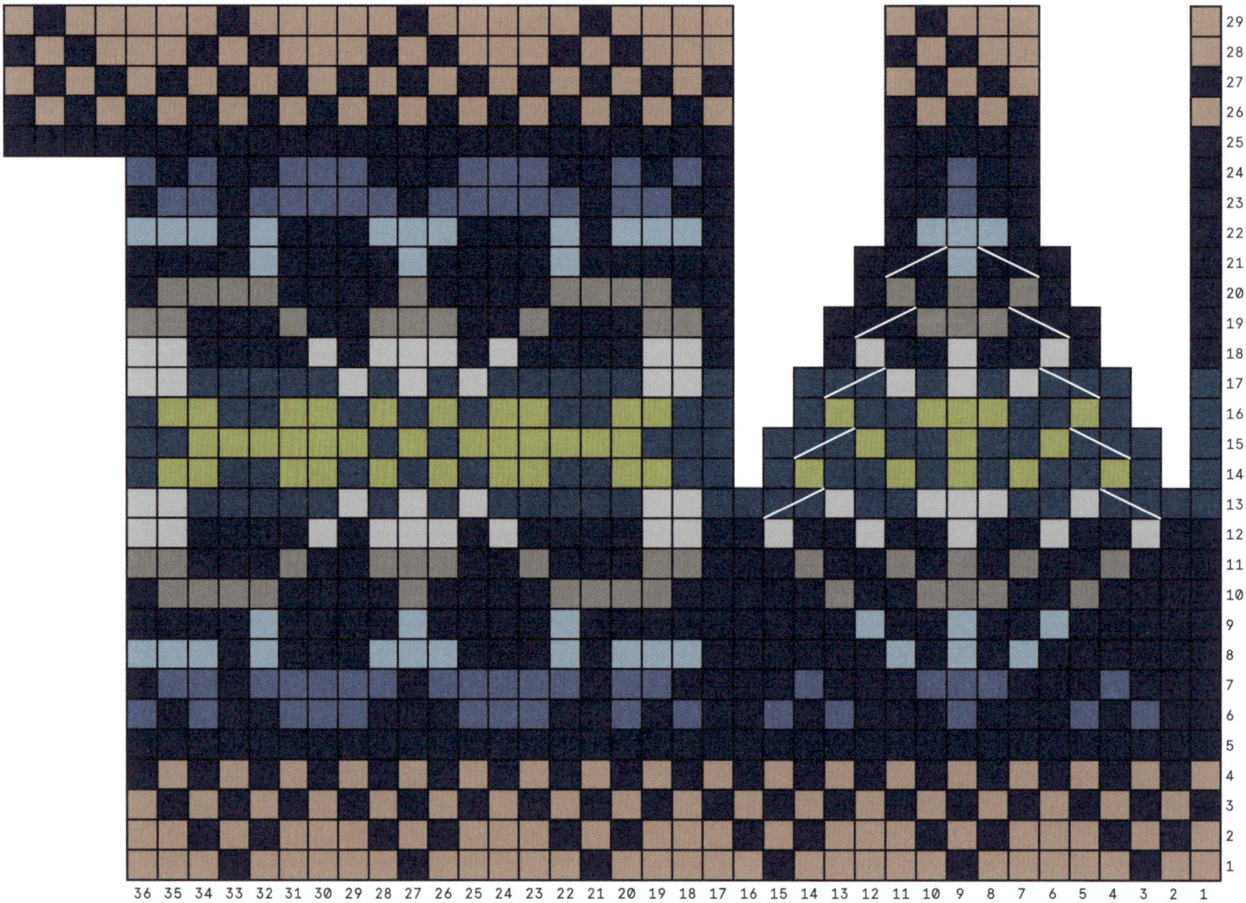

Levenwick Beach/Kragen

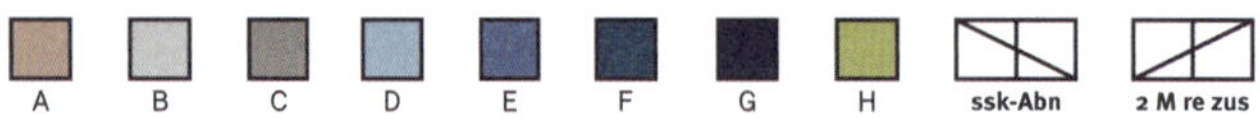

KRAGEN

Der umgeschlagene Kragen ist 9 cm hoch.
Breite: S und M: 21 cm an der oberen Kragenkante (am Hals) und 33 cm an der unteren Kragenkante; L und XL: 22 cm und 34 cm.

230 M mit Farbe A und dem Baumwollgarn und Rund-Nd Nr. 2,5 provisorisch anschl (60 cm, ggf. später zur kürzeren Rund-Nd wechseln).

Provisorischer Anschlag: Zusammen mit dem Baumwollgarn und Farbe A eine Anfangsschlinge bilden (diese M wird später entfernt und nicht mitgezählt).

Kreuzanschlag: Das Baumwollgarn um den Daumen und Farbe A um den Zeigefinger legen. Farbe A bildet die M auf der Nd und das Baumwollgarn sichert die Maschen. Den Baumwollfaden abschneiden und die 1. M mit dem doppelten Garn von der Nd schieben. Zur Rd schließen, dabei darauf achten, dass sich die M nicht verdrehen.

5 Rd re M str.

6. Rd: li M str.

Zu Rund-Nd Nr. 3 (60 cm) wechseln und 5 Rd re M str.

Das Baumwollgarn vom Anschlag entfernen und die M einzeln auf Rund-Nd Nr. 2,5 (60 cm) schieben. Das Baumwollgarn von Zeit zu Zeit durchschneiden, dann lässt es sich leichter herauszupfen.

Das Strickstück an der links gestr Rd falten und die beiden Ndn parallel legen. Mit einer weiteren Rund-Nd Nr. 3 von jeder Nd je 1 M rechts zus-str. So bis Rd-Ende fortfahren.

Gemäß ZM *Miesmuschel/Kragen* (S. 78) oder *Levenwick Beach/Kragen* (S. 80) str, dabei in der 1. Rd gleichmäßig verteilt 14 M abn = 216 M.

Gemäß ZM str und abn wie dort eingezeichnet = 156 M.

2 Rd mit Farbe A str.

Zu Rund-Nd Nr. 2,5 (40 cm) wechseln.

3 cm re M mit Farbe A laut ZM str.

15 M abn (dazu etwa jede 8. und 9. M zus-str) = 141 M. 2 Rd re M str.

In der nächsten Rd weiter abn: Für Größe S und M 17 M verteilt abn (17× jede 7. und 8. M zus-str) =124 M.

Für Größe L und XL 5 M verteilt abn (5× jede 26. und 27. M zus-str) = 136 M.

1 Rd re M mit Farbe A str. Den Faden abschneiden und die Nd hängen lassen.

Den Kragen waschen und auf Maß spannen, dabei der Länge und der Breite nach dehnen.

DEN KRAGEN MIT DEM PULLOVER ZUSAMMENSTRICKEN

Die Übergänge (Rd-Anf) am Pullover und am Kragen verschieben. Es ist einfacher, das Kragenmuster so auszurichten, dass die Blume sich in der vorderen Mitte befindet, wenn man mit dem Stricken in der vorderen Mitte des Pullovers beginnt (der gegenwärtige Übergang am Kragen liegt ungefähr an der rechten rückwärtigen Raglanabnahme).

Die M im Halsausschnitt des Pullovers so verschieben, dass der neue Rd-Anf am MM-vM liegt.

48 M (für Größe S und M) bzw. 54 M (für Größe L und XL) des Kragens von der rechten Nadel auf die linke Nadel heben. Sorgfältig prüfen, dass die neuen Übergänge in der vorderen Mitte des Pullovers und in der Mitte einer Blume am Kragen liegen.

Den Kragen rechts auf links in den Pullover schieben, d. h. die Vorderseite des Kragens liegt auf der Innenseite des Pullovers. Die Nadeln von Kragen und Pullover parallel halten.

Mit einer 3. Nadel 1 M von jeder Nadel zus abstricken. Den Vorgang wiederholen, es liegen 2 M auf der rechten Nadel. Die rechte (zuerst gestr) M über die linke ziehen. Auf diese Weise alle M abketten. Den Faden abschneiden und vernähen.

Den Kragen von links unter einem feuchten Bügeltuch leicht dämpfen, damit das Gestrick schön glatt wird. Den Kragen auf den Pullover klappen und in Form bügeln. Solange der Kragen noch etwas feucht ist, lässt er sich gut an den Halsausschnitt anpassen.

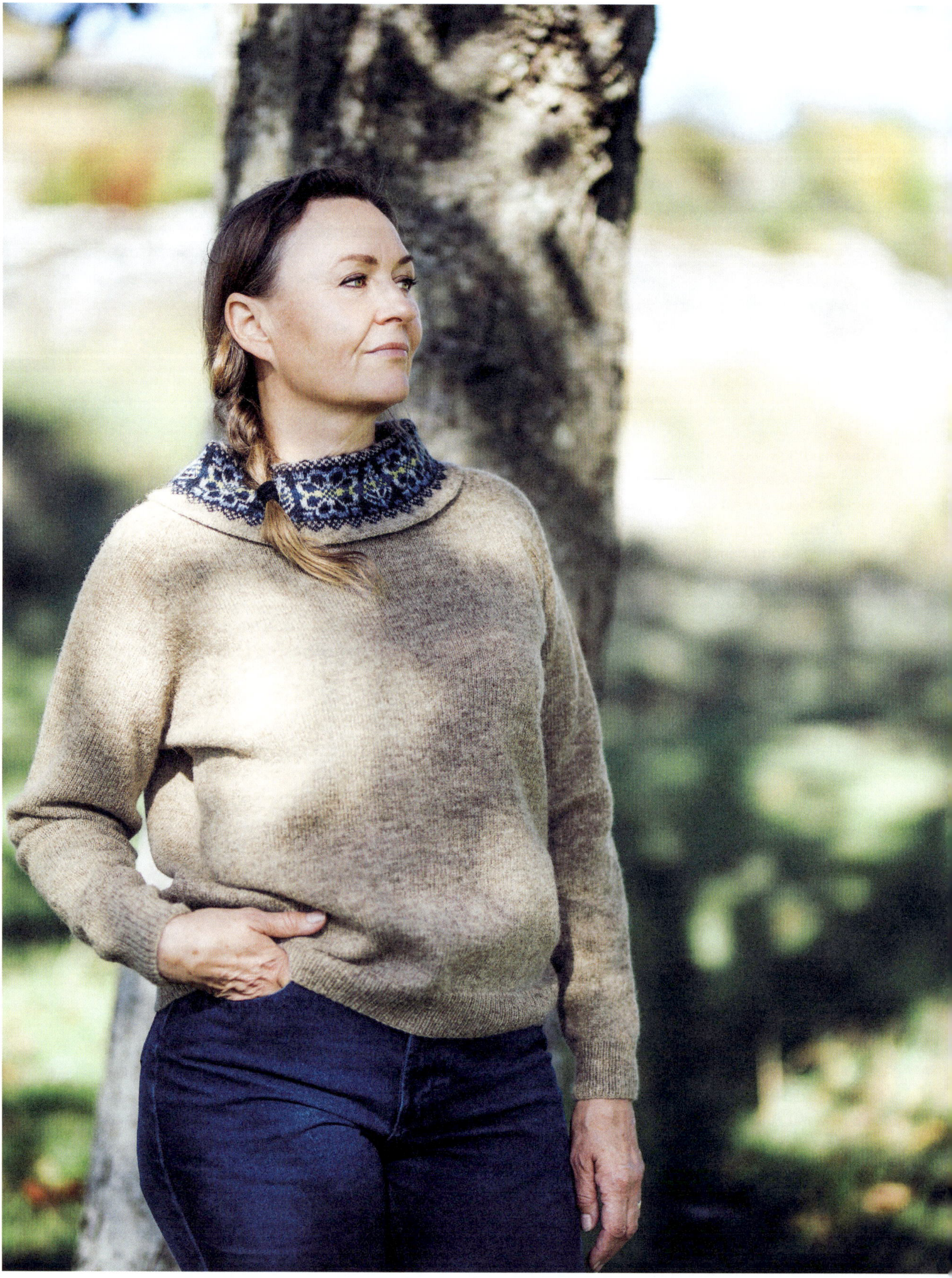

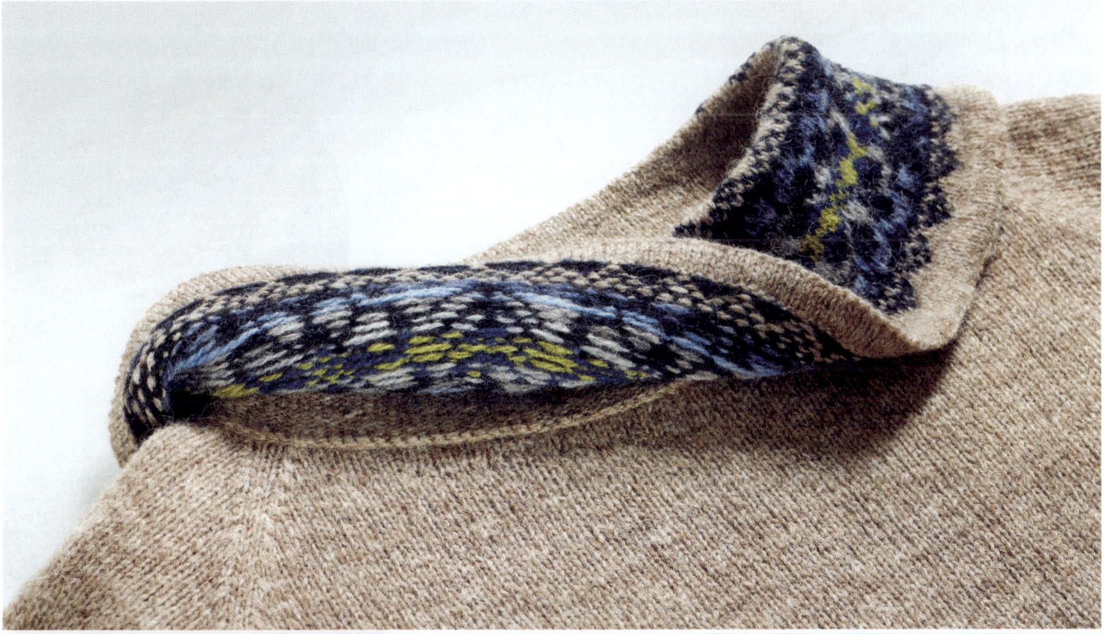

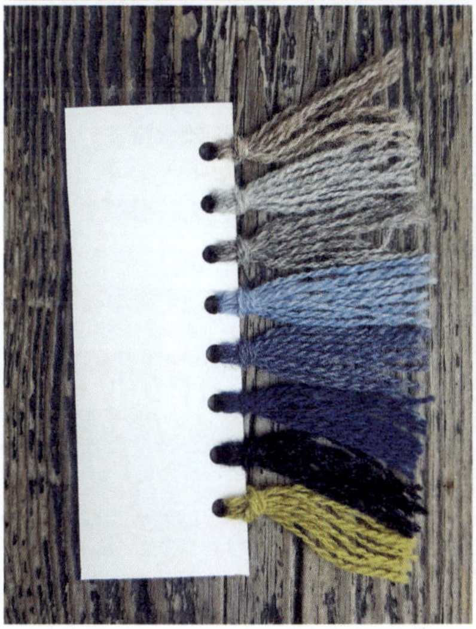

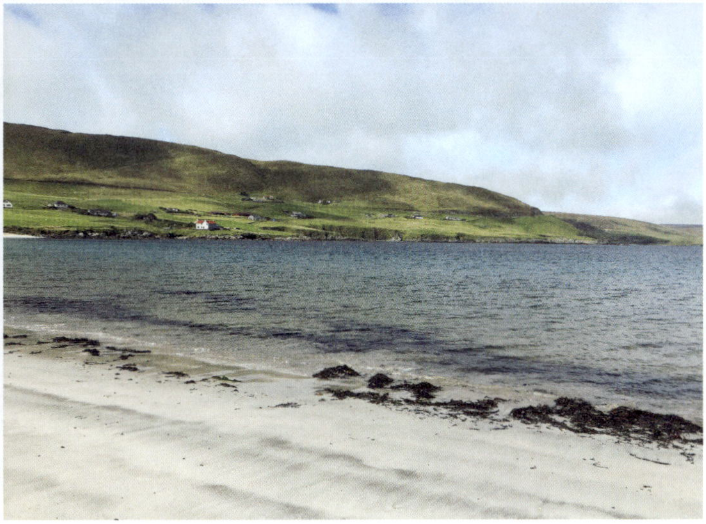

Levenwick Beach ist ein Strand auf den Shetlandinseln. Das gekräuselte blaue Meer unter den grauen Wolken, der hellblaue Himmel über den gelbgrünen Hügeln am Horizont und der neutralfarbene beige Sand präsentieren mir eine Farbpalette, die mich inspiriert und mit der ich arbeiten kann.

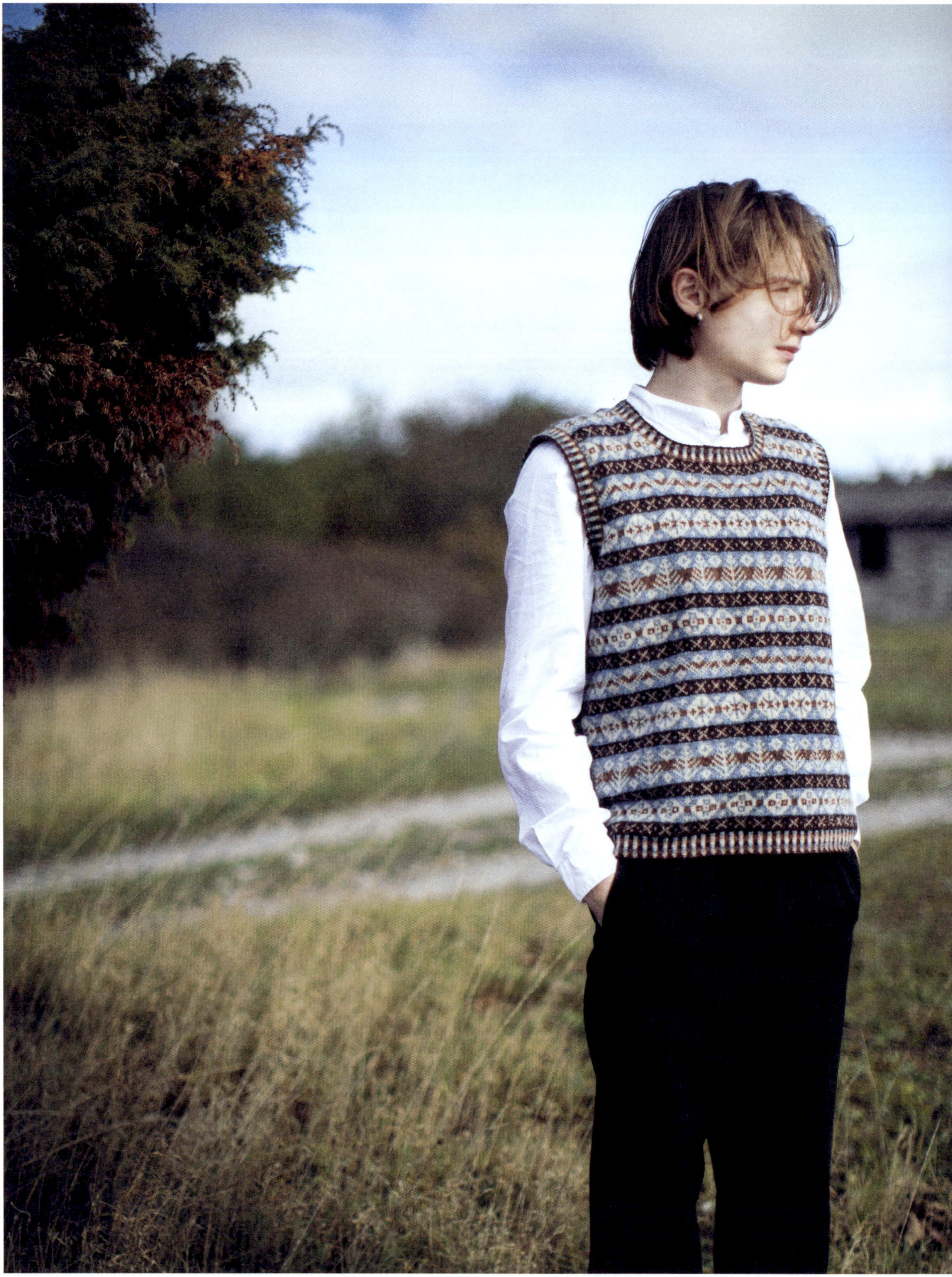

Pullunder Blaue Abenddämmerung

Der Pullunder wird in Runden von unten nach oben gestrickt.

Ein zartrosa Schimmer legt sich zwischen die Blautöne von Himmel und Meer, kurz bevor der Tag zur Nacht wird. Die Musterbordüren des Pullunders erinnern an traditionelles Fair-Isle-Gestrick: Wenige verwendete Farben und breitere Bordüren wechseln sich mit schmalen Bändern ab. Die Vorlage ist ein Schal aus den 1920er Jahren, der seinerseits von den damals modernen Bordüren inspiriert ist. Die breiteren Bordüren mit dem klassischen O-Muster wechseln sich mit schmaleren X-Bordüren und dem zu Beginn des 20. Jahrhunderts so beliebten Baum ab. Ein solches Modell lässt sich leicht um wenige Streifen verlängern oder verkürzen.

Größe: S (M) L (XL)
Brustumfang: 96 (106) 115 (125) cm
Länge: 54 (61) 61 (65) cm

Garn: zweifädiges Wollgarn, z. B. 2 ply Jumper Weight von Jamieson & Smith, 115 m/25 g
Garnverbrauch:

A, Fc61mix	100 (100) 100 (125) g
B, 202	75 (75) 75 (75) g
C, 4	50 (50) 50 (75) g
D, 80	50 (75) 75 (75) g
E, 3mix	50 (50) 50 (50) g

Nadeln: Rundnadel Nr. 2,5 (60 und 80 cm lang), Rundnadel Nr. 3 (80 cm lang)
Maschenprobe: 30 M und 37 R auf 10 x 10 cm mit Nadeln Nr. 3

Sonstiges: Maschenmarkierer, Wollnadel mit großem Öhr

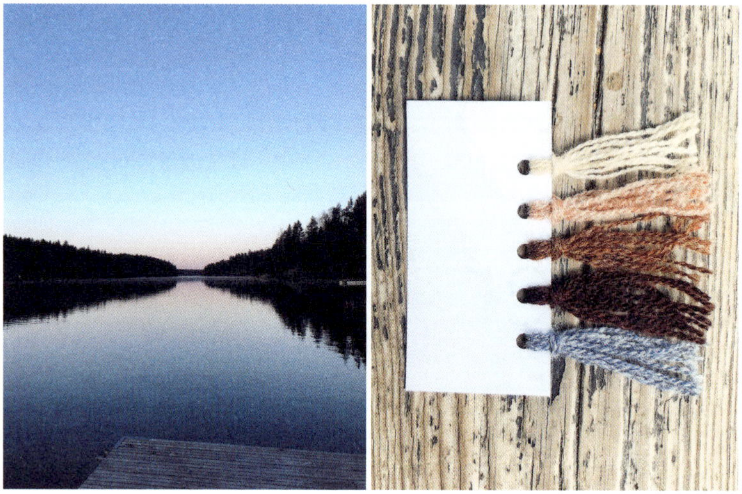

Blaue Abenddämmerung über Långsjön in Roslagen, interpretiert in Garnen

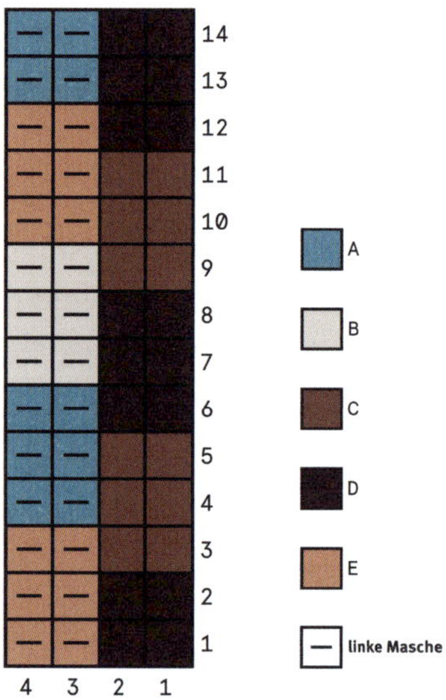

Bündchen Rumpf

RUMPF

320 (352) 384 (416) M mit Farbe D und Rund-Nd Nr. 2,5 (80 cm) anschl. Zur Runde schließen, dabei darauf achten, dass sich die M nicht verdrehen.

Am Anf und nach der Hälfte einen MM setzen.

Das mehrfarbige Bündchen gemäß ZM *Bündchen Rumpf* str. Zu Rund-Nd Nr. 3 (80 cm) wechseln und 1 Rd re M nur mit Farbe D str.

Dann nach ZM *Muster* 1 str.

Darauf achten, dass das Muster symmetrisch auf Vorder- und Rückenteil verteilt ist. Am MM sollte das Muster halbiert werden und an einer Seite eine Mittel-M haben. Die Mittel-M an der einen Seite gehört zum Vorderteil und die Mittel-M an der anderen Seite zum Rückenteil.

ARMAUSSCHNITTE

Wenn die Arbeit 35 (40) 40 (43) cm misst, beidseitig wie folgt M für die Armlöcher auf einen Hilfsfaden legen, dann den Faden abschneiden und beide MM entfernen. Die ersten 11 (13) 15 (17) M auf einen Hilfsfaden legen, 6 Steek-M in der Hauptfarbe der Bordüre anschl, die gestr werden soll, MM, 137 (149) 161 (173) M re str, MM, 23 (27) 31 (35) M auf einem Hilfsfaden stilllegen, MM, 12 Steek-M anschl, MM, 137 (149) 161 (173) M re, MM, die letzten 12 (14) 16 (18) M auf den Hilfsfaden am Rd-Anf legen, 6 Steek-M anschl = 298 (322) 346 (370) M.

Nun befinden sich 12 Steek-M an jeder Seite. Der Steek wird gemäß ZM *Steek* (S. 88) gestr. Mit der Hauptfarbe der aktuellen Bordüre beginnen und enden, die 2 mittleren M in der Musterfarbe str.

Die Rd beginnt und endet in der Mitte des ersten Steeks, dort findet im weiteren Verlauf der Farbwechsel statt.

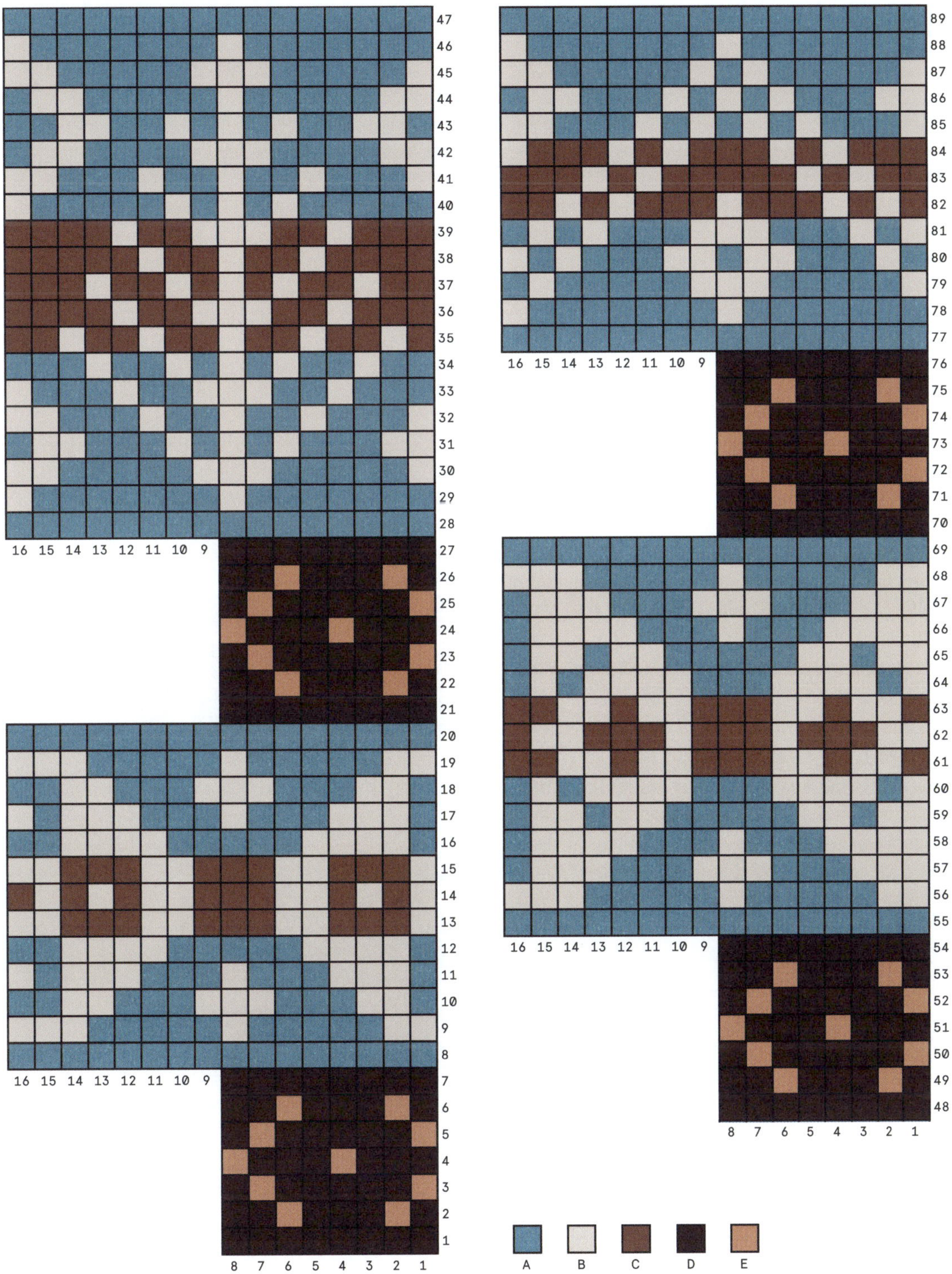

Muster 1

Darauf achten, dass die Musterposition auf Vorder- und Rückenteil gleich ist, das ist beim Zusammenstricken der Schultern wichtig.

Mit dem ZM *Muster 1* fortfahren, *gleichzeitig* in den nächsten 16 Rd je 4 M wie folgt abn: 6 M, MM, ssk-Abn, str bis 2 M vor dem nächsten MM, 2 M re zus, MM, 12 M, MM, ssk-Abn, str bis 2 M vor dem nächsten MM, 2 M re zus, MM, 6 M = 105 (117) 129 (141) M für das Vorder- bzw. Rückenteil plus 12 Steek-M an jeder Seite. Weiter nach ZM *Muster 1* str.

HALS

Wenn die Arbeit 43 (48) 48 (53) cm misst, die M für den Halsausschnitt auf einen Hilfsfaden legen: 6 M str, MM, 31 (34) 39 (43) M str, die nächsten 43 (49) 51 (55) M auf einem Hilfsfaden stilllegen, MM, 12 Steek-M anschl, MM, 31 (34) 39 (43) M str, MM, 12 M str, MM, 105 (117) 129 (141) M str, MM, 6 M str.

Den Steek gemäß ZM *Steek* str.

Weiter nach ZM *Muster 1* str, dabei am Halsausschnitt 6 (6) 7 (7)× in jeder 2. Rd wie folgt abk: 6 M, MM, str bis 2 M vor dem nächsten MM, 2 M re zus, MM, 12 M, MM, ssk-Abn, bis Rd-Ende str (Rückenteil). Die nächste Rd ohne Abn str.

Das linke und rechte Vorderteil haben nach den Abn 25 (28) 32 (36) M (ohne Steek).

Bitte kontrollieren, dass das Muster am Hals symmetrisch ist. Die Schultern werden in der Mitte der schmalen X-Bordüre zus-gestr.

S und XL: weiter nach ZM *Muster 1* arbeiten.

M und L: ab Rd 28 von *Muster 1* zu ZM *Muster 2* (kleiner Baum) wechseln, danach wieder ab Rd 48 nach ZM *Muster 1* arbeiten.

Str, bis der Armausschnitt 19 (21) 21 (22) cm misst.

SCHULTER

Die Schulter wird in der kleinen X-Bordüre angepasst und zus-gestr. 3 Rd der kleinen X-Bordüre str (vor der mittleren Rd), sowohl am Vorder- als auch am Rückenteil. Am Rückenteil vor den 6 Steek-M am Rd-Ende stoppen und diese 6 M abk.

Nächste Rd: Die 6 Steek-M abk, die mittlere Rd der Bordüre am Vorderteil str, die 12 Steek-M am Hals abk, das nächste Vorderteil str, die 12 Steek-M am Armloch abk.

Die Schultern von Vorder- und Rückenteil rechts auf rechts legen, die Ndn liegen nun am Armloch parallel. Zum Hals hin mit einer 3. Nd 25 (28) 32 (36) M abk: Je 1 M von jeder Nd zus abstricken. Den Vorgang wdh, es liegen 2 M auf der rechten Nd. Die rechte (zuerst gestr) M über die linke ziehen. Auf diese Weise alle M abk. Es ist wichtig, dass das Muster zuvor sorgfältig überprüft wurde. Den Faden abschneiden.

Die 55 (61) 65 (69) M des hinteren Halsausschnitts auf eine Nd heben. Wenn Sie mutig sind, können Sie wie ich einfach die Nd aus den M herausziehen und offen lassen.

Die 25 (28) 32 (36) M der zweiten Schulter genauso abk. Den Faden abschneiden.

Am hinteren Halsausschnitt wurden 3 Rd der kleinen X-Bordüre gestr, diese 3 Rd aufribbeln und die M wieder auf eine Nd schieben. Dadurch entsteht eine kleine Vertiefung im Nacken.

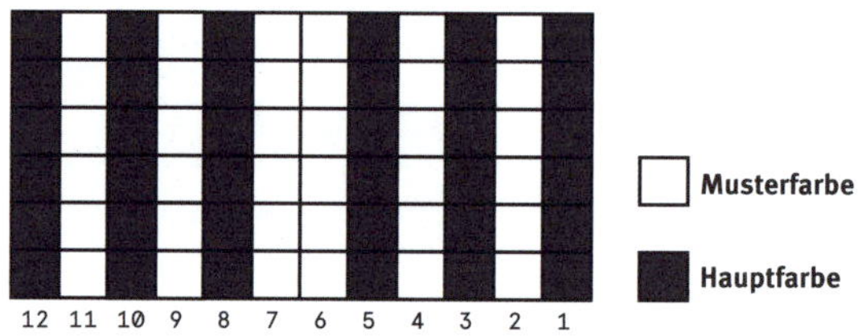

Steek

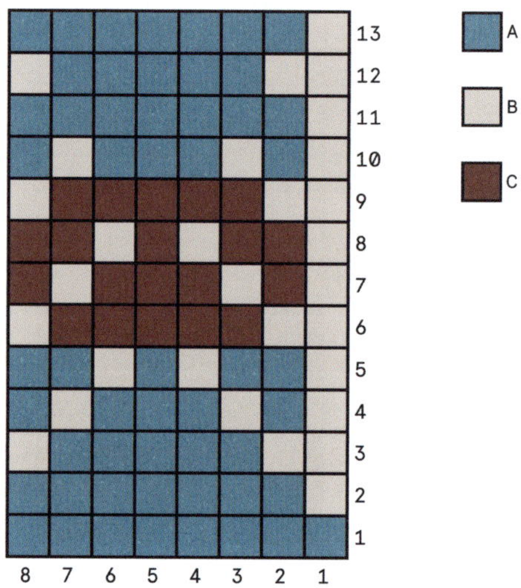

Muster 2

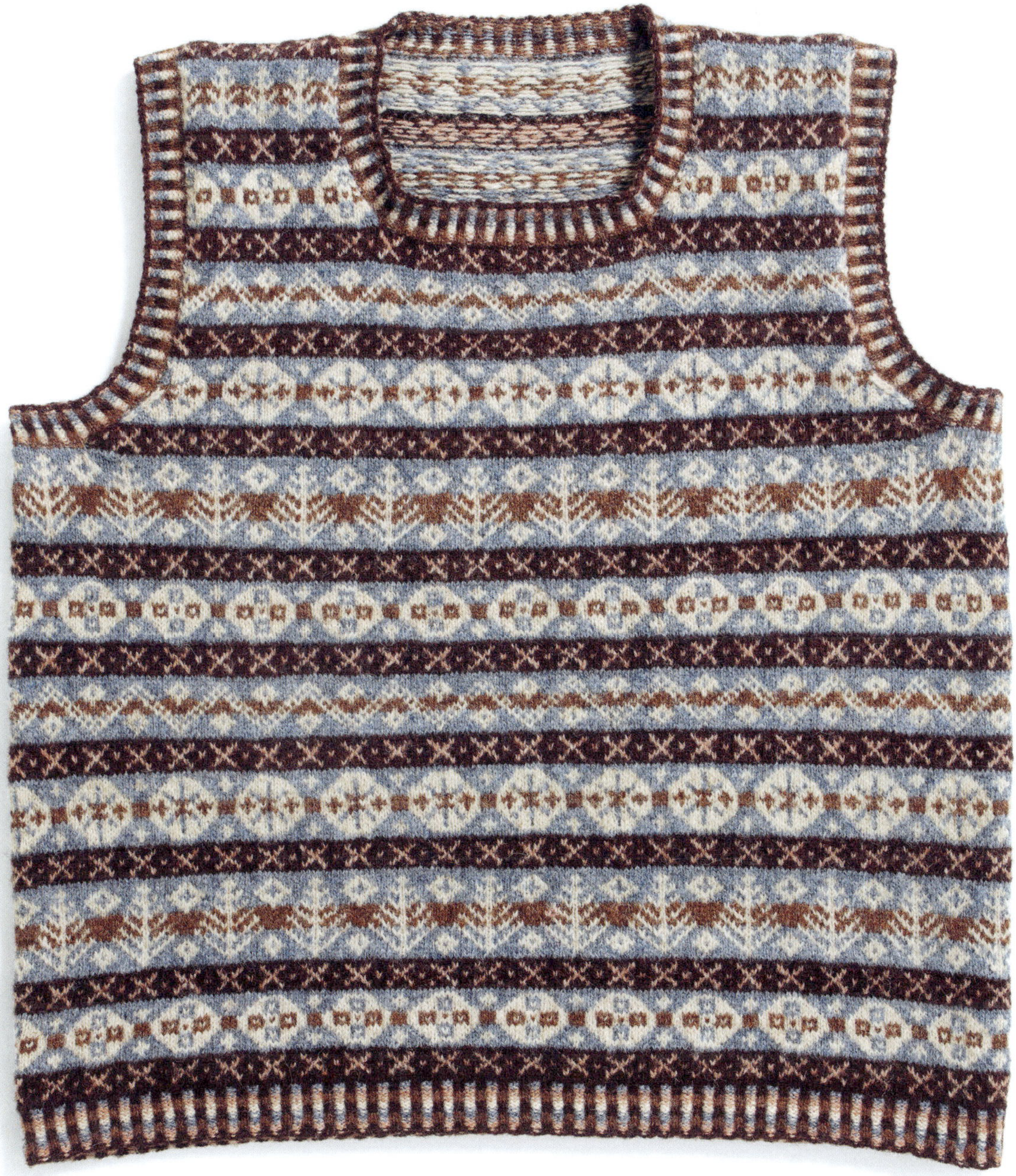

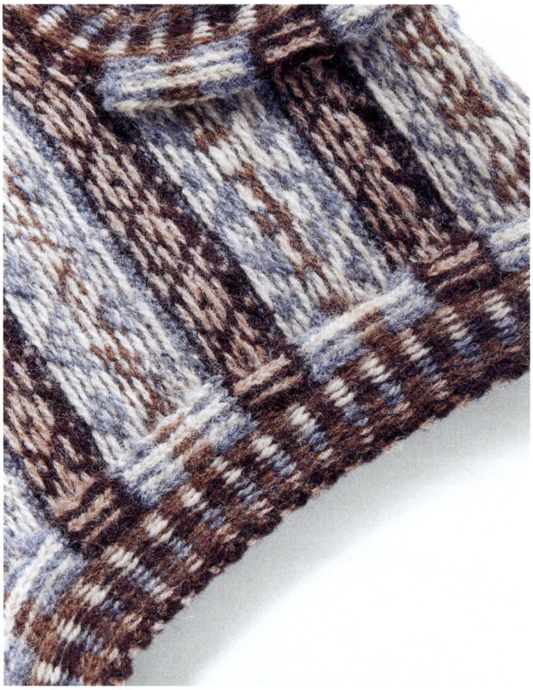

Aufgeschnittener Steek an Arm- und Halsausschnitt mit mehrfarbigem Bündchen im Rippenmuster. Den Steek kann man mit überwendlichen Stichen umnähen, ich lasse ihn aber so, wie er ist.

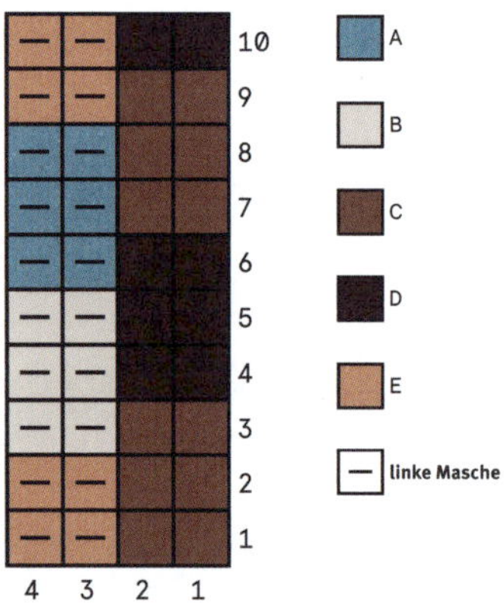

Bündchen Hals und Ärmel

Alle Fäden vernähen, außer in der Mitte des Steeks. Die Steeks am Hals und an den Armausschnitten zwischen den beiden mittleren Steek-M aufschneiden. Achtung: Dabei nicht aus Versehen Spannfäden auf der Rückseite durchschneiden.

HALSABSCHLUSS

Beim Aufnehmen von M für das Halsbündchen und die Ärmelbündchen aus dem Steek immer durch die äußerste M des Steeks, die mit der Hauptfarbe gestr wurde, durch beide Maschenbogen und alle Maschen stechen. In der nächsten Rd bei Bedarf abn, um die Maschenzahl zu reduzieren.

Mit Rund-Nd Nr. 2,5 (60 cm) und Farbe C rund um den Halsausschnitt M aufn und str, dabei mit den 55 (61) 65 (69) M im Nacken beginnen. Dann 42 M bis zum vorderen Halsausschnitt, 43 (49) 51 (55) M und weitere 42 M bis zum Nacken = 182 (194) 200 (208) M auf der Nd. Das mehrfarbige Bündchen nach ZM *Bündchen Hals und Ärmel* str, dabei in der 1. Rd für Größe S und M 2 M abn = 180 (192) M. Nach dem Bündchen-ZM recht fest abk, damit sich das Bündchen nicht wellt.

ABSCHLUSS ARMAUSSCHNITTE

Mit Rund-Nd Nr. 2,5 (60 cm) und Farbe C rund um den Armausschnitt M aufn und str.

Im Armloch mit 11 (13) 15 (17) M beginnen, mit 154 (173) 173 (173) M fortfahren, 12 (14) 16 (18) M = 177 (200) 204 (208) M.

Mehrfarbiges Bündchen nach ZM *Bündchen Hals und Ärmel* str, dabei in der 1. Rd gleichmäßig verteilt 5 (4) 4 (4) M abn = 172 (196) 200 (204) M. Am Ende nicht zu locker abk, damit sich das Bündchen nicht wellt. Den zweiten Armausschnitt genauso str.

FERTIGSTELLUNG

Alle Fäden vernähen.

Den Pullunder in warmem Wasser mit Wollwaschmittel waschen und 30 Minuten im Wasser liegen lassen. Gründlich ausspülen und auf einem Jumperboard (siehe S. 150) spannen oder flach hinlegen und auf Maß ziehen. Die Steekkanten legen sich oft von allein nach innen, können aber bei Bedarf mit einem feuchten Tuch gebügelt werden.

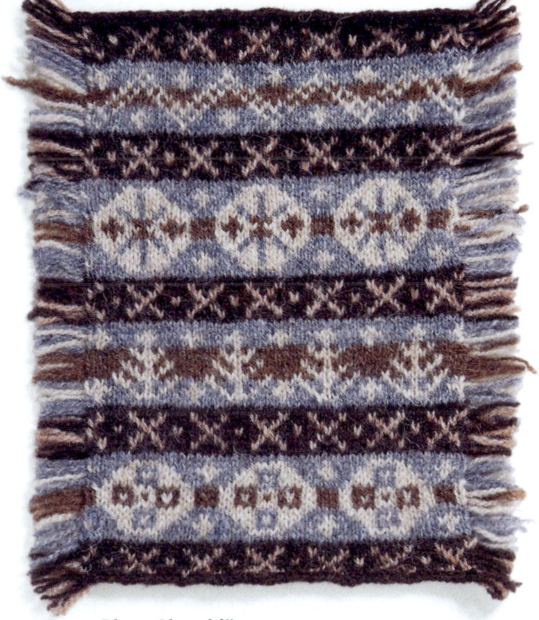
Blaue Abenddämmerung

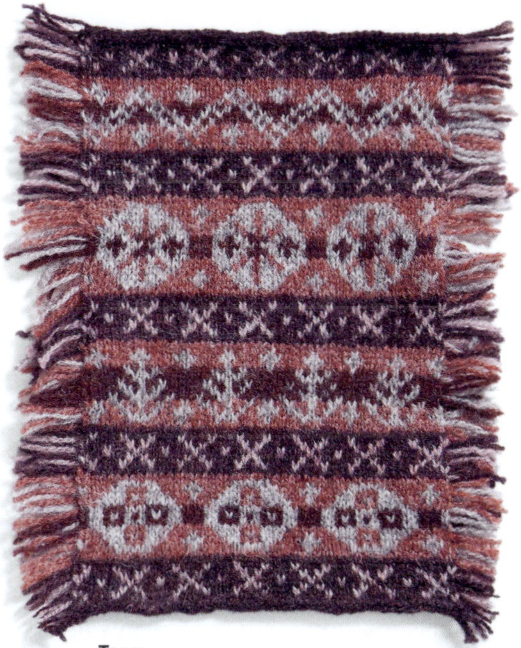
Tang

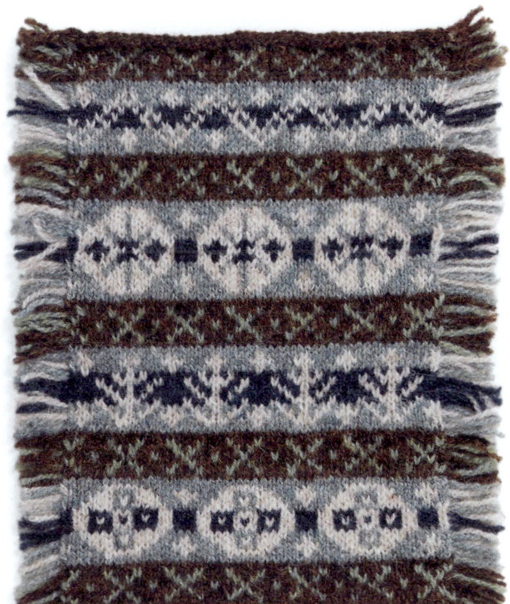
Flechte

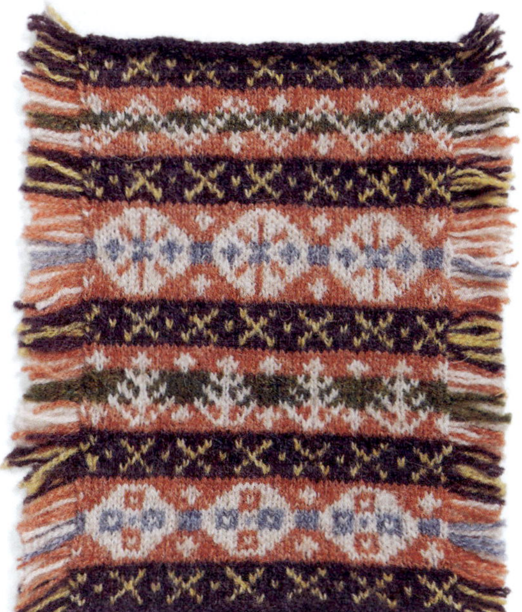
Strandgut

Proben in unterschiedlicher Farbgebung des Musters für Blaue Dämmerung. Wählen Sie Ihre Lieblingsfarben für Ihren Pullunder.

Fair-Isle-Pullover »1920«

Der Pullover wird in Runden von unten nach oben gestrickt. Er hat überschnittene Schultern und ist nach unten hin leicht ausgestellt. Der Pullover ist dem der jungen Frau aus den 1920er Jahren (Foto S. 94) nachempfunden. Damals waren Fair-Isle-Pullover, vorzugsweise im Herrenstil, in Mode. Die Frau trägt den Pullover eher wie eine Tunika, die Ärmel sind einfach abgeschnitten (das war tatsächlich gängige Praxis!), ohne gestrickte Kante, passend zur damaligen Mode mit Dreiviertelärmeln.

Es ist natürlich schwer zu sagen, welche Farben die Pullover auf den Schwarz-Weiß-Fotos tatsächlich hatten, aber die Fellfarben der Schafe sind nie falsch und wurden bekanntermaßen auch damals verwendet. Ich habe weitere Bordüren aus den 1920er Jahren hinzugefügt und die Ärmel verlängert. Wenn Sie sie kürzer haben wollen, hören Sie einfach früher auf.

Größe: M (L)
Brustumfang: 102 (122) cm
Länge: 75 (75) cm
Ärmellänge: 52 (52) cm

Garn: zweifädiges Wollgarn, z. B. Spindrift von Jamieson's of Shetland, 105 m/25 g
Garnverbrauch:

A, Mogit	225 (250) g
B, Natural White	150 (175) g
C, Shetland black	200 (225) g

Nadeln: Rundnadel Nr. 2,5 (40 cm lang), Rundnadel Nr. 3 (40 und 80 cm lang), Nadelspiel Nr. 3
Maschenprobe: 34 M und 40 Rd auf 10 x 10 cm mit Nadeln Nr. 3

Sonstiges: Maschenmarkierer, Wollnadel mit großem Öhr, ggf. Sicherheitsnadel

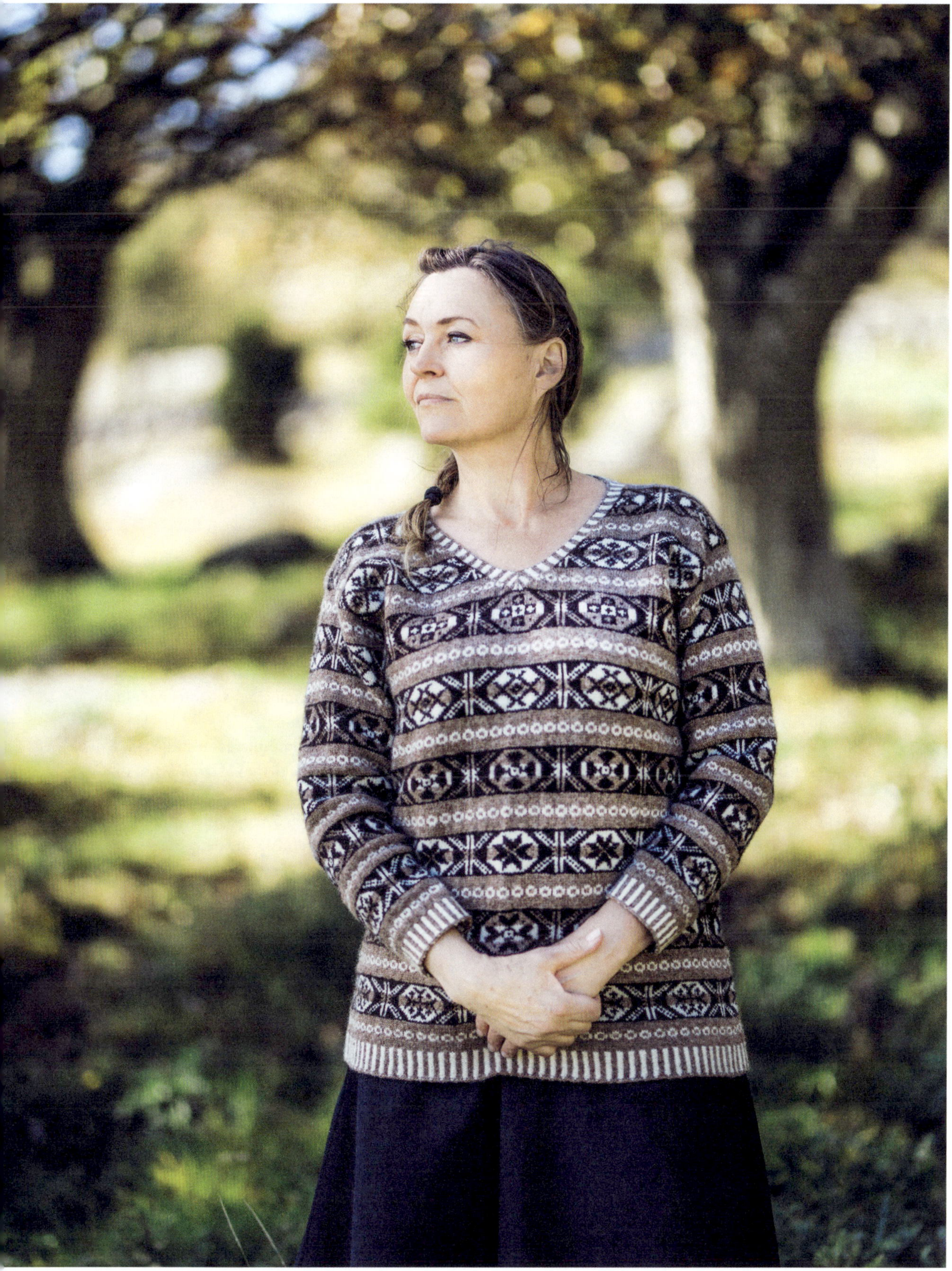

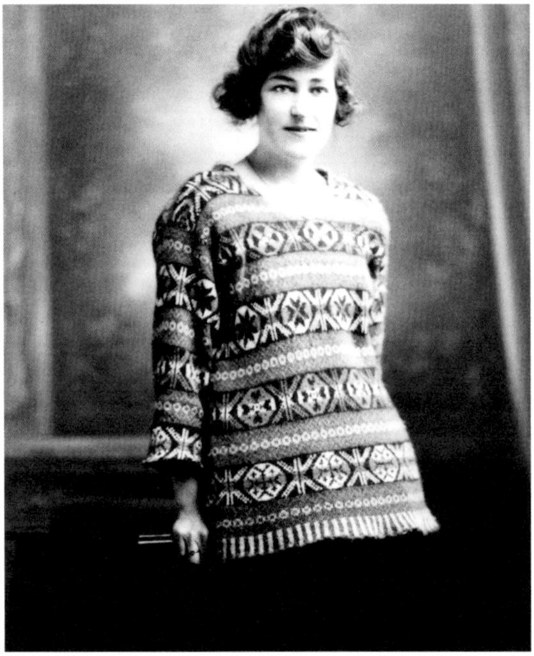

Eine junge Frau trägt einen Pullover mit Fair-Isle-Muster. Das Foto stammt aus den 1920er Jahren und wird im Shetland Museum and Archives aufbewahrt (Nr. 01112).

RUMPF

352 (420) M mit Rund-Nd Nr. 3 (80 cm) und Farbe A anschl. Zur Rd schließen, dabei darauf achten, dass sich die M nicht verdrehen.

Das mehrfarbige Bündchen [2 M re in Farbe A, 2 M li in Farbe B] str, bis es 4 cm hoch ist.

Muster A str, dabei in der 1. Rd gleichmäßig verteilt 12 (10) M abn = 340 (410) M.

An den Seiten und in der vorderen Mitte einen MM setzen: 85 (103) M str, MM, 85 (103) M str, MM, 170 (204) M str, MM.

Anpassen der M-Zahl für Größe L: Der Pullover braucht für Muster A am Vorderteil 2 M mehr als am Rückenteil. Der Rapport ist 5 M breit und geht für die M-Zahl von 410 auf. Die übrigen ZM haben einen Rapport über 34 M und gehen für die M-Zahl von 408 auf. Darum muss die M-Zahl in der ersten und letzten Rd von Muster A *jedes Mal* um 2 M angepasst werden (bis zu den Armlöchern).

Alle verwendeten Muster sind auf den Seiten 96–97 abgebildet.

Wichtig! Die Abn und Zun müssen jeweils an der gleichen Stelle erfolgen, z. B. an jeder Seite des Vorderteils, sodass sich das Muster nicht verschiebt.

Wenn am Ende von Muster A 2 M abgen wurden, entspricht die M-Zahl den Rapporten der Muster B–I.

Für Größe M stimmen alle Rapporte mit der M-Zahl überein, hier sind zwischendurch keine Zu- oder Abn nötig.

Jetzt liegen 340 (408) M auf der Nd. *Muster B* str.

Da das Vorderteil eine gerade M-Zahl hat, d. h. 170 (204) M, gibt es keine Mittel-M. Das OXO-Muster in den Mustern B–I hat eine ungerade M-Zahl, sodass die mittlere M im O die 86. (für Gr. M) bzw. 103. (für Gr. L) M am Vorderteil sein sollte.

Sobald die M in Muster B einmal an der richtigen Stelle gestr sind, können die Muster C–I leicht angepasst werden.

Wenn das erste *Muster A* und *Muster B* gestr wurden, weiter nach der Bordürenfolge A B A C A D A E A F A G A H A I A arbeiten.

ARMAUSSCHNITTE

Wenn *Muster A* 6× inklusive Abn gestr wurde, d. h. nach *Muster F*, den Faden abschneiden. Der Rumpf ist ca. 52 cm lang. Jetzt liegen 340 (408) M auf der Nd. Die M für die Armlöcher wie folgt auf einem Hilfsfaden stilllegen:

Die ersten 6 M auf einem Hilfsfaden stilllegen, 6 neue Steek-M anschl, MM, 79 (96) M str, MM, 80 (97) M str, die restlichen 5 M auf einem Hilfsfaden stilllegen, MM, die ersten 6 M des Rückenteils auf den gleichen Faden legen, MM, 12 neue Steek-M anschl, MM, 159 (193) M str, die restlichen 5 M auf den ersten Faden legen, MM, 6 neue Steek-M anschl.

Nun besteht das Vorder- und Rückenteil aus je 159 (193) M, 12 Steek-M in jedem Armloch; 11 M in jedem Armloch liegen auf einem Hilfsfaden. Die Steek-M gemäß ZM *Steek* (S. 88) str.

Über dem Armloch abn: 6 M, MM, ssk-Abn, str bis 2 M vor dem nächsten Armloch, 2 M re zus, MM, 12 M, MM, ssk-Abn, str bis 2 M vor dem nächsten Armloch, 2 M re zus, MM, 6 M.

Nach den Abn hat das Vorder- bzw. Rückenteil 155 (189) M plus 12 Steek-M für jedes Armloch. Nachdem Vorder- und Rückenteil abgeteilt sind, müssen bei *Muster A* nicht mehr 2 M am Vorderteil ab- und zugenommen werden, sondern es muss stattdessen 1 M am Anf und am Ende von *Muster A* am Rückenteil (!) ab- und zugenommen werden. Wenn A gestr wird, sollte das Rückenteil 154 (188) M haben und das Muster an beiden Seiten gleich sein. Ich nehme die Anpassung immer in der Mitte des Rückenteils an der gleichen Stelle vor. Wichtig ist die Symmetrie, denn die Schulterpartien treffen sich in der Mitte von *Muster A*.

Auch die Muster G–I müssen an den Seiten symmetrisch sein und vorne und hinten übereinstimmen.

V-AUSSCHNITT

Nach *Muster G* beginnt der V-Ausschnitt. Da Muster A am V-Ausschnitt gespiegelt wird, ist es auf der rechten Seite im Vergleich zu den vorherigen leicht versetzt.

2 Rd *Muster A* str.

In der 3. Rd wie folgt abn: 6 M str, MM, 75 (92) M str, 2 M re zus, MM, die Mittel-M des O auf einen Hilfsfaden oder eine Sicherheitsnadel legen, 12 Steek-M anschl, MM, ssk-Abn, 75 (92) M str, MM, 12 M str, MM, 154 (188) M str, MM, 6 M str.

Die Abn in jeder Rd insg. 12 (20)× wdh, dann in jeder 2. Rd 24 (20)×. (Alle Abn in der Hauptfarbe str.) Jede Schulter am Vorderteil hat jetzt 41 (54) M.

Die Schultern treffen in der Mitte von *Zählmuster A* aufeinander und werden wie folgt zus-gestr.

Muster A bis zur Hälfte am Vorder- und Rückenteil str: Rd 7 in *Muster A:* 6 Steek-M abk, 41 (54) M str, 12 Steek-M abk, 41 (54) M str, 12 Steek-M abk, 41 (54) M str.

Die erste Schulter zus-str, dazu zunächst die M einer Rückenteilschulter auf eine separate Nd schieben und das Vorder- und Rückenteil rechts auf rechts legen (Pullover wenden), die Ndn liegen parallel. Mit einer 3. Nd 1 M von jeder Nd zus abstricken. Den Vorgang wdh, es liegen 2 M auf der rechten Nd. Die rechte (zuerst gestr) M über die linke ziehen. So fortfahren, bis die Schulter-M abgekettet sind. Den Faden abschneiden.

Die Nd aus den 72 (80) M im Nacken herausziehen und so stehen lassen. (Wenn Sie sich nicht trauen, die Nd einfach herauszuziehen, heben Sie die M auf eine andere Nd.)

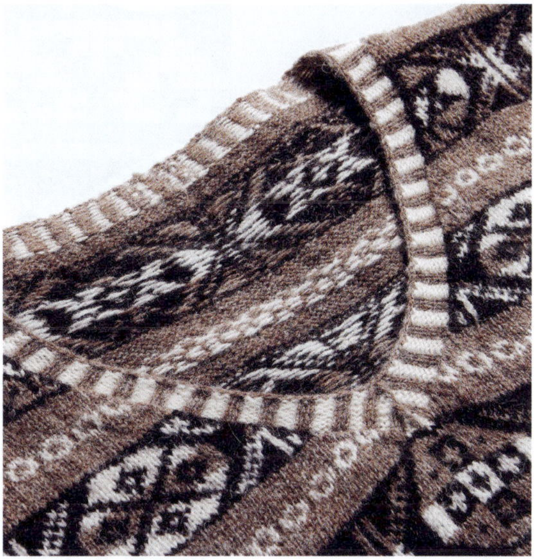

Das Bündchen im V-Ausschnitt. Es ist knifflig, hier das Bündchen schön hinzubekommen. Achten Sie darauf, dass die Mittelmasche unten im V einen Steg in Farbe A bildet.

Die restlichen 41 (54) Schulter-M des Rückenteils str, 6 Steek-M abk.

Die zweite Schulter auf die gleiche Weise zus-str. Den Faden abschneiden.

Die 72 (80) M im Nacken nun bis zum Ende von Muster I, also 6 Rd aufribbeln. So bildet sich eine kleine Vertiefung im Nacken (und 1 M mehr).

Die 73 (81) M im Nacken auf eine Nd heben.

Bündchen am V-Ausschnitt: Den Steek aufschneiden.

Die 73 (81) M im Nacken mit Farbe A und Rund-Nd Nr. 2,5 (40 cm) str, 4 M bis zur Mitte der Schulter aufn, 73 M entlang des V-Ausschnitts bis zur Mittel-M aufn, 1 M vom Hilfsfaden str, 73 M bis zur Mitte der anderen Schulter aufn, 4 M aufn = 228 (236) M.

Nächste Rd: Mit 1 M re in Farbe A beginnen, dann [2 M li in Farbe B, 2 M re in Farbe A] stets wdh bis zur Mittel-M im V. Sie wird mit Farbe A gestr und ist an jeder Seite von 2 M in Farbe B flankiert. In der 1. Rd gleichmäßig verteilt M abn: 5 M im Nacken, 6 M von der Schulter bis zur V-Mitte, 6 M von der V-Mitte bis zur anderen Schulter = 211 (219) M.

Mit dem Halsbündchen fortfahren. In jeder Rd wird über der V-Mitte eine mittige Doppelabnahme gearbeitet: Bis 1 M vor der Mittel-M str, 2 M wie zum

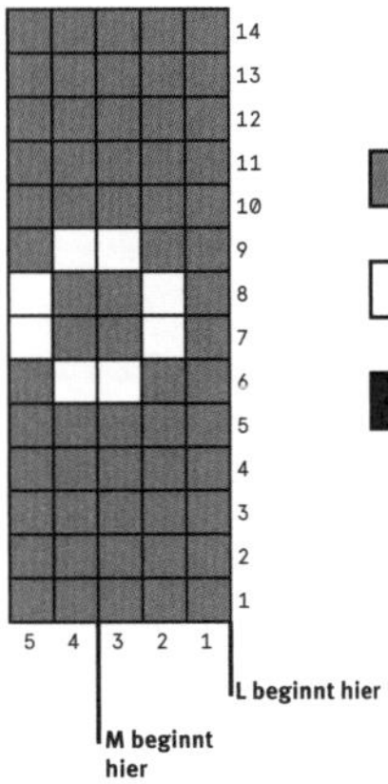

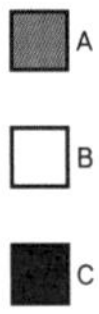

Muster A

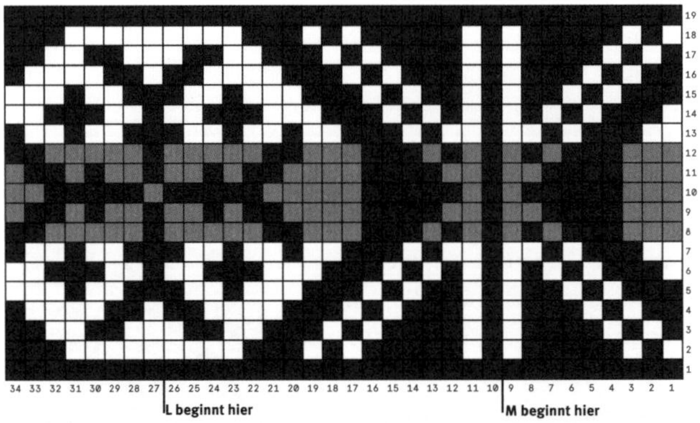

Muster B

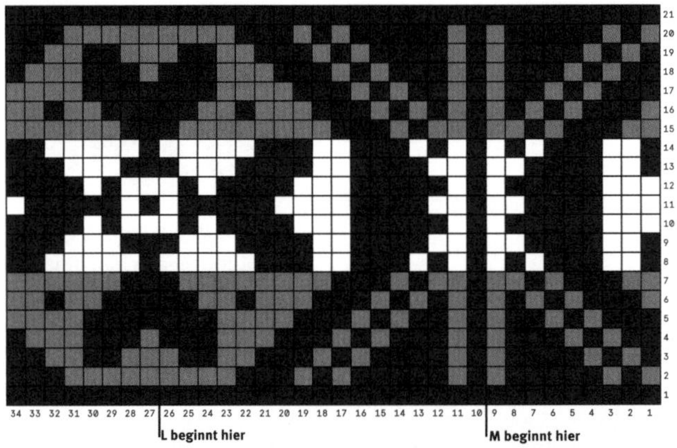

Muster C

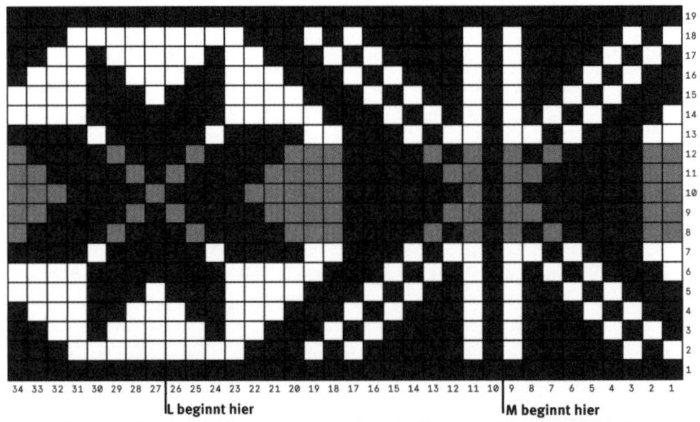

Muster D

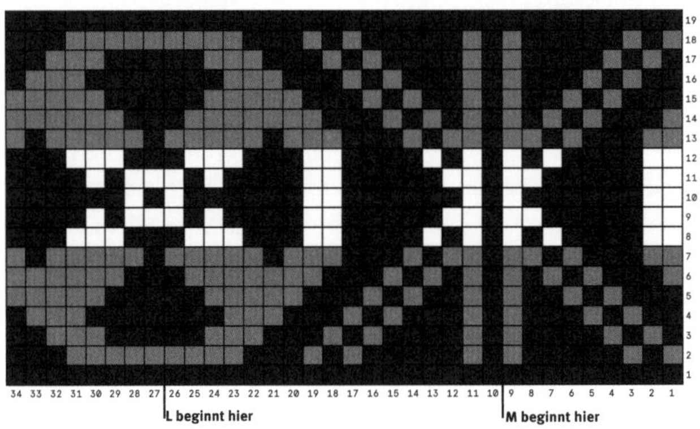

Muster E

Muster F

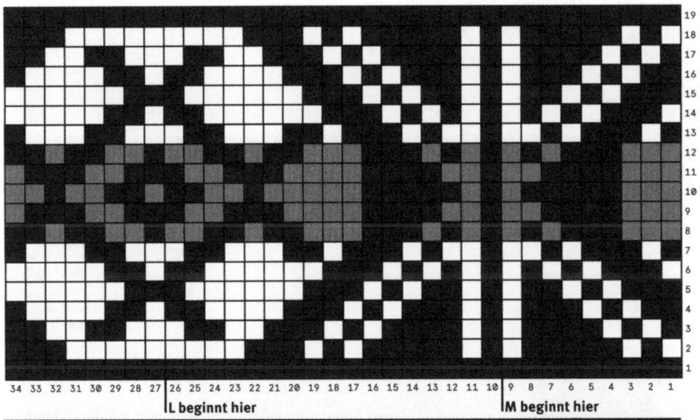

Muster G

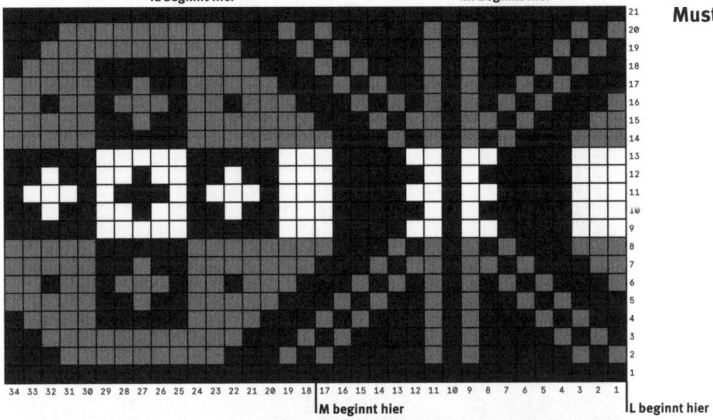

Muster H

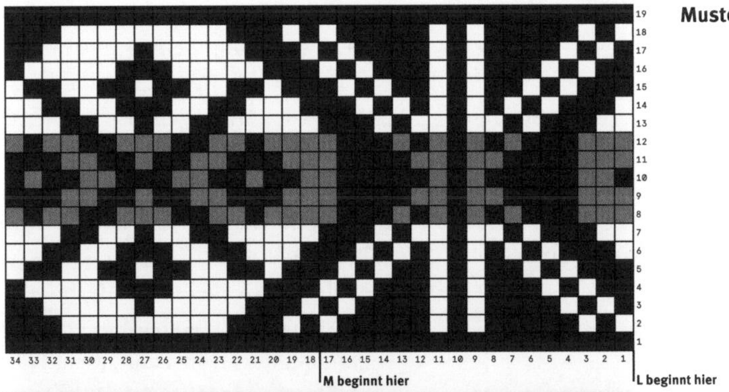

Muster I

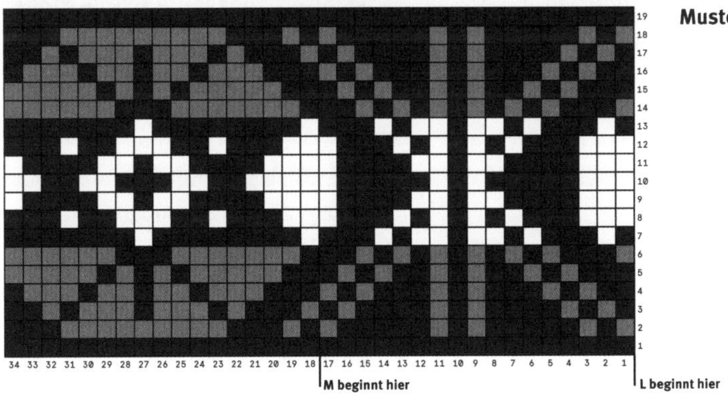

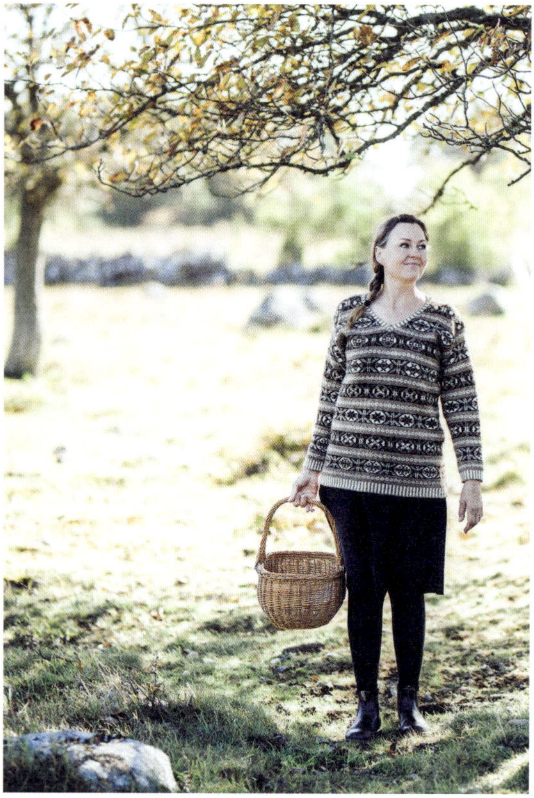

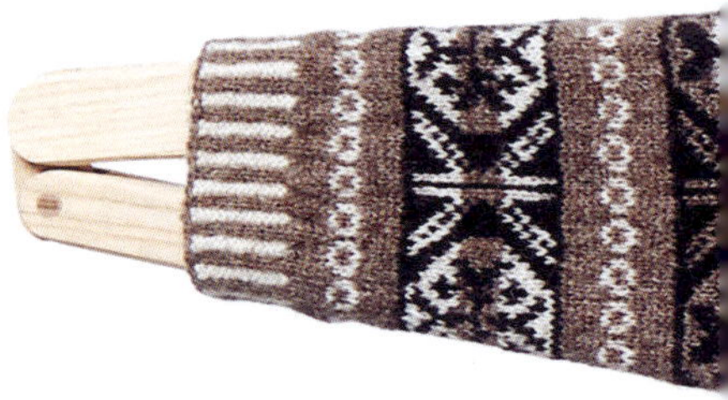

Re-str abheben, 1 M re in Farbe A str, die abgehobenen M über die gestr M ziehen, die Mittel-M liegt nun oben und bildet einen senkrechten Steg in Farbe A.

Für das Bündchen 10 Rd str. Mit Farbe A abk. Den Faden abschneiden.

ÄRMEL

Die Ärmel werden von oben nach unten gestr. Der Rapport geht nicht auf, das macht aber nichts. Der Übergang liegt unauffällig unter dem Ärmel.

Den Steek aufschneiden.

Die Bordüren in der Reihenfolge A F A E A D A C A B A str, darauf achten, dass die Mittel-M des O auf die Schulternaht trifft.

Mit Rund-Nd Nr. 2,5 (40 cm) in der äußersten Steek-M (durch beide Maschenbogen) aus jeder M wie folgt M aufn: Die ersten 6 M vom Hilfsfaden im Armloch des Vorderteils str, 97 M aus der Kante aufn, 1 M aus der Schulternaht aufn, 97 M aus der Kante aufn, die restlichen 5 M vom Hilfsfaden str, MM = 206 M.

Zu Rund-Nd Nr. 3 (40 cm) wechseln und in der 1. Rd gleichmäßig verteilt 51 M abn, dazu etwa jede 3. und 4. M zus-str = 155 M.

In jeder 5. Rd beidseitig des MM in der unteren Ärmelmitte 1 M abn, bis noch 88 M übrig sind. Zum Nadelspiel Nr. 3 wechseln, sobald es für die Rund-Nd zu wenige M sind. Danach ohne Abn str.

Wenn die Musterfolge fertig gestr ist, mit dem Bündchen beginnen: 1 Rd [2 M re in Farbe A, 2 M re in B] stets wdh, dann 4 cm [2 M re in Farbe A, 2 M li in Farbe B]. Abk. Den Faden abschneiden.

Den zweiten Ärmel genauso arbeiten.

FERTIGSTELLUNG

Die langen Fäden am Hals durchschneiden und am Rand vernähen.

Den Steek an Ärmel und Hals mit überwendlichen Stichen annähen oder nur dämpfen. Das Shetlandgarn hat die Eigenschaft, beim Waschen etwas zu verfilzen, sodass die Schnittkanten ausreichend gesichert sind.

Alle Fäden vernähen.

Den Pullover mit Wollwaschmittel waschen und mindestens 30 Minuten im Wasser liegen lassen. Gründlich ausspülen, in ein Handtuch rollen und so viel Wasser wie möglich herausdrücken.

Den Pullover auf einem Jumperboard (siehe S. 150) spannen oder auf Maß ziehen und liegend auf einem Pop-up-Pullovertrockner oder einem Handtuch trocknen lassen.

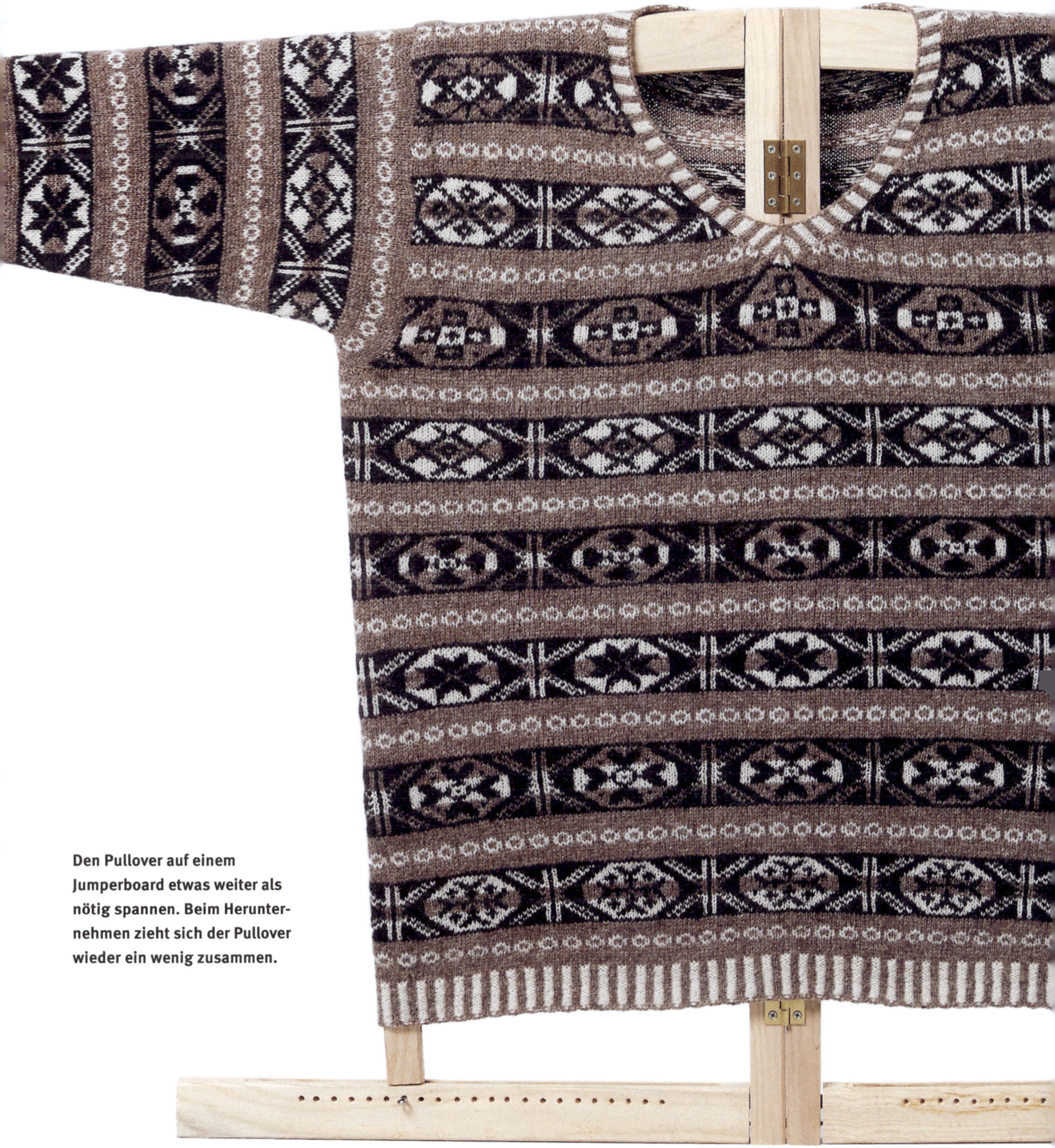

Den Pullover auf einem Jumperboard etwas weiter als nötig spannen. Beim Herunternehmen zieht sich der Pullover wieder ein wenig zusammen.

Mütze Visby Tam

Tam, *Tammy* und *Tammie* sind alle Synonyme für ***Tam***, eine schottische Mütze, die der Baskenmütze ähnelt, aber mit einem Bommel (Pompon). Schottische Soldaten trugen sie während des Ersten Weltkriegs. Auf den Shetlandinseln wurde die Mütze mit einem Fair-Isle-Muster und mehrfarbigem Rippenbündchen gestrickt. Statt des Bommels wurde die Mütze oben mit einem schönen Stern geschmückt, der auch die Abnahmen geschickt integriert. Visby Tam kann nach dem Waschen entweder als normale Mütze oder als Baskenmütze geformt werden.

Meine Farbinspiration stammt vom Steinstrand unterhalb der Ringmauer in Visby auf Gotland. Verschiedene Steine mit ganz besonderen Farbtönen prägen meine Farbpalette vor einer dunklen Hintergrundfarbe.

Größe: Mit verschränktem Rippenmuster 56 cm Umfang und 19 cm hoch, mit mehrfarbigem Rippenbündchen 54 cm Umfang und 21 cm hoch

Garn: zweifädiges Wollgarn, z. B. 2 ply Jumper Weight von Jamieson & Smith, 115 m/25 g

Garnverbrauch:

Hauptfarbe:

A, 81 — 50 g

Musterfarben:

B, 2 — 25 g
C, 203 — 25 g
D, Fc64mix — 25 g
E, 1281mix — 25 g
F, 72mix — 25 g

Nadeln: Rundnadel Nr. 2,5 und 3 (40 cm lang), Nadelspiel Nr. 3

Maschenprobe: 28 M und 40 Rd auf 10 cm mit Rundnadel Nr. 3

Sonstiges: Maschenmarkierer

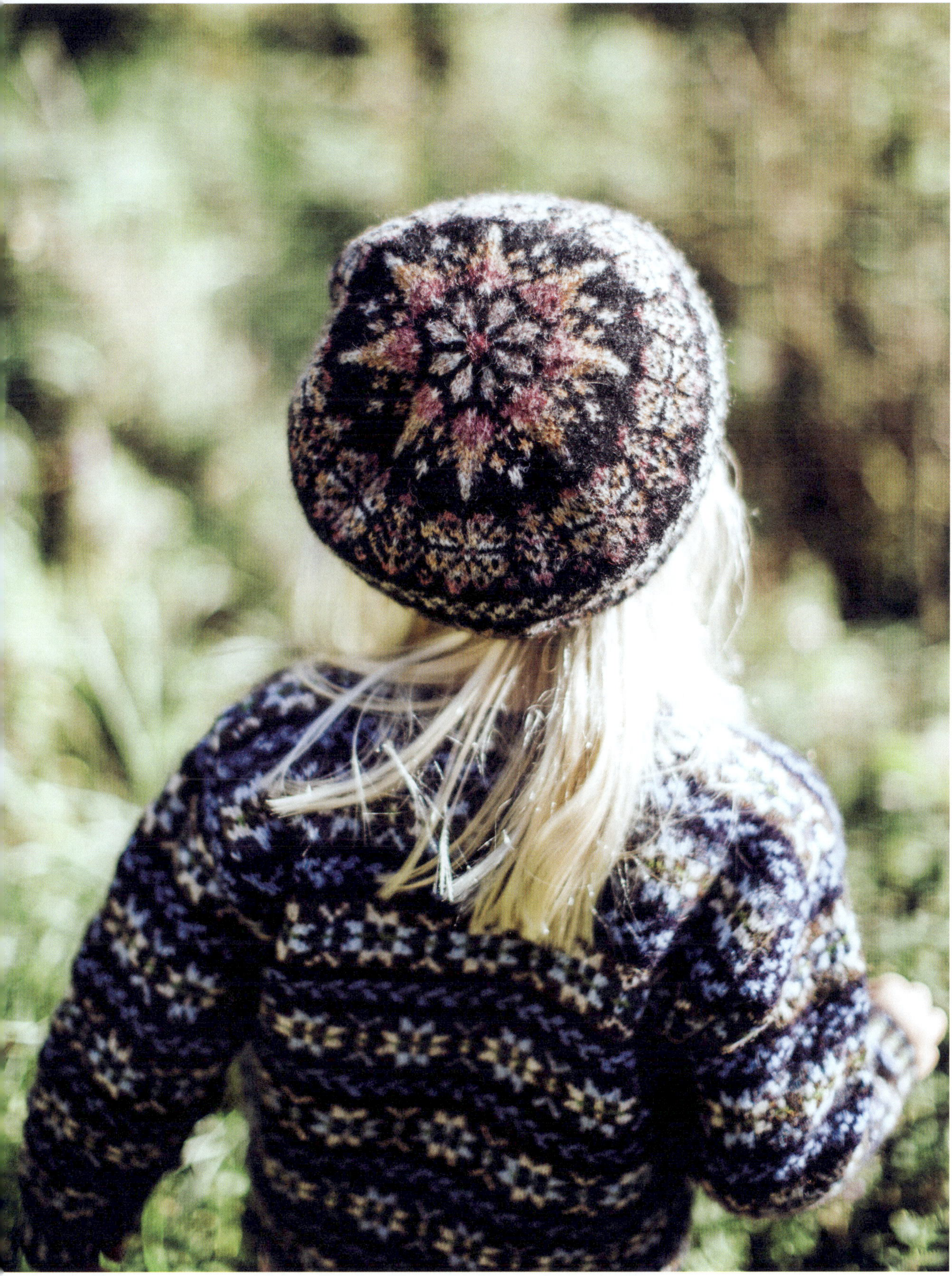

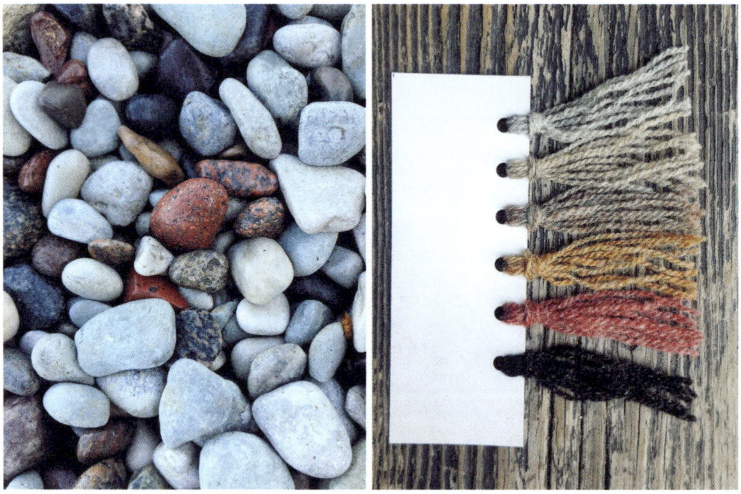

Verschiedenfarbige Steine am Strand unterhalb von Visby auf Gotland

Mit Farbe A und Rund-Nd Nr. 2,5 164 M anschl. Zur Rd schließen, dabei darauf achten, dass sich die M nicht verdrehen.

Den Rd-Anf mit einem MM markieren.

Eine der beiden folgenden Varianten wählen:

Verschränktes Rippenmuster: Alle rechten M verschränkt str (in das linke Maschenglied einstechen). 2,5 cm [1 M re verschr, 1 M li] str.

oder

Mehrfarbiges Rippenmuster: Die rechten M in der Musterfarbe und die linken M in der Hauptfarbe str. Für das Bündchen 2,5 cm [2 M re, 2 M li] gemäß ZM *Bündchen* str.

Nach dem Bündchen zu Rund-Nd Nr. 3 wechseln und 1 Rd re M mit Farbe A str. Nächste Rd: Gleichmäßig verteilt 60 M zun = 224 M: [3 M str, 1 M zun, 3 M str, 1 M zun, 2 M str, 1 M zun] stets wdh. Die letzten 4 M ohne Zun str.

In der nächsten Runde mit dem ZM *Muster* beginnen.

Für eine **kürzere Variante** die untere, schmale Pfeilbordüre weglassen und mit der 7. Rd im ZM beginnen.

Ab der 36. Rd die Abn für den Kopf str wie eingezeichnet. Danach liegen 160 M auf der Nd.

OBERKOPF

Das Muster auf dem Oberkopf ist ein Stern mit acht Spitzen. Jede Spitze wird über der Mittel-M der Blüte platziert. Die Abn erfolgen in den Spitzen: Wie eingezeichnet in jeder 2. Rd in jeder Spitze 2 M als mittige Doppelabnahme abn, d. h. 8 (Spitzen) × 2 M = 16 M werden in jeder Abn-Rd abgen.

Der Farbwechsel (Rd-Anf) wird dort vorgenommen, wo er am wenigsten sichtbar ist, am besten zwischen zwei Musterformen, damit man keinen Versatz im Muster sieht. Daher befindet sich der Übergang zwischen Baum und Blume in der letzten Bordüre des ZM *Muster*.

Vor dem Stricken des Oberkopfes müssen 3 M von der rechten Nd auf die linke Nd verschoben werden (neuer Rd-Anf), sodass er in der Mitte zwischen zwei Spitzen und die 1. M der Rd über der Mittel-M des Baumes liegt. Den neuen Rd-Anf mit einem MM markieren.

2 Rd mit Farbe A str.

Gemäß ZM *Oberkopf* str, dabei abn, wie dort eingezeichnet.

Zum Nadelspiel wechseln, sobald es für die Rund-Nd zu eng wird.

Nach der 20. Rd sind 16 M auf der Nd.

In der 21. Rd jeweils 2 M re zus str = 8 M.

Den Faden abschneiden und durch alle 8 M ziehen.

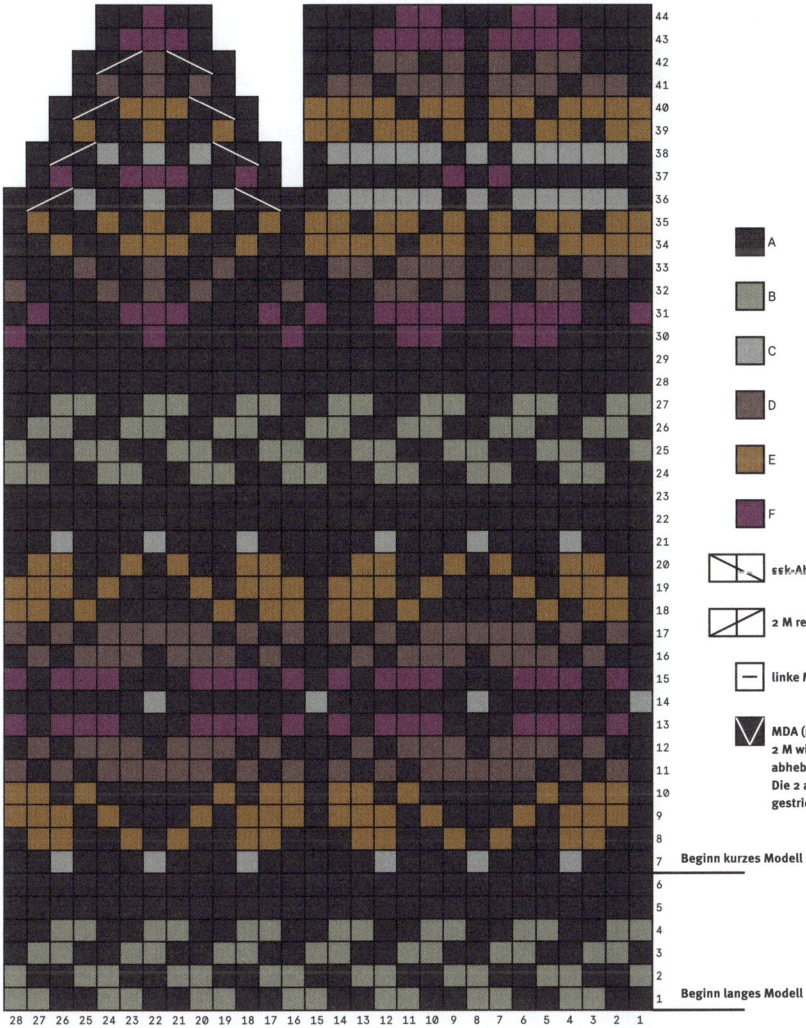

Muster

- A
- B
- C
- D
- E
- F
- ssk-Abn
- 2 M re zus
- linke Masche
- MDA (mittige Doppelabnahme): 2 M wie zum Rechtsstricken abheben, 1 M re in der MF. Die 2 abgehobenen M über die gestrickte M ziehen.

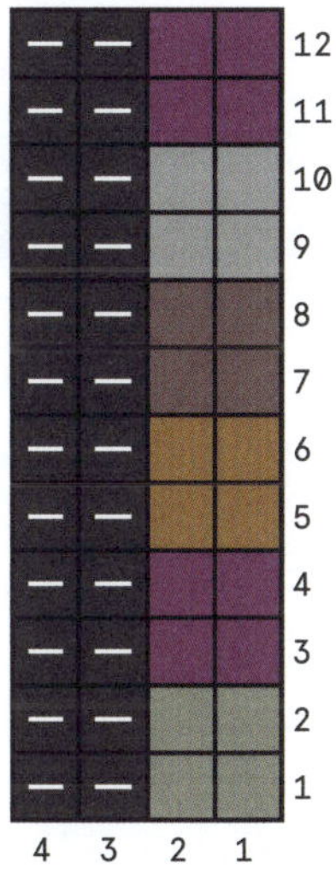

Bündchen

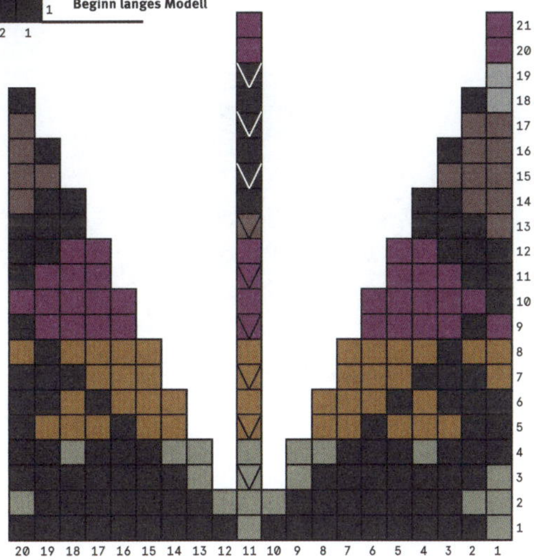

Oberkopf

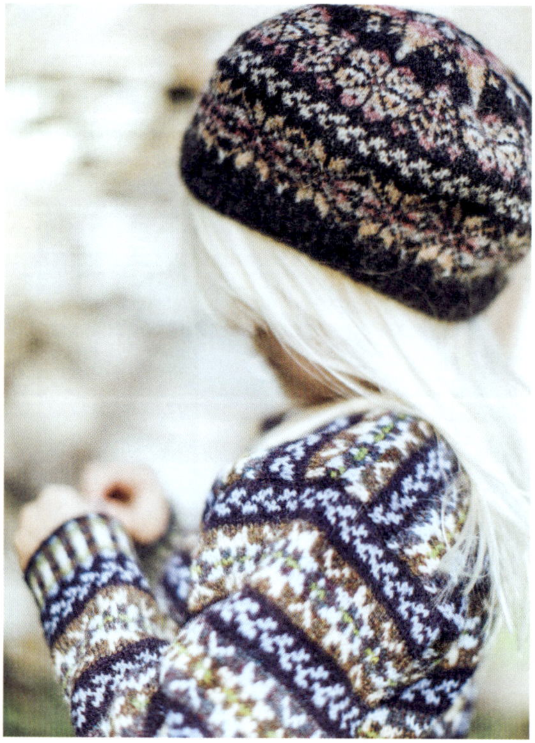

Dies ist die kurze Version von Visby Tam mit verschränktem Rippenbündchen.

FERTIGSTELLUNG

Alle Fäden vernähen.

Die Mütze in warmem Wasser mit Wollwaschmittel waschen und mindestens 30 Minuten im Wasser liegen lassen. Gründlich ausspülen. In ein Handtuch einrollen und das Wasser herausdrücken.

Jetzt entscheiden Sie, welche Form die Mütze haben soll.

Anliegende Mütze: Für eine rundliche Mütze mehrere zusammengeknüllte Plastiktüten (Mülltüten) in die Mütze stecken, sodass sich eine runde Form bildet. Trocknen lassen.

Tam: Für eine Baskenmützenform einen Teller mit einem Durchmesser von 26 cm in die Mütze schieben. Den Teller mit der Mütze auf eine Schüssel, idealerweise mit dem Durchmesser Ihres Kopfes, legen und das Bündchen nach unten über die Schüssel ziehen. Falls Sie keine passende Schüssel haben ist, können Sie den Teller mit der Mütze auf ein Glas stellen. Wichtig! Das Bündchen darf die Unterlage nicht berühren. Das Bündchen schön rund formen. Trocknen lassen.

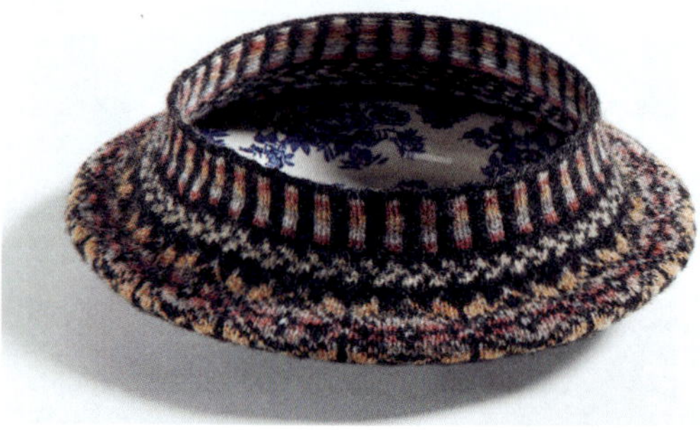

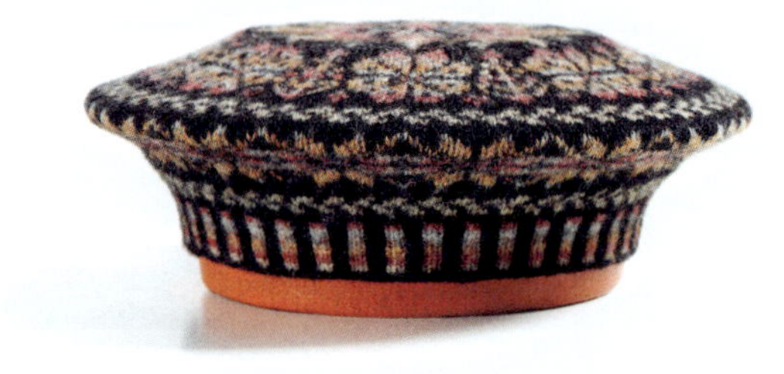

So formen Sie Visby Tam nach dem Waschen zu einer Baskenmütze: Einen Teller in die Mütze schieben und über eine Schüssel ziehen.

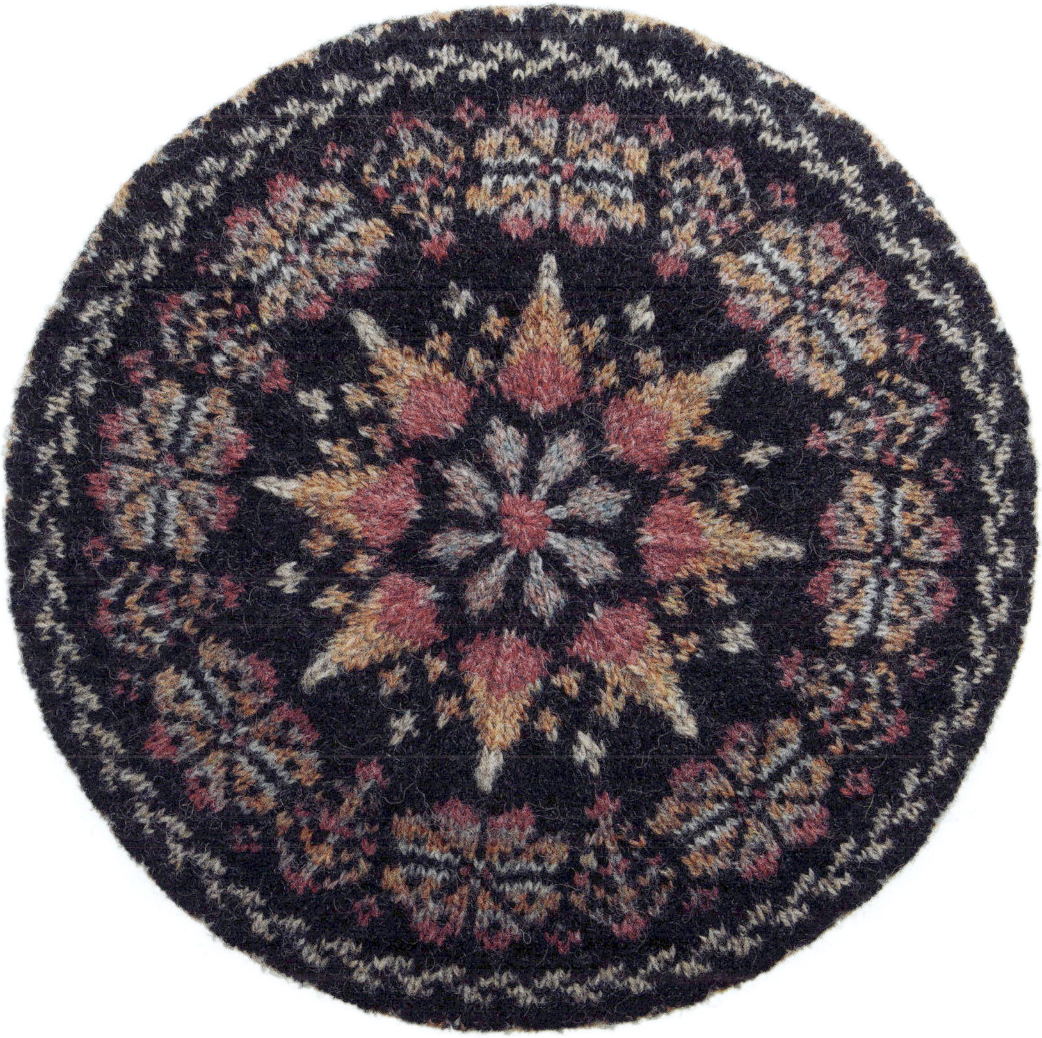

Mütze Diamond Tam

Dieses Muster wird auf den Shetlandinseln *diamonds* (Rauten) genannt. In den 1930er und 1940er Jahren wurde es häufig für gestrickte Pullover, Pullunder und Schals verwendet. In jeder Raute ist ein kleines Motiv, z. B. das kleine Blümchen *Whalsay daisy* (Gänseblümchen von der Insel Whalsay) oder das Salz- und Pfeffermuster (eine helle und eine dunkle Masche im Wechsel), kleine Sterne und Herzen.

Die Mütze kann entweder auf typisch skandinavische Art, also mit nur zwei Farben, oder nach der Fair-Isle-Technik gearbeitet werden. Ich habe gleich vier Varianten gestrickt.

Die Mütze kann in zwei Längen gestrickt werden. Das längere Modell ist eher eine lässige Baskenmütze, das kürzere eine engere Mütze. Wählen Sie die Länge, die Ihnen am besten gefällt.

Größe:
Umfang Bündchen: 55 cm
Höhe, von unten nach oben: kurz 20,5 cm, lang 22 cm

Garn: zweifädiges Wollgarn
Schwarz und Weiß: 2 ply Jumper Weight von Jamieson & Smith, 115 m/25 g
Garnverbrauch:

A ,81	50 g
B, 202	50 g
Pompon, Fc7	25 g

Braun und Blau: Spindrift von Jamieson's of Shetland, 105 m/25 g

A, Grouse	50 g
B, Sky	50 g
Pompon, Madder	25 g

Weinrot und Rosa: Spindrift von Jamieson's of Shetland, 105 m/25 g

A, Havanna	50 g
B, Dog Rose	50 g
Pompon, Moss	25 g

Dunkelblau und Gelb: Spindrift von Jamieson's of Shetland, 105 m/25 g

A, Cosmos	50 g
B, Yellow Ochre	25 g
C, Flax	25 g
D, Buttermilk	25 g

Nadeln: Rundnadeln Nr. 2,5 und 3 (40 cm lang) und Nadelspiel Nr. 3
Maschenprobe: 37 M und 40 Rd auf 10 x 10 cm mit Nadeln Nr. 3

Sonstiges: Maschenmarkierer, 70 cm reißfester Faden, z. B. Leinengarn 35/3, Wollnadel mit großem Öhr, kleine, scharfe Schere

1 M zunehmen = den Querfaden zwischen 2 M aufnehmen und verschränkt abstricken.

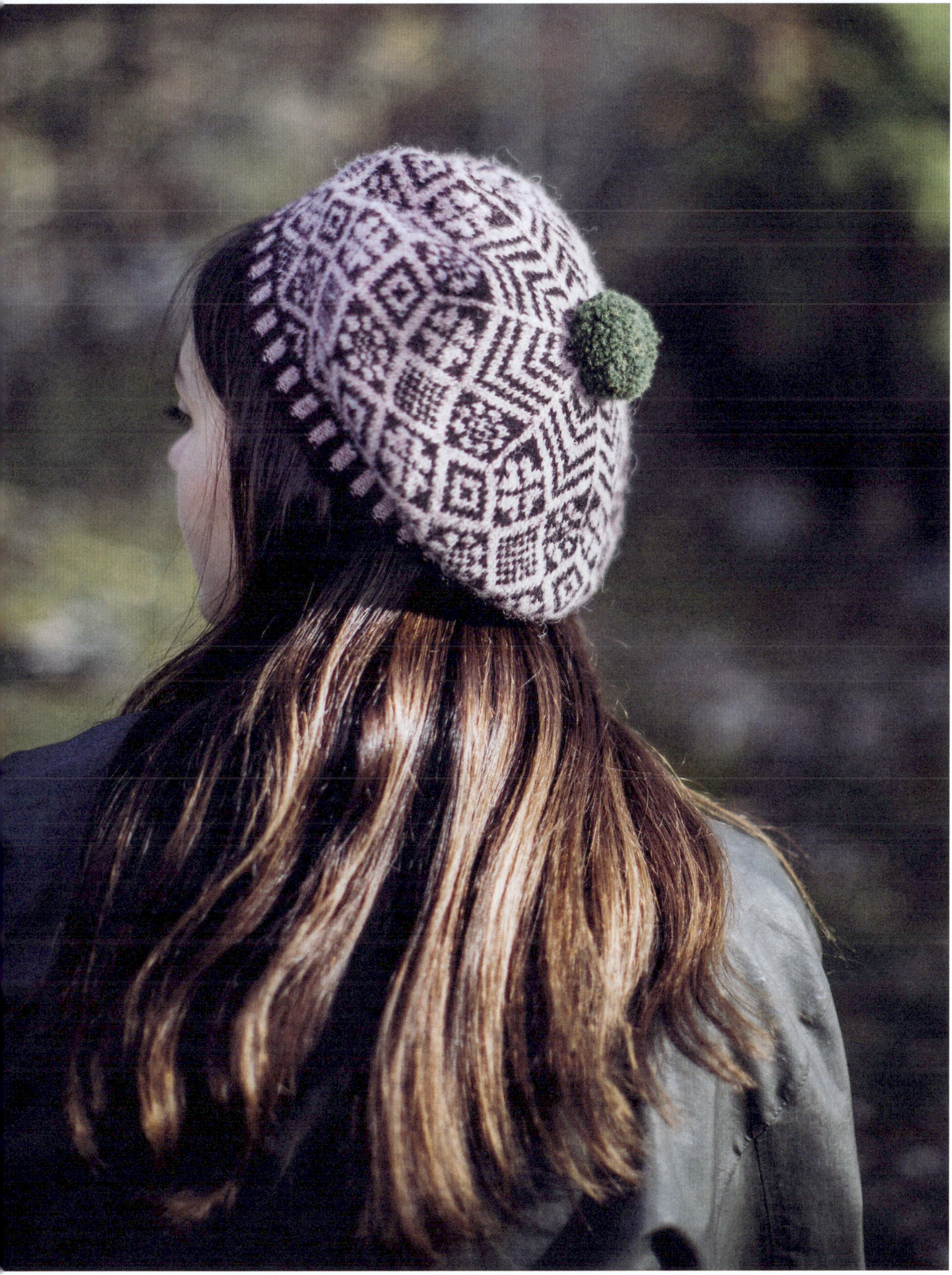

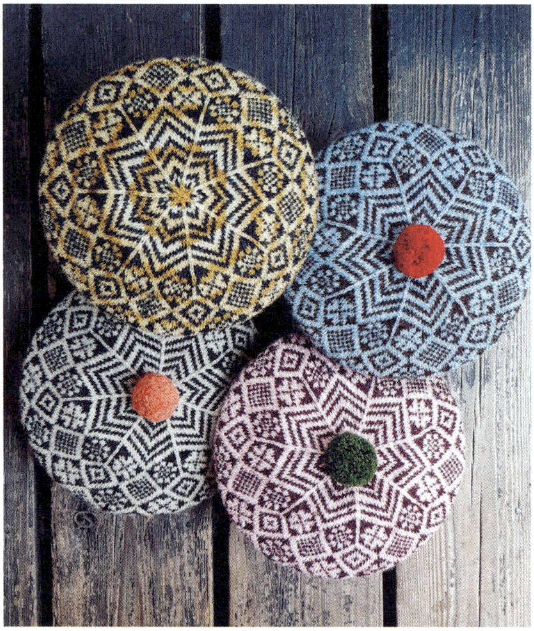

Die schwarzweiße Mütze unten links ist in nordischer Art und Weise mit zwei Farben gestrickt: einer dunklen Hauptfarbe (A) und einer hellen Musterfarbe (B). Die Mütze in Weinrot und Rosa sowie in Braun und Blau folgen der gleichen Logik. Die Mütze oben links in der Fair-Isle-Tradition hat drei Musterfarben. Sie können auch andere zweifarbige Muster in Fair-Isle-Muster umwandeln, indem Sie mehrere Musterfarben rhythmisch abwechseln.

Mit Farbe A auf Rund-Nd Nr. 2,5 (40 cm) 160 M anschl. Zur Rd schließen, dabei darauf achten, dass sich die M nicht verdrehen.

1 Rd in Fb A im Rippenmuster [2 M re, 2 M li] str.

8 Rd zweifarbiges Bündchen str: [2 M re Fb A, 2 M li Fb B] stets wdh.

Nur blau-gelbe Mütze: Nach der 1. Rd in Farbe A ein mehrfarbiges Bündchen gemäß ZM *Bündchen* str.

Alle Mützen: Zu Rund-Nd Nr. 3 wechseln und 1 Rd re M in Fb A str, dabei wie folgt gleichmäßig verteilt 64 M zun: [2 M re, 1 M zun, 3 M re, 1 M zun] stets wdh = 224 M.

Noch 1 Rd in Fb A ohne Zun str.

Gemäß ZM *Muster* str. Für eine längere Mütze normal mit Rd 1 beginnen, für eine kürzere mit Rd 9.

Die längere Mütze über Rd 1–32 und noch einmal über Rd 1–16 str.

Die kürzere Mütze über Rd 9–32 str, danach Rd 1–16.

OBERKOPF

Anschließend das ZM *Oberkopf* str.

Nach dem ZM *Oberkopf* sind 14 M übrig. Den Faden abschneiden und durch alle 14 M ziehen. Alle Fäden innen vernähen.

WASCHEN UND FORMEN

Wie bei Visby Tam vorgehen (S. 104).

POMPON

Garn in der gewünschten Farbe 100× um vier Finger wickeln. Den reißfesten Faden doppelt legen.

Das gewickelte Garn von der Hand nehmen, in der Mitte mit dem doppelten Faden abbinden, festziehen, einen der Fäden noch 2× um das Wollgarn wickeln und fest verknoten. Die langen Fadenenden zum späteren Annähen hängen lassen. Die Schlaufen des Wollgarns aufschneiden und durch Zupfen aufplustern und einen Pompon formen, dabei die Wollfäden mit einer kleinen Schere grob zuschneiden. Den Pompon an den Fadenenden festhalten und für etwa 15 Sekunden in kochendes Wasser tauchen. Nach draußen gehen und den Pompon an den Fadenenden halten. Durch Schleudern möglichst viel Wasser entfernen. Aufhängen und trocknen lassen. Danach mit der Schere schön rund trimmen.

Pompon annähen: Beide Fadenenden in eine Nd fädeln und oben mittig in die Mütze einstechen. Einen Faden aus dem Öhr ziehen. Der Faden in der Nd wird später zum Annähen des Pompons verwendet.

Dazu die Nd wieder durch den Pompon ausstechen, an der einen Seite der Abbindestelle ein- und an der anderen Seite wieder durch die Mütze hindurch ausstechen. Den Vorgang einige Male wdh. Beide Fäden innen fest verknoten.

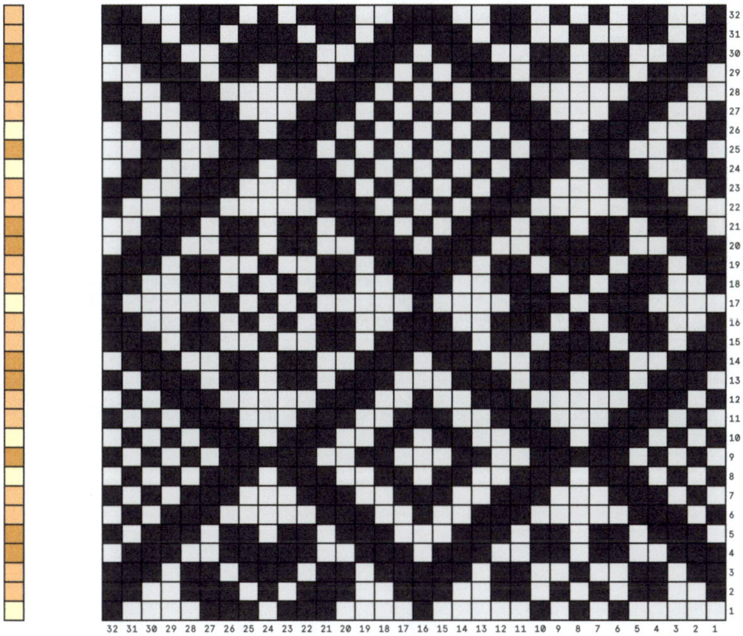

Muster

Die dunklen Kästchen stellen die Musterfarbe (B) und die hellen die Hauptfarbe (A) dar. Da Diamond Tam eine helle Musterfarbe (B) und eine dunkle Hauptfarbe (A) hat, müssen Sie beim Lesen des Zählmusters umdenken. Ein weißes Kästchen im Zählmuster entspricht also der dunklen Hauptfarbe (A). Die Spalte mit den Gelbtönen links der Zählmuster *Muster* und *Oberkopf* zeigen an, welche Musterfarben für die Fair-Isle-Mütze in der jeweiligen Runde verwendet werden.

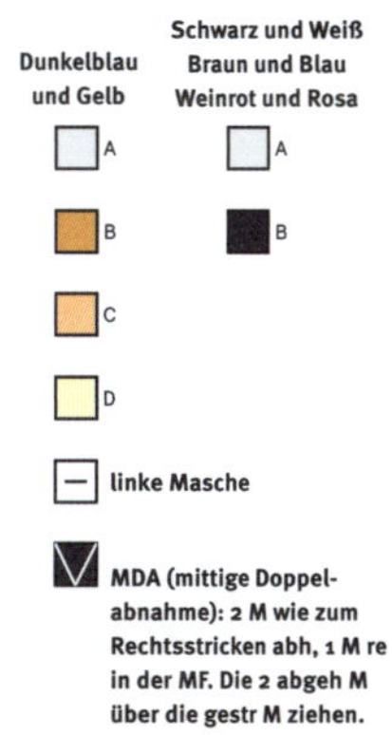

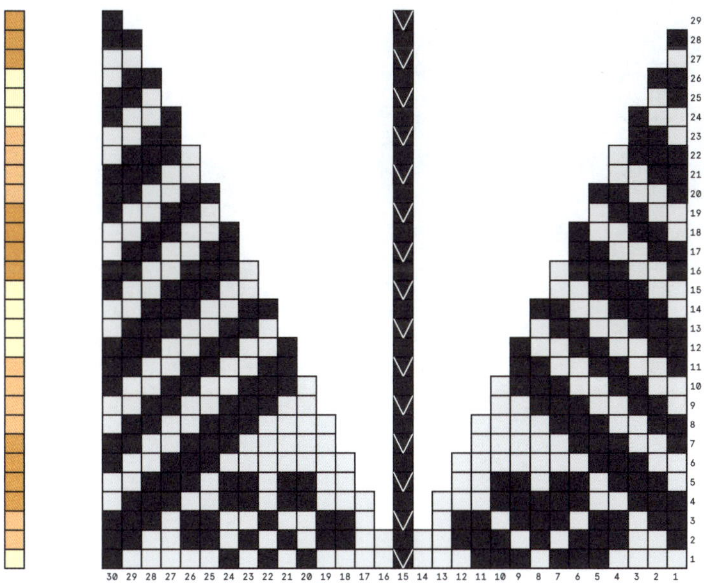

Oberkopf

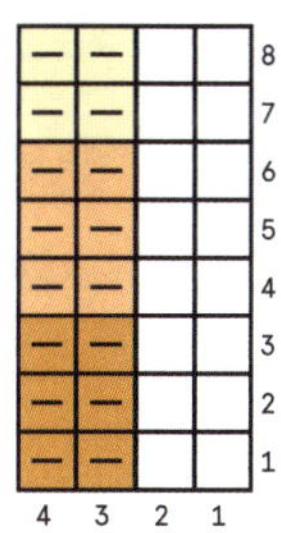

Bündchen

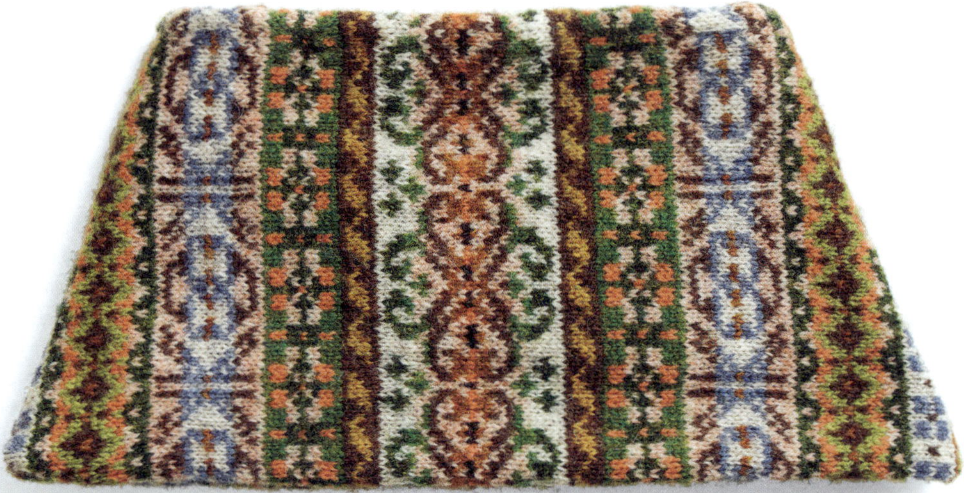

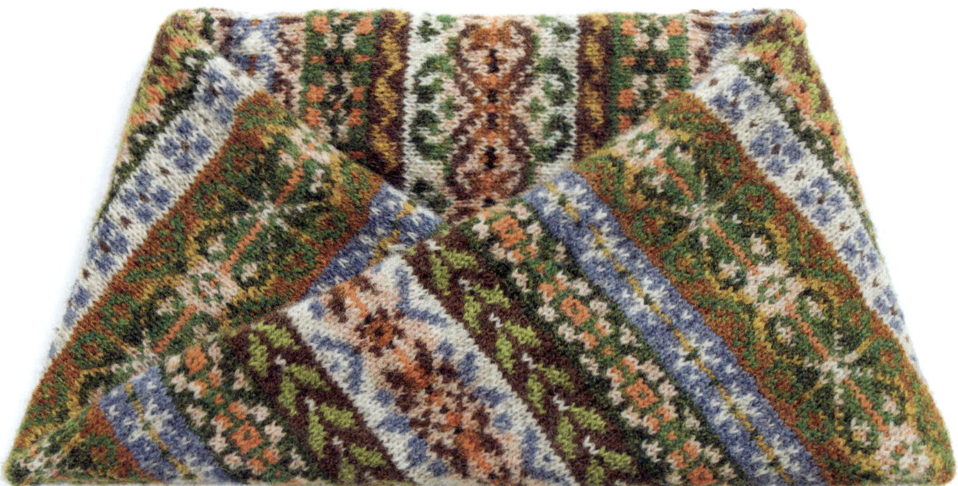

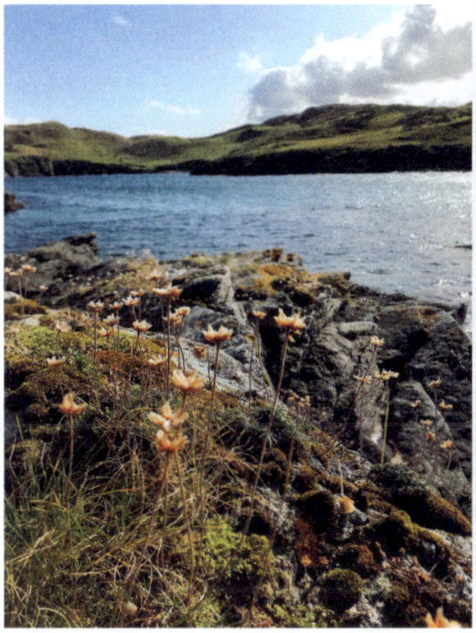

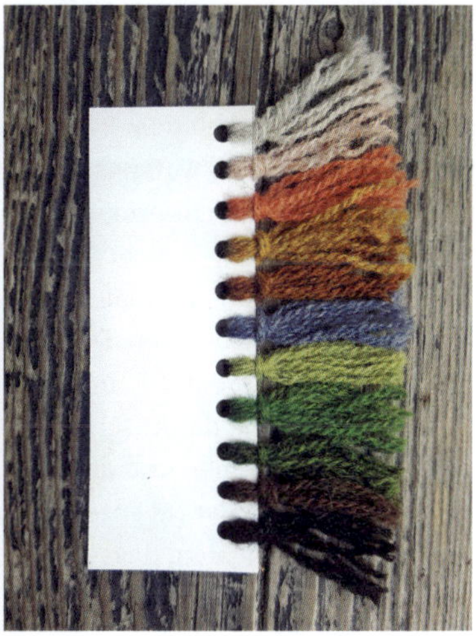

Loop Fethaland

Ein Loop ist enorm praktisch, um den Hals zu wärmen. Dieses Modell trägt den Namen Fethaland nach einem einsamen Ort im Norden von Northmavine auf den Shetlandinseln. In der Nähe des Strandes befinden sich einige Ruinen, in der Bucht schwimmen Robben. Ich saß an einem fast windstillen Tag im September am Meer, nur die Robben als Gesellschaft, strickte und machte Fotos, die mich zur Farbgebung dieses Loops inspirierten.

Größe: 72 cm lang und 19 cm breit (doppelt)

Garn: Spindrift von Jamieson's of Shetland, 105 m/25 g

Garnverbrauch:

A, Pebble	25 g
B, Oyster	25 g
C, Sandalwood	25 g
D, Yellow Ochre	25 g
E, Burnt Umber	25 g
F, Fjord	25 g
G, Granny Smith	25 g
H, Praire	25 g
I, Moss	25 g
J, Moorit	25 g
K, Shetland Black	25 g

Nadeln: 2 Rundnadeln Nr. 3 (40 cm lang)

Maschenprobe: 33 M und 38 Rd auf 10 x 10 cm mit Nadeln Nr. 3

Sonstiges: Maschenmarkierer, Baumwollgarn, stumpfe Wollnadel mit großem Öhr

Mit Farbe A und Rund-Nd Nr. 3 120 M provisorisch anschl.

Provisorischer Anschlag: Zusammen mit dem Baumwoll- und dem Wollgarn Farbe A eine Anfangsschlinge bilden (diese M wird später entfernt und nicht mitgezählt).

Kreuzanschlag: Das Baumwollgarn um den Daumen und das Wollgarn um den Zeigefinger legen. Das Wollgarn bildet die M auf der Nd und das Baumwollgarn sichert die Maschen. Nach der Anschlagsreihe den Baumwollfaden abschneiden und die 1. M mit dem doppelten Faden von der Nd entfernen. Zur Rd schließen, darauf achten, dass sich die M nicht verdrehen.

Gemäß *Zählmuster* str: Rd 1–147, dann ab Rd 122 des ZM wieder zurück bis Rd 21 str.

Rd 20 wird nicht mehr gestr, sondern später im Maschenstich gearbeitet, um die beiden kurzen Kanten zum Loop zu verbinden. Die M der letzten Rd auf einem Faden stilllegen.

WASCHEN UND SPANNEN

Den Loop auf links wenden. Die Garnenden paarweise verknoten oder vernähen. Auf rechts wenden. In warmem Wasser mit Wollwaschmittel waschen und mindestens 30 Minuten im Wasser liegen lassen. Den Loop in ein Handtuch rollen und das Wasser ausdrücken.

Ich habe zwei Varianten ausprobiert, um den Loop so zu spannen, dass sich die M schön legen.

Erste Variante: Ich stecke in jede Längsseite des Loops einen Rundstab und lege einen Gegenstand (z. B. Bücher) an beiden Enden zwischen die Rundstäbe, sodass der Loop in der Breite gespannt wird. Den Loop im feuchten Zustand in Länge und Breite auf Maß ziehen und so trocken lassen.

Zweite Variante: Ein starres Material, z. B. Isomatte oder Linoleum, auf Maß zuschneiden, in den Loop stecken und an der frischen Luft trocknen lassen. Beide Varianten funktionieren gut.

Der Loop muss vor dem Zusammenfügen gedreht werden, normalerweise eine halbe Umdrehung. Da das Muster angepasst werden muss, kann es auch etwas mehr sein, aber das spielt keine Rolle, denn man sieht es nicht, da der Loop locker rund um den Hals liegt.

ZUSAMMENFÜGEN

Das Baumwollgarn aus dem provisorischen Anschlag entfernen und die M auf eine Rund-Nd schieben.

Die M auf dem Hilfsfaden auf die zweite Rund-Nd heben. Den Loop eine halbe Umdrehung oder mehr verdrehen.

Die beiden Kanten im Maschenstich verbinden, das ergibt eine unsichtbare Naht.

Die Stiche sehen wie M aus und die Naht wird elastisch. Es ist ein bisschen knifflig, bis man die optimale Fadenspannung erzielt. Ich ziehe das Garn ziemlich fest an, das klappt normalerweise gut. Stiche, die jetzt noch etwas ungleichmäßig aussehen, werden später beim Befeuchten und In-Form-ziehen vereinheitlicht.

Maschenstich: Die beiden Rund-Nd parallel halten. 2,5–3 m Garn der Farbe J in eine Wollnadel fädeln. Rd 20 wird nun im Maschenstich gearbeitet.

1. Die Wollnadel wie zum Re-str durch die 1. M der vorderen Nd stechen, den Faden durchziehen und ein Ende von 10 cm hängen lassen, die M von der Nd nehmen.
2. Die Wollnadel wie zum Li-str durch die nächste M der vorderen Nd stechen, den Faden durchziehen und die M auf der Nd lassen.
3. Die Wollnadel wie zum Li-str durch die 1. M der hinteren Nd stechen, den Faden durchziehen und die M von der Nd nehmen.
4. Die Wollnadel wie zum Re-str durch die nächste M der hinteren Nd stechen, den Faden durchziehen und die M auf der Nd lassen.

Ab Schritt 1 stets wdh.

Mir hilft es, wenn ich immer [rechts, links, links, rechts] mitzähle. Dann ist es etwas einfacher, sich zu merken, wann wie zum Re-str/Li-str eingestochen werden muss.

Die Runde schließen und die Fäden vernähen.

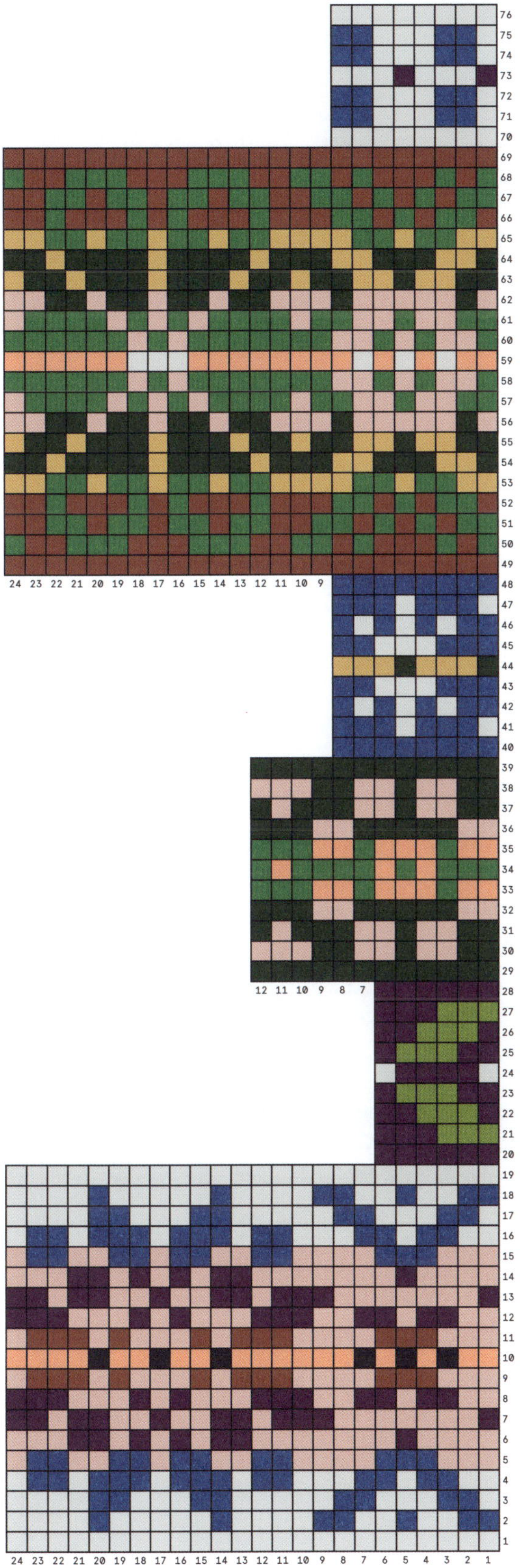

A

B

C

D

E

F

G

H

I

J

K

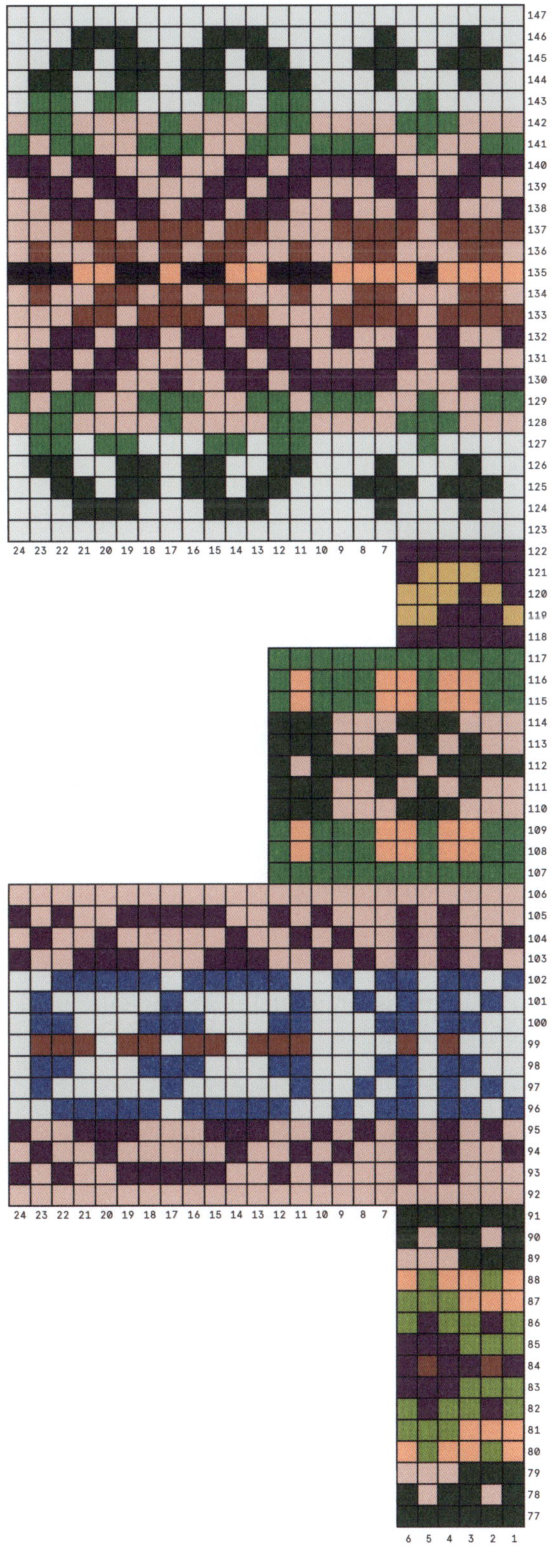

Loop Strandgut

Der Loop ergibt zusammen mit den Fingerhandschuhen Strandgut ein schönes Set. Das Muster habe ich von einem älteren Fair-Isle-Strickpullover, der sich im Shetland Museum and Archives befindet. Es macht viel Spaß, nach den älteren Kompositionen zu stricken, die sich ein wenig von der Art und Weise unterscheiden, wie wir heute Muster zusammenstellen. Sie sind ein Feuerwerk an Farbe und Experimentierfreude.

Größe: 70 cm lang und 19 cm breit

Garn: zweifädiges Wollgarn, z. B. 2 ply Jumper Weight von Jamieson & Smith, 105 m/25 g

Garnverbrauch:

A, 202	25 g
B, 203	25 g
C, Fc61mix	25 g
D, 121mix	25 g
E, Fc12mix	25 g
F, Fc7mix	25 g
G, 87mix	25 g

Nadeln: 2 Rundnadeln Nr. 3 (40 cm lang)

Maschenprobe: 33 M und 38 Rd auf 10 x10 cm mit Nadeln Nr. 3

Sonstiges: Maschenmarkierer, Baumwollgarn, stumpfe Wollnadel mit großem Öhr

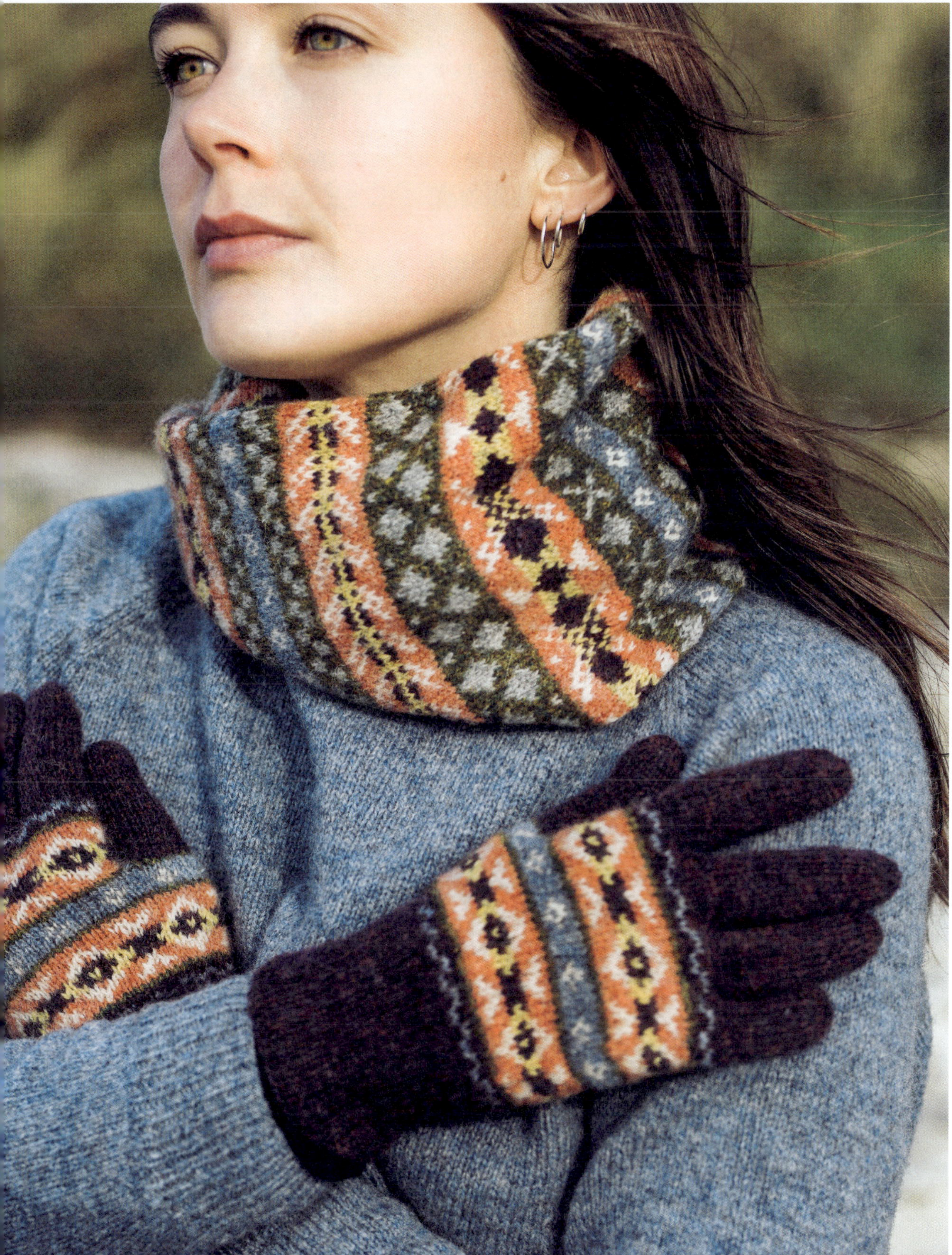

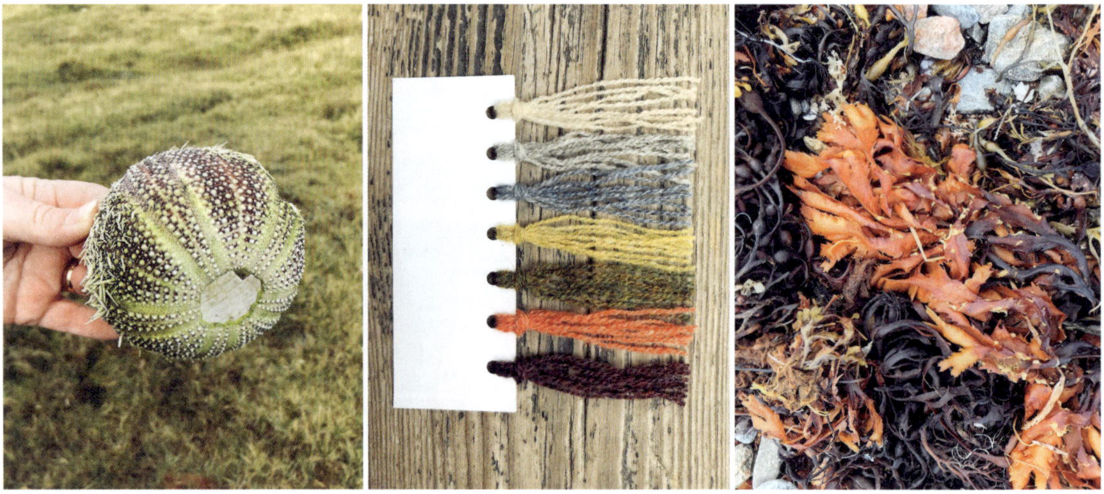

Eine Fotocollage von dem, was ich am Strand gefunden habe: Tang, Algen und ein Seeigelgehäuse ergeben eine Farbpalette, auf die ich sonst nie gekommen wäre.

Mit Farbe F zus mit dem Baumwollgarn auf Nd Nr. 3 120 M provisorisch anschl.

Provisorischer Anschlag: Zusammen mit dem Baumwoll- und dem Wollgarn eine Anfangsschlinge bilden. Diese M wird später entfernt und nicht mitgezählt.

Kreuzanschlag: Das Baumwollgarn um den Daumen und das Wollgarn um den Zeigefinger legen. Das Wollgarn bildet die M auf der Nd und das Baumwollgarn sichert die Maschen. Nach der Anschlagsreihe den Baumwollfaden abschneiden und die 1. M mit dem doppelten Faden von der Nd entfernen. Zur Rd schließen, darauf achten, dass sich die M nicht verdrehen.

Gemäß *Zählmuster* str. Rd 1–164 str, danach Rd 1–53 noch einmal wdh.

Rd 54 wird nicht mehr gestr, sondern später im Maschenstich gearbeitet, um die beiden kurzen Kanten zum Loop zu verbinden. Die M der letzten Rd auf einem Faden stilllegen.

Den Loop gemäß der Beschreibung für den Loop Fethaland (S. 112) waschen und spannen.

Im Maschenstich wie den Loop Fethaland verbinden, jedoch mit Garn in Farbe E.

EIGENE LOOPS ENTWERFEN

Ein Loop ist ein perfektes Einstiegsprojekt, um mit eigenen Farbkarten und Musterbordüren zu experimentieren. Er wird in Runden in einer beliebigen Länge gestr. Wählen Sie entweder zwei oder mehr Bordüren, die Sie abwechselnd stricken, oder fügen Sie während des Strickens neue Bordüren und Farbkombinationen hinzu.

Sie müssen lediglich die Breite der Rapporte berücksichtigen, wenn das Muster bis zum Rd-Anf immer aufgehen soll. Die M-Zahl in dieser Anleitung beträgt 120, das ist praktisch, da 120 durch 2, 3, 4, 5, 6, 8, 10, 12, 15, 20, 24 und 30 teilbar ist.

Wählen Sie fünf bis sieben verschiedene Farben, wenn Sie nur wenige Bordüren stricken. Wenn Sie völlig frei stricken, macht es mehr Spaß, mit noch mehr Farben zu arbeiten: 10 oder gar 12. Denken Sie daran, Farben mit unterschiedlichen Kontrasten auszuwählen.

A

B

C

D

E

F

G

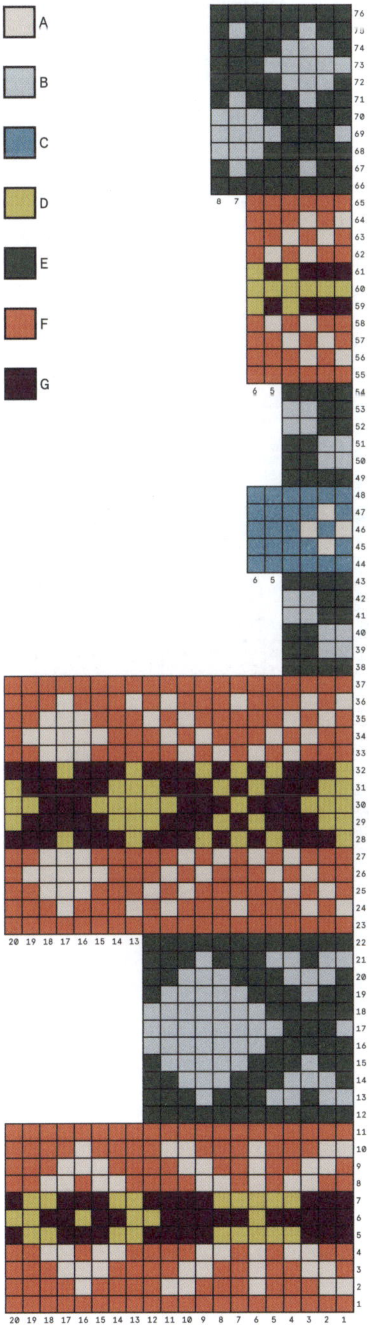

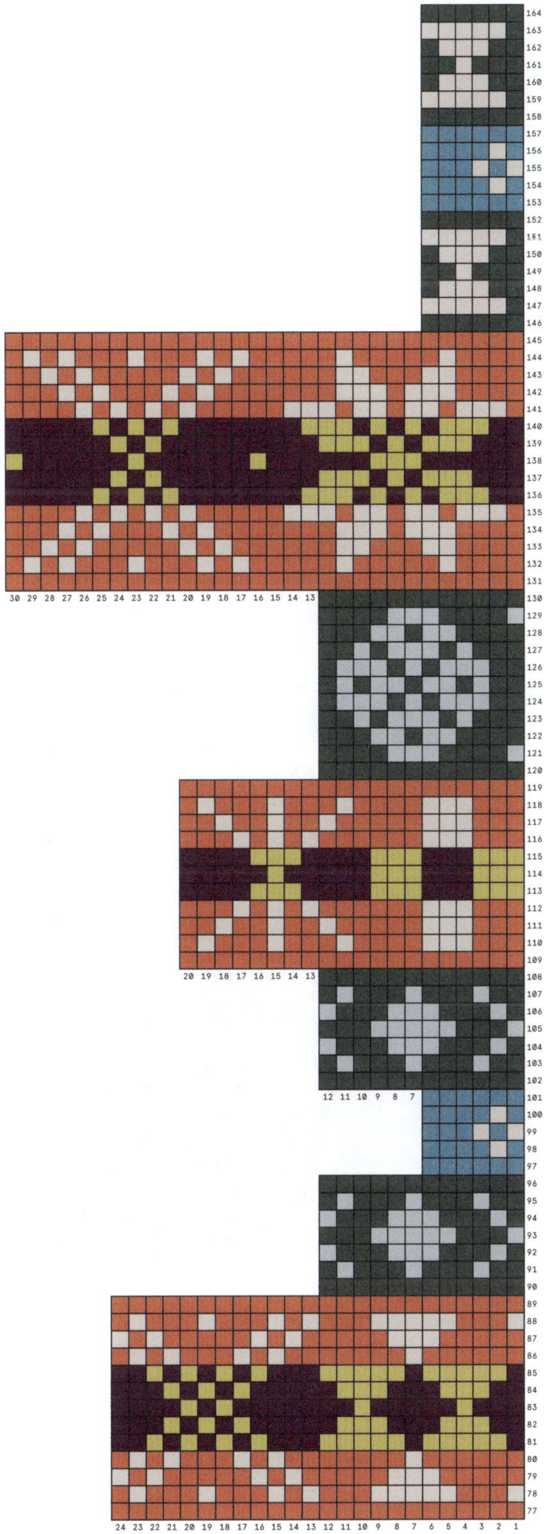

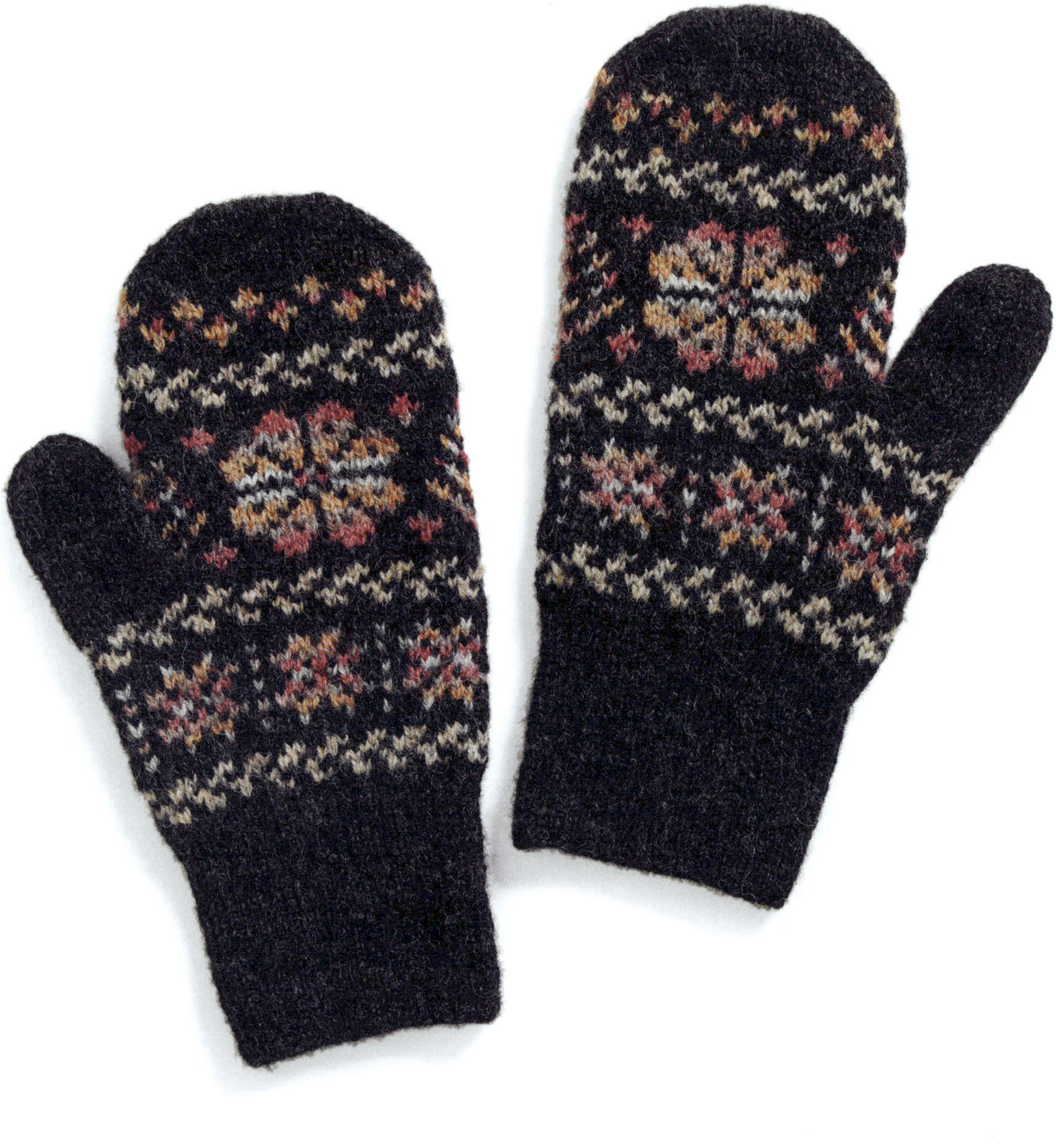

Fäustlinge Visby

Die Visby-Fäustlinge und die Visby-Mütze bilden ein perfektes Set. Da die Maschenzahl des Fäustlings so gering ist, habe ich einige Musterformen von der Mütze neu entworfen, damit sie auf den Fäustling passen. Die beiden Fäustlinge werden gleich gestrickt.

Größe: Damengröße

Garn: zweifädiges Wollgarn, z. B. 2 ply Jumper Weight von Jamieson & Smith, 115 m/25 g

Garnverbrauch:

A, 81	50 g
B, 2	25 g
C, 203	25 g
D, 1281mix	25 g
E, Fc64	25 g
F, 72mix	25 g

Nadeln: Nadelspiel Nr. 2 und 3

Maschenprobe: 34 M und 36 Rd auf 10 x 10 cm mit Nadeln Nr. 3

Sonstiges: 2 Sicherheitsnadeln

BÜNDCHEN

72 M mit Farbe A und Nadelspiel Nr. 2 anschl und auf 4 Ndn verteilen = 18 M pro Nd. Zur Rd schließen, dabei darauf achten, dass sich die M nicht verdrehen.

[2 M re, 1 M li] stets wdh. 7 cm im Bündchenmuster str.

HAND

Zu Nadelspiel Nr. 3 wechseln und 1 Rd re M in Farbe A str.

Nach *Zählmuster* str, dabei in der 24. Rd des ZM wie folgt 16 M für den Daumen an einer Seite auf einen Hilfsfaden legen: Str, bis noch 8 M auf der 2. Nd übrig sind, diese und die ersten 8 M der 3. Nd auf einen Hilfsfaden legen.

Am Ende der 2. Nd und am Anf der 3. Nd jeweils 2 M anschl (dazu 2 Umschläge machen und diese in der nächsten Rd verschränkt abstricken). Jetzt liegen 72 – 16 + 4 = 60 M auf den Ndn.

Gemäß *Zählmuster* bis einschließlich Rd 53 str. In der 54. Rd beidseitig mit den Abn für die Spitze beginnen:

1. Nadel: 2 M re zus, str bis Nd-Ende.
2. Nadel: Str, bis noch 2 M übrig sind, ssk-Abn.
3. Nadel: 2 M re zus, str bis Nd-Ende.
4. Nadel: Str, bis noch 2 M übrig sind, ssk-Abn.

Diese Abn insgesamt 9× in jeder folgenden Rd wdh = 6 M auf jeder Nd = 12 M vorne und 12 M hinten.

Diese 2 × 12 M auf je eine Sicherheitsnadel heben. Den Fäustling auf links drehen und die 2 × 12 M auf 2 Nd heben. Diese parallel halten.

Mit einer 3. Nd abk: Je 1 M von jeder Nd zus abstricken. Den Vorgang wdh, es liegen 2 M auf der rechten Nd. Die rechte (zuerst gestr) M über die linke ziehen. Auf diese Weise alle M abk.

Alle Fäden vernähen.

Den Fäustling wieder auf rechts wenden und den Daumen nur mit Farbe A str.

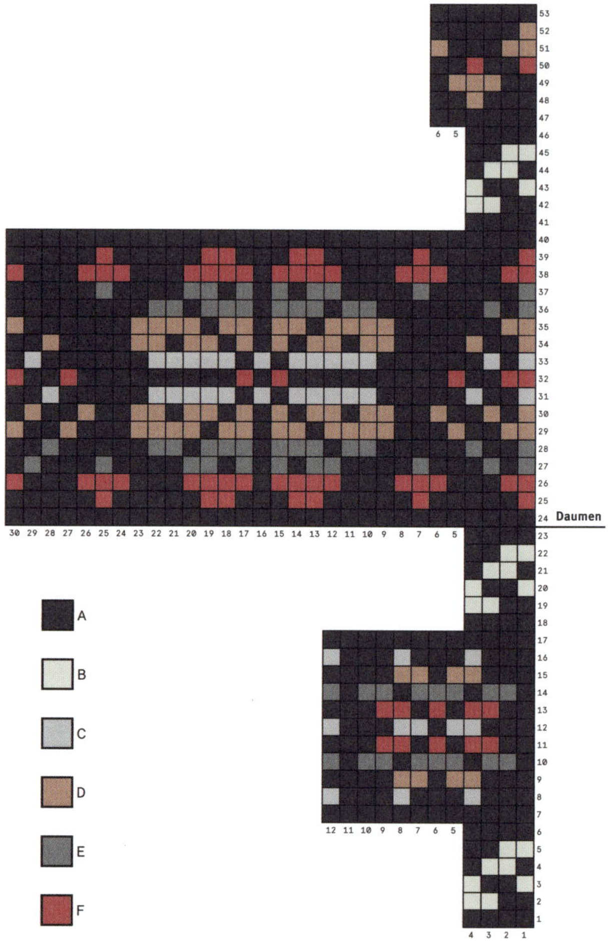

DAUMEN

Die 16 M vom Hilfsfaden auf 4 Nadelspielnadeln verteilen. Mit Farbe A zum Fäustling hin (innen) 6 M aufn. Dann die ersten 2 und die letzten 2 dieser 6 M rechts zus-str, um Löcher zu vermeiden.

Jetzt liegen 20 M auf 4 Ndn verteilt = 5 M pro Nd. In Rd str, bis der Daumen bei Anprobe knapp über den Daumennagel ragt. In jeder Rd die letzten 2 M jeder Nd zus-str, bis 4 × 2 = 8 M übrig sind. Den Faden abschneiden und durch alle 8 M ziehen. Zusammenziehen und das Fadenende innen vernähen.

Den zweiten Fäustling genauso str.

WASCHEN UND FORMEN

Die Fäustlinge in warmem Wasser mit Wollwaschmittel waschen und mindestens 30 Minuten im Wasser liegen lassen. Gründlich ausspülen. In ein Handtuch einrollen und das Wasser herausdrücken. Wenn Sie einen Handschuhspanner haben, die Fäustlinge aufstecken und trocknen lassen. Wenn nicht, die Fäustlinge trocknen lassen. Ich ziehe mir die Fäustlinge während des Trocknens ab und zu über, um sie in Form zu bringen.

Fäustlinge Fair Isle

Die Fäustlinge und die Fingerhandschuhe Fair Isle (S. 126) werden im gleichen Muster gestrickt, die Fäustlinge haben jedoch zwei zusätzliche Bordüren anstatt Finger. Wenn die Fäustlinge länger werden sollen, fügen Sie eine weitere Bordüre hinzu. Die Spitze der Fäustlinge ist sanft abgerundet, so wie sie auf den Shetlandinseln normalerweise geformt sind. Beide Fäustlinge werden seitengleich gestrickt.

Größe: Damengröße
Garn: zweifädiges Wollgarn, z. B. 2 ply Jumper Weight von Jamieson & Smith, 115 m/25 g
Garnverbrauch:

A, 80	50 g
B, 202	25 g
C, 28	25 g
D, 9097	25 g
E, Fc47mix	25 g

Nadeln: Nadelspiel Nr. 2 und 3
Maschenprobe: 34 M und 36 Rd auf 10 x 10 cm mit Nadeln Nr. 3

Sonstiges: 2 Sicherheitsnadeln

BÜNDCHEN

Mit Farbe A und Nadelspiel Nr. 2 72 M anschl und auf 4 Ndn verteilen = 18 M pro Nd. Zur Rd schließen, dabei darauf achten, dass sich die M nicht verdrehen.

[2 M re, 1 M li] stets wdh. 7 cm im Bündchenmuster str.

HAND

Zu Nadelspiel Nr. 3 wechseln und 1 Rd re M in Farbe A str.

Gemäß *Zählmuster* str, dabei in der 22. Rd des ZM 16 M für den Daumen an einer Seite wie folgt auf einen Hilfsfaden heben: Str, bis noch 8 M auf der 2. Nd übrig sind, diese und die ersten 8 M der 3. Nd auf einen Hilfsfaden legen.

Am Ende der 2. Nd und am Anf der 3. Nd jeweils 2 M anschl. Jetzt liegen 72 – 16 + 4 = 60 M auf den Ndn.

Mit dem *Zählmuster* fortfahren.

Nach Rd 51 3 Rd re M in Farbe A str.

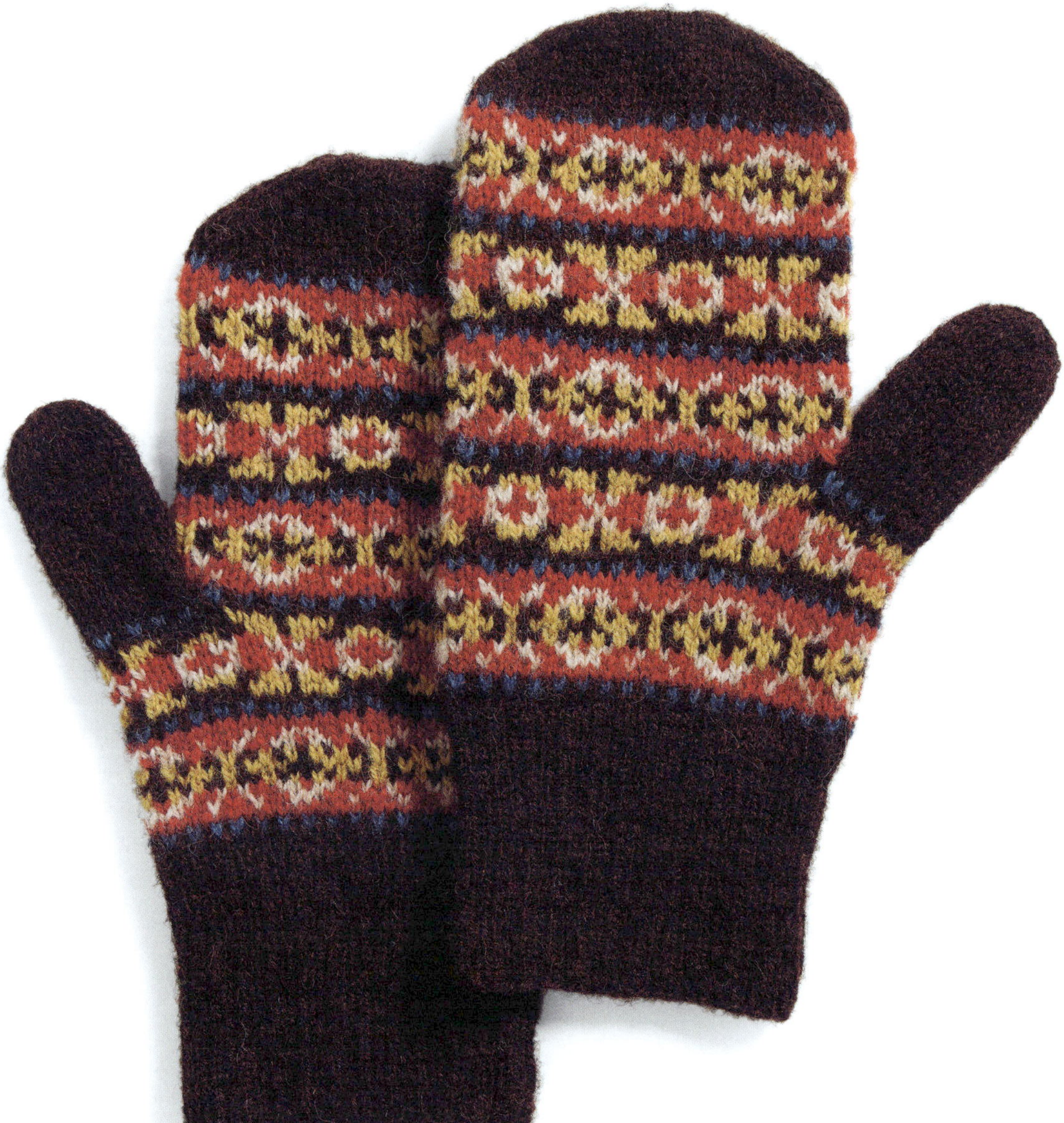

In der nächsten Rd beidseitig mit den Abn für die Spitze beginnen:

1. Nadel: 2 M re zus, str bis Nd-Ende.
2. Nadel: Str, bis noch 2 M übrig sind, ssk-Abn.
3. Nadel: 2 M re zus, str bis Nd-Ende.
4. Nadel: Str, bis noch 2 M übrig sind, ssk-Abn.

Diese Abn insgesamt 9× in jeder folgenden Rd wdh = 6 M auf jeder Nd = 12 M vorne und 12 M hinten.

Diese 2 × 12 M auf je eine Sicherheitsnadel heben. Den Fäustling auf links drehen und die 2 × 12 M auf 2 Nd heben. Diese parallel halten.

Mit einer 3. Nd abk: Je 1 M von jeder Nd zus abstricken. Den Vorgang wdh, es liegen 2 M auf der rechten Nd. Die rechte (zuerst gestr) M über die linke ziehen. Auf diese Weise alle M abk.

Alle Fäden vernähen.

Den Fäustling wieder auf rechts wenden und den Daumen nur mit Farbe A str.

DAUMEN

Die 16 M vom Hilfsfaden auf 4 Nadelspielnadeln verteilen. Mit Farbe A zum Fäustling hin (innen) 6 M aufn. Dann die ersten 2 und die letzten 2 dieser 6 M rechts zus-str, um Löcher zu vermeiden.

Jetzt liegen 20 M auf 4 Ndn verteilt = 5 M pro Nd. In Rd str, bis der Daumen bei Anprobe knapp über den Daumennagel ragt. In jeder Rd die letzten 2 M jeder Nd zus-str, bis 4 × 2 = 8 M übrig sind. Den Faden abschneiden und durch alle 8 M ziehen. Zusammenziehen und das Fadenende innen vernähen.

Den zweiten Fäustling genauso str.

WASCHEN UND FORMEN

Die Fäustlinge in warmem Wasser mit Wollwaschmittel waschen und mindestens 30 Minuten im Wasser liegen lassen. Gründlich ausspülen. In ein Handtuch einrollen und das Wasser herausdrücken. Wenn Sie einen Handschuhspanner haben, die Fäustlinge aufstecken und trocknen lassen. Wenn nicht, die Fäustlinge trocknen lassen. Ich ziehe mir die Fäustlinge während des Trocknens ab und zu über, um sie in Form zu bringen.

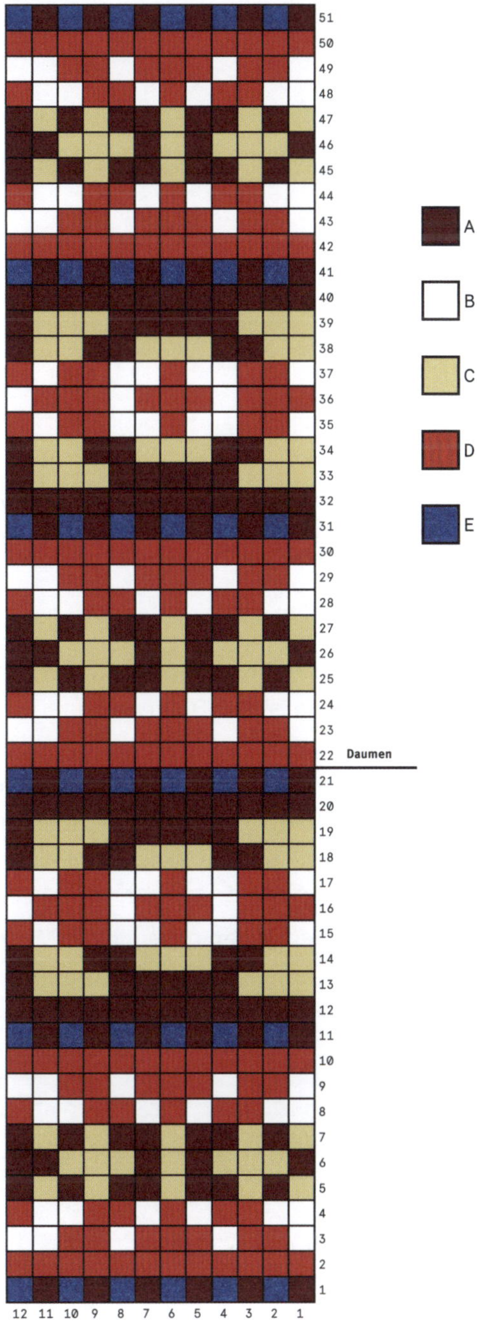

Fingerhandschuhe

Ich könnte immerzu Handschuhe stricken! Es sind kleine Projekte mit viel Potenzial, bei denen man endlos mit Farbkombinationen und Mustern spielen kann. Bei allen meinen Fingerhandschuhen ist der Daumen genau seitlich platziert. Dann ist es möglich, auf beiden Seiten das gleiche Muster zu haben und die Handschuhe können sowohl an der rechten als auch an der linken Hand getragen werden. Sie können außerdem nicht versehentlich zwei rechte (oder linke) Handschuhe stricken. Passen Sie die Länge der Finger an die Hand der Trägerin an. Während des Strickens öfter anprobieren, dann werden sie gut passen.

Beim Stricken der Finger lasse ich die Maschen, die gerade nicht gestrickt werden sollen, auf zwei Rundnadeln ruhen. Alternativ heben Sie die Maschen auf einen Hilfsfaden oder auf Sicherheitsnadeln.

Folgendes gilt für alle vier Fingerhandschuhmodelle.
Größe: Damengröße

Nadeln: Nadelspiel Nr. 2 und 3 sowie 2 Rundnadeln Nr. 3 (40 cm lang, zum Stilllegen von ruhenden Maschen)
Wenn Sie ungern mit Nadelspiel stricken, versuchen Sie es mit kürzeren Nadeln (15 statt 20 cm).

Maschenprobe: 34 M und 36 Rd auf 10 x 10 cm mit Nadeln Nr. 3
Stricken Sie die Fingerhandschuhe etwas fester als gewöhnlich, damit das Strickwerk möglichst dicht ist. Für ein elastisches Bündchen müssen Sie so fest wie möglich stricken. Ein lockeres Bündchen leiert zusätzlich aus.

Sonstiges: Nadel mit großem Öhr

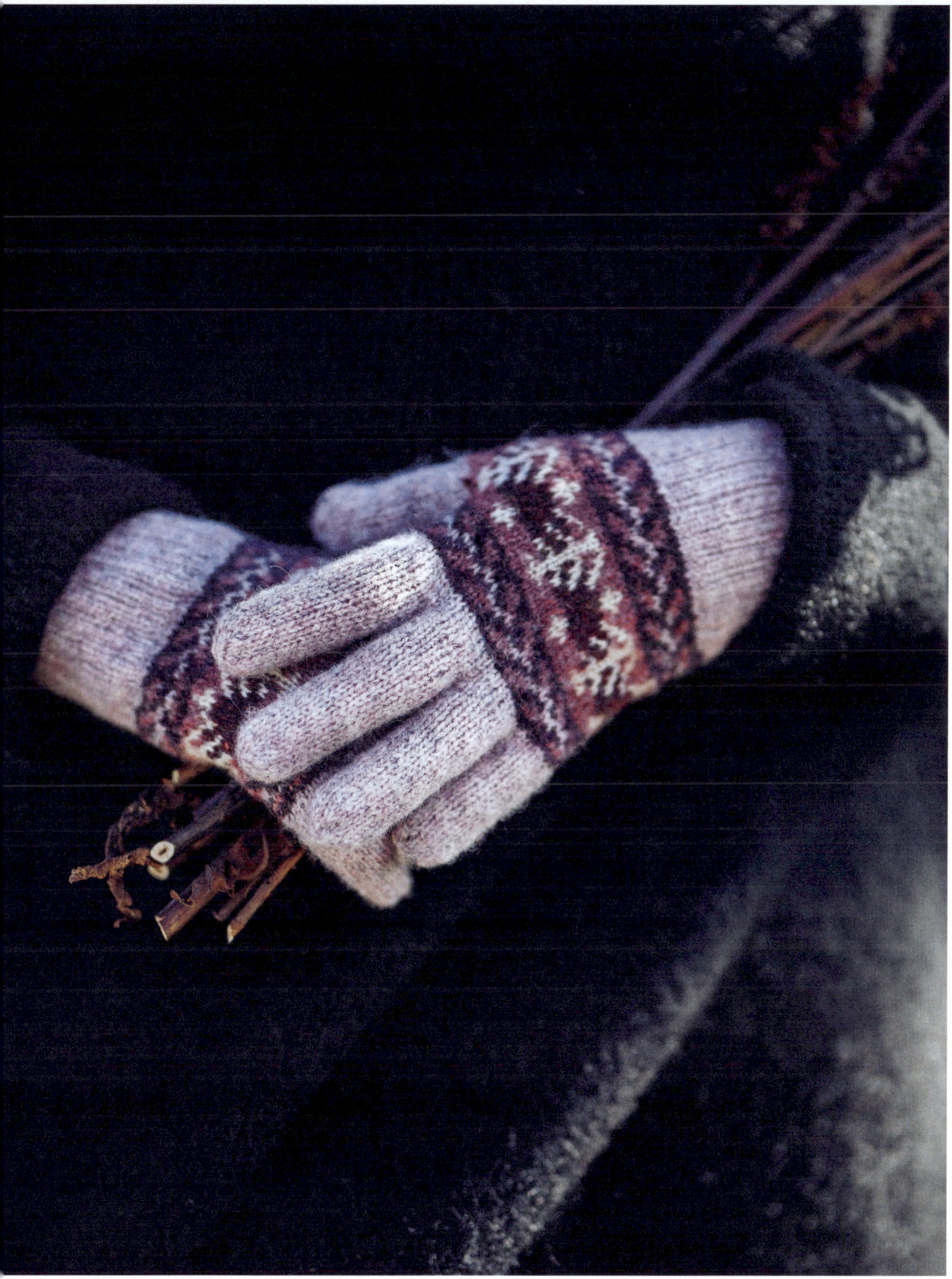

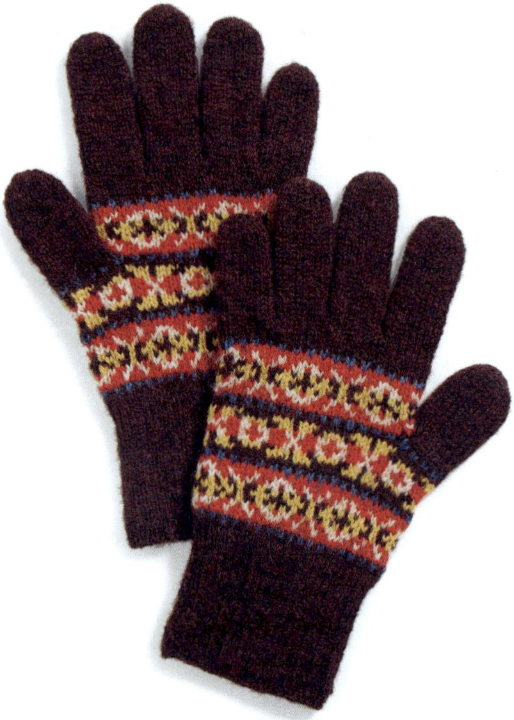

Fingerhandschuhe Fair Isle

Wie die ältesten bekannten Fingerhandschuhe von Fair Isle sind auch diese mit schmalen Bordüren verziert. Wenn sie länger werden sollen, fügen Sie eine Bordüre hinzu.

Garn: zweifädiges Wollgarn, z. B. 2 ply Jumper Weight von Jamieson & Smith, 115 m/25 g

Garnverbrauch:

A, 80	50 g
B, 202	25 g
C, 28	25 g
D, 9097	25 g
E, Fc47mix	25 g

BÜNDCHEN

Mit Farbe A und Nadelspiel Nr. 2 72 M anschl und auf 4 Ndn verteilen = 18 M pro Nd. Zur Rd schließen, dabei darauf achten, dass sich die M nicht verdrehen.

[2 M re, 1 M li] stets wdh. 7 cm im Bündchenmuster str.

HAND

Zu Nadelspiel Nr. 3 wechseln und 1 Rd re M in Farbe A str.

Gemäß *Zählmuster* str, dabei in der 22. Rd des ZM 16 M für den Daumen an einer Seite wie folgt auf einen Hilfsfaden heben: Str, bis noch 8 M auf der 2. Nd übrig sind, diese und die ersten 8 M der 3. Nd auf einen Hilfsfaden legen.

Am Ende der 2. Nd und am Anf der 3. Nd jeweils 2 M anschl. Jetzt liegen 72 – 16 + 4 = 60 M auf den Ndn.

Das *Zählmuster* zu Ende str. Danach 3 Rd re M in Farbe A str, dann beginnt der kleine Finger.

FINGER

Alle Finger mit Farbe A str.

Kleiner Finger: 7 M str. 23 M auf einer Rund-Nd Nr. 3 stilllegen, die nächsten 23 M auf einer 2. Rund-Nd Nr. 3 stilllegen.

2 M anschl (dazu 2 Umschläge machen und diese in der nächsten Rd verschränkt abstricken) und die restlichen 7 M str = 16 M für den kleinen Finger. Die M auf 4 Ndn verteilen = 4 M pro Nd. Fest str, da sonst die Gefahr besteht, dass die Ndn herausfallen.

In Rd str, bis der Finger bei Anprobe knapp über die Hälfte des Nagels reicht.

In jeder Rd die letzten 2 M auf jeder Nd zus-str, bis noch 8 M übrig sind.

Den Faden abschneiden und durch alle 8 M ziehen. Das Fadenende nach innen ziehen.

Die 46 M (23 + 23) von den Rund-Ndn auf ein Nadelspiel heben. Zwei Querfäden der vorherigen Runde aus dem kleinen Finger auffassen = 48 M.

Achtung! Um Löcher zu vermeiden, außerdem beidseitig dieser beiden M je 1 Querfaden auffassen = 50 M. Diese auf 4 Ndn verteilen.

1 Rd re M str, am Rd-Ende die 4 aufgen M vom kleinen Finger paarweise zus-str = 48 M (12 M pro Nadel).

Noch 1 Rd re M str.

Ringfinger: 8 M str. 16 M auf einer Rund-Nd Nr. 3 stilllegen, die nächsten 16 M auf einer anderen Rund-Nd Nr. 3 stilllegen.

2 M anschl (dazu 2 Umschläge machen und diese in der nächsten Rd verschränkt abstricken) und die restlichen 8 M str = 18 M. Auf 4 Ndn verteilen.

Genauso wie den kleinen Finger in Rd str, anprobieren und abk.

Mittelfinger: Von der Rund-Nd 8 M str, die restlichen 8 M darauf lassen und die nächsten 8 M auf die gleiche Rund-Nd schieben. Die restlichen 8 M str = 16 M. Jetzt ist nur noch eine Rund-Nd in Gebrauch.

Zwei Querfäden der vorherigen Runde aus dem Ringfinger auffassen.

Achtung! Um Löcher zu vermeiden, außerdem beidseitig dieser beiden M je 1 Querfaden auffassen = 20 M. Auf 4 Ndn verteilen.

1 Rd re M str. Am Rd-Ende die 4 aufgenommenen M vom Ringfinger paarweise zus-str = 18 M. Auf 4 Ndn verteilen.

Genauso wie den kleinen Finger in Rd str, anprobieren und abk.

Zeigefinger: Die 16 M von der Rund-Nd str. Zwei Querfäden der vorherigen Runde aus dem Mittelfinger auffassen.

Achtung! Um Löcher zu vermeiden, außerdem beidseitig dieser beiden M je 1 Querfaden auffassen = 20 M. Auf 4 Ndn verteilen.

1 Rd re M str. Am Rd-Ende die 4 aufgenommenen M vom Mittelfinger paarweise zus-str = 18 M. Auf 4 Ndn verteilen

Genauso wie den kleinen Finger in Rd str, anprobieren und abk.

Daumen: Die 16 M vom Hilfsfaden auf 4 Ndn verteilen. Zum Handschuh hin (innen) 6 M aufn. Dann die ersten 2 und die letzten 2 dieser 6 M rechts zus-str, um Löcher zu vermeiden.

Jetzt liegen 20 M auf 4 Ndn verteilt = 5 M pro Nd. In Rd str, bis der Daumen bei Anprobe knapp über den Daumennagel ragt. In jeder Rd die letzten 2 M jeder Nd zus-str, bis 4 × 2 = 8 M übrig sind. Den Faden abschneiden und durch alle 8 M ziehen.

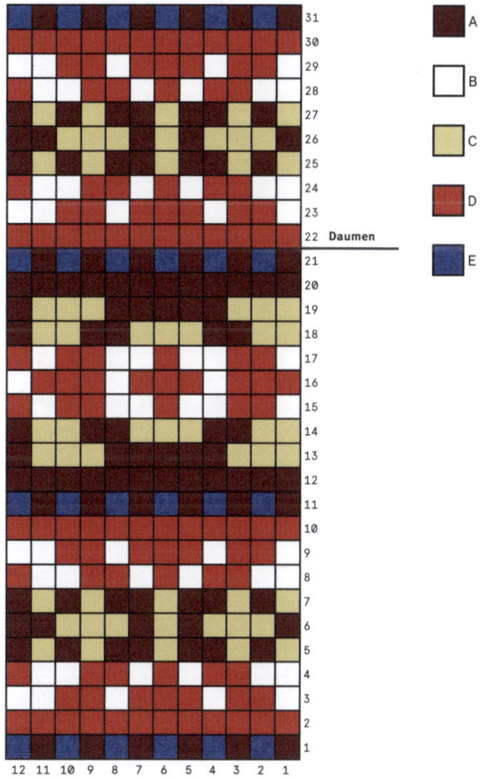

Zusammenziehen und das Fadenende innen vernähen.

Den zweiten Handschuh genauso str.

FERTIGSTELLUNG

Die Handschuhe auf links drehen und alle Fäden vernähen. Wenn zwischen den Fingern Löcher sind, diese mit dem Garn vom Fingeranschlag schließen. Die Handschuhe wieder auf rechts drehen.

Die Handschuhe in warmem Wasser mit Wollwaschmittel waschen und mindestens 30 Minuten im Wasser liegen lassen. Gründlich ausspülen. In ein Handtuch einrollen und das Wasser herausdrücken. Wenn Sie einen Handschuhspanner haben, die Handschuhe aufstecken und trocknen lassen. Wenn nicht, die Handschuhe trocknen lassen. Ich ziehe mir die Handschuhe während des Trocknens ab und zu über, um sie in Form zu bringen, und lasse sie liegend trocknen.

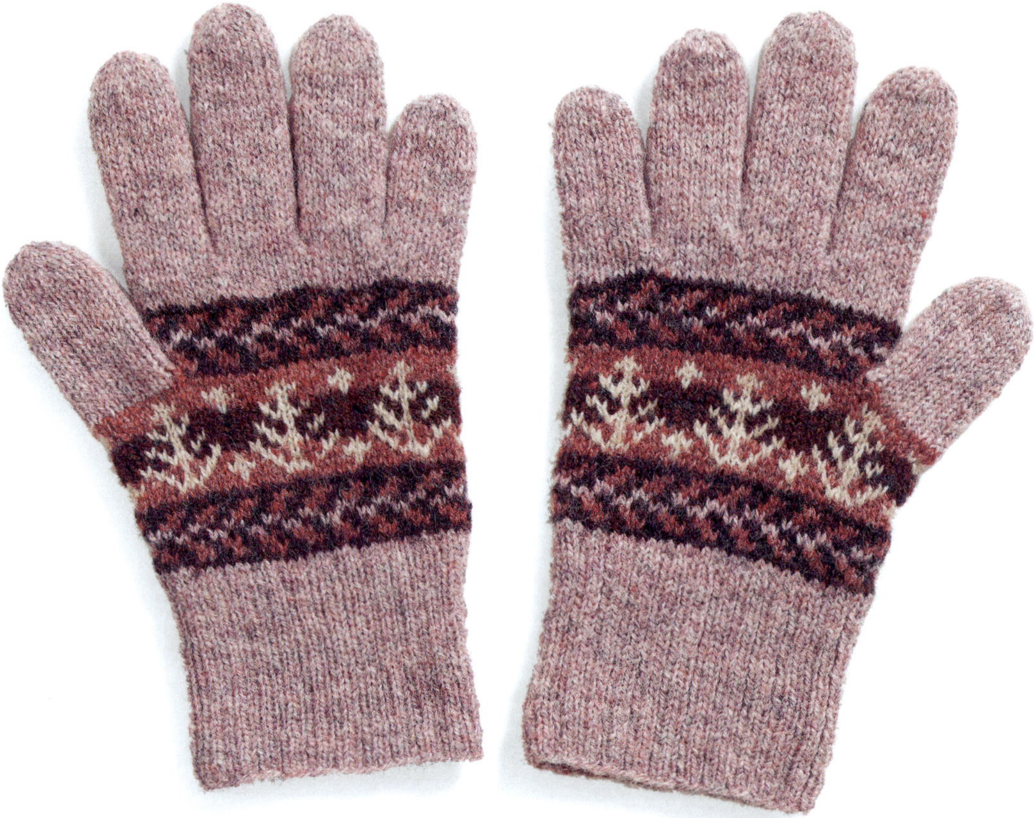

Fingerhandschuhe Tang

Tang, Algen und Seegras in allen Formen haben ein Farbspektrum, das von Rosa und Lila bis hin zu Orange, Gelb und Grün reicht. Es sind dankbare und schöne Farben, mit denen man gut arbeiten kann. Der Baum und die Zackenbordüre gehören zu meinen Lieblingsmustern.

Garn: zweifädiges Wollgarn, z. B. 2 ply Jumper Weight von Jamieson & Smith, 115 m/25 g

Garnverbrauch:

A, Fc50mix	50 g
B, 87mix	25 g
C, 202	25 g
D, Fc55mix	25 g
E, 72mix	25 g

BÜNDCHEN

Mit Farbe A und Nadelspiel Nr. 2 72 M anschl und auf 4 Ndn verteilen = 18 M pro Nd. Zur Rd schließen, dabei darauf achten, dass sich die M nicht verdrehen.

[2 M re, 1 M li] stets wdh. 7 cm im Bündchenmuster str.

HAND

Zu Nadelspiel Nr. 3 wechseln und 2 Rd re M in Farbe A str.

Gemäß *Zählmuster* str, dabei in der 22. Rd des *ZM* 16 M für den Daumen an einer Seite wie folgt auf einen Hilfsfaden heben: Str, bis noch 8 M auf der 2. Nd übrig sind, diese und die ersten 8 M der 3. Nd auf einen Hilfsfaden legen.

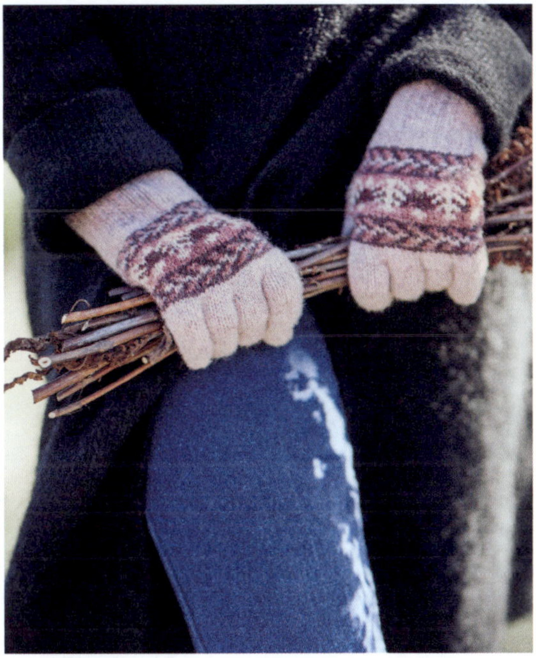

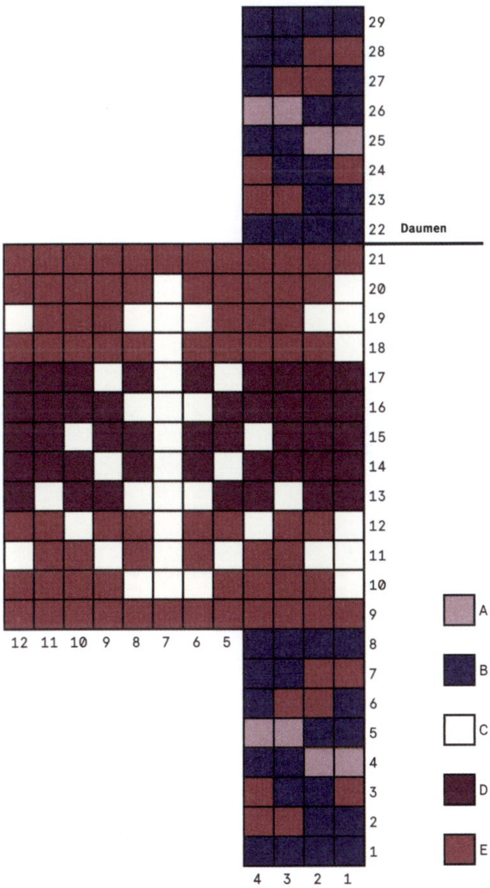

Am Ende der 2. Nd und am Anf der 3. Nd jeweils 2 M anschl. Jetzt liegen 72 – 16 + 4 = 60 M auf den Ndn.

Das *Zählmuster* zu Ende str. Danach 3 Rd re M in Farbe A str, dann beginnt der kleine Finger.

FINGER

Die Finger und den Rest der Handschuhe genauso wie die Fingerhandschuhe Fair Isle (S. 126–127) str.

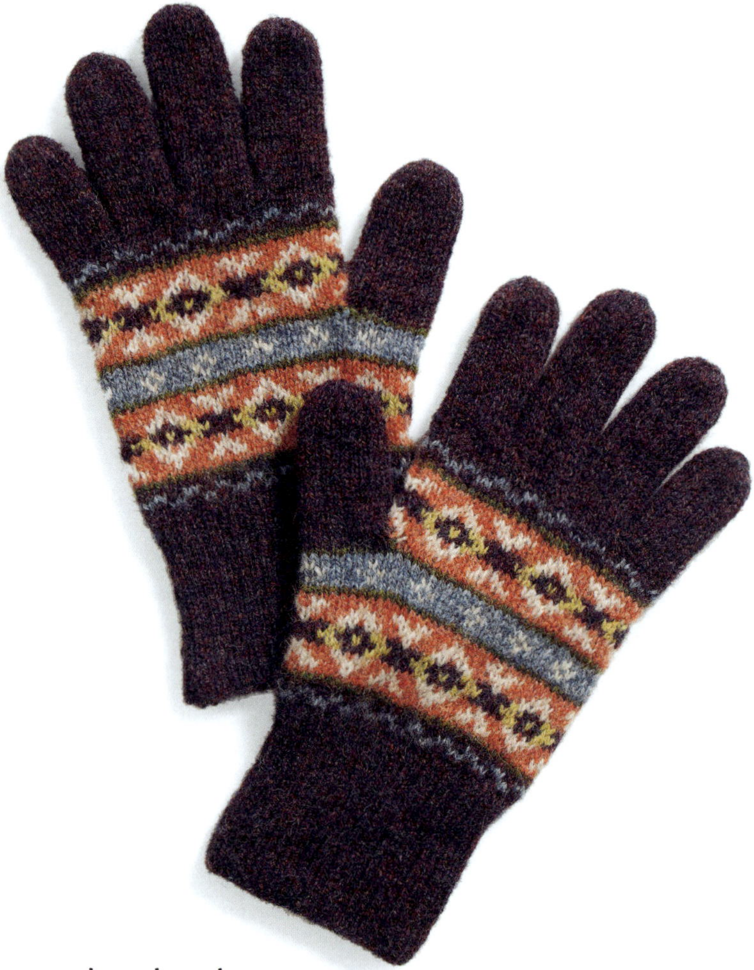

Fingerhandschuhe Strandgut

Es macht Spaß, ein Set mit passenden Farben und Mustern zu stricken, zum Beispiel einen Loop und ein Paar Handschuhe im Muster Strandgut. Ich habe die gleichen Farben verwendet und zwei Musterbordüren aus dem Loop ausgewählt.

Garn: zweifädiges Wollgarn, z. B. 2 ply Jumper Weight von Jamieson & Smith, 115 m/25 g

Garnverbrauch:

A, 87	50 g
B, 202	25 g
C, Fc61mix	25 g
D, Fc7mix	25 g
E, 121mix	25 g
F, Fc12mix	25 g

BÜNDCHEN

Mit Farbe A und Nadelspiel Nr. 2 72 M anschl und auf 4 Ndn verteilen = 18 M pro Nd. Zur Rd schließen, dabei darauf achten, dass sich die M nicht verdrehen.

[2 M re, 1 M li] stets wdh. 7 cm im Bündchenmuster str.

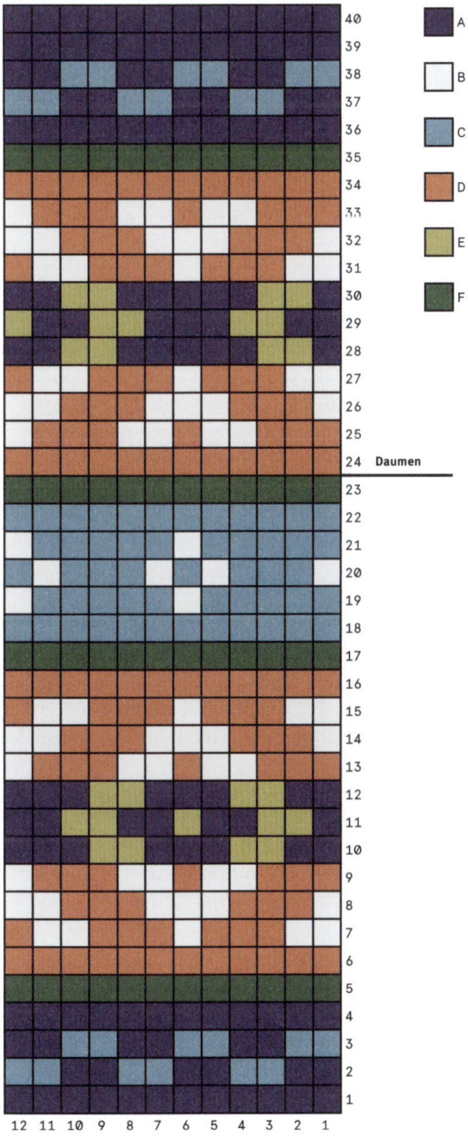

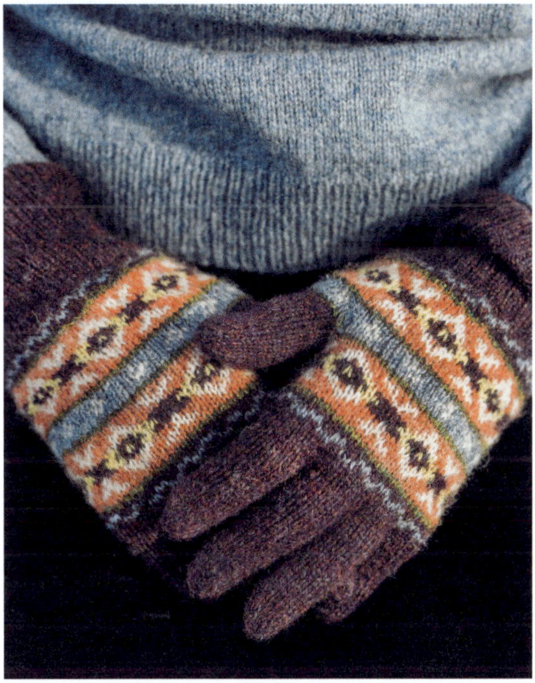

HAND

Zu Nadelspiel Nr. 3 wechseln und 1 Rd re M in Farbe A str.

Gemäß *Zählmuster* str, dabei in der 24. Rd des ZM 16 M für den Daumen an einer Seite wie folgt auf einen Hilfsfaden heben: Str, bis noch 8 M auf der 2. Nd übrig sind, diese und die ersten 8 M der 3. Nd auf einen Hilfsfaden legen.

Am Ende der 2. Nd und am Anf der 3. Nd jeweils 2 M anschl. Jetzt liegen 72 – 16 + 4 = 60 M auf den Ndn.

Das *Zählmuster* zu Ende str.

FINGER

Die Finger und den Rest der Handschuhe genauso wie die Fingerhandschuhe Fair Isle (S. 126–127) str.

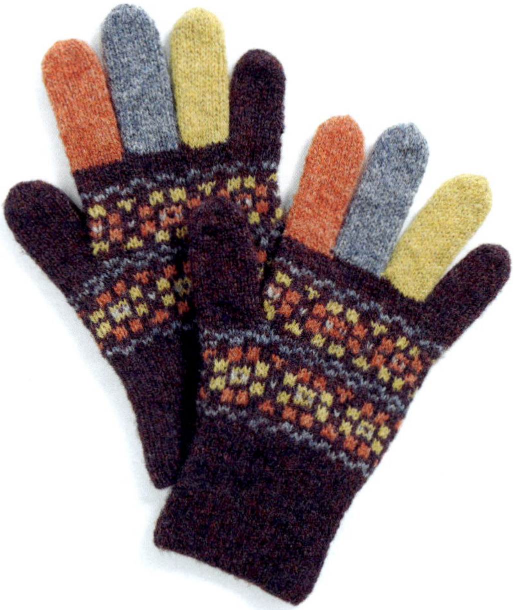

Fingerhandschuhe Bellis

Hier habe ich die Finger in verschiedenen Farben gestrickt, das lässt den Handschuh leuchten. Die kleine Blume erinnert an ein Gänseblümchen, *Bellis*. Auf den Shetlandinseln wird das Blumenmotiv schon seit Langem als Einstrickmuster verwendet, vor allem bei Kinderpullovern.

Da mir die Farbkombination der Strandgutmodelle (Loop und Handschuhe) sehr gut gefällt, habe ich sie hier noch einmal verwendet, jedoch ohne Grün. Wenn auch Sie eine Lieblingskombination haben, fügen Sie je nach Modell weitere Farben hinzu oder lassen Sie welche weg.

Garn: zweifädiges Wollgarn, z. B. 2 ply Jumper Weight von Jamieson & Smith, 115 m/25 g

Garnverbrauch:

A, 87	50 g
B, 203	25 g
C, Fc61mix	25 g
D, Fc7mix	25 g
E, 121mix	25 g

BÜNDCHEN

Mit Farbe A und Nadelspiel Nr. 2 72 M anschl und auf 4 Ndn verteilen = 18 M pro Nd. Zur Rd schließen, dabei darauf achten, dass sich die M nicht verdrehen.

[2 M re, 1 M li] stets wdh. 7 cm im Bündchenmuster str.

HAND

Zu Nadelspiel Nr. 3 wechseln und 1 Rd re M in Farbe A str.

Gemäß *Zählmuster* str, dabei in der 18. Rd des *ZM* 16 M für den Daumen an einer Seite wie folgt auf einen Hilfsfaden heben: Str, bis noch 8 M auf der 2. Nd übrig sind, diese und die ersten 8 M der 3. Nd auf einen Hilfsfaden legen.

Am Ende der 2. Nd und am Anf der 3. Nd jeweils 2 M anschl. Jetzt liegen 72 – 16 + 4 = 60 M auf den Ndn.

Das *Zählmuster* zu Ende str.

FINGER

Kleiner Finger: 7 M mit Farbe A str. 23 M auf einer Rund-Nd Nr. 3 stilllegen, die nächsten 23 M auf einer weiteren Rund-Nd Nr. 3 stilllegen; diese 46 M ruhen, während der kleine Finger gestrickt wird.

2 M anschl (dazu 2 Umschläge machen und diese in der nächsten Rd verschränkt abstricken) und die restlichen 7 M str = 16 M für den kleinen Finger. Die M auf 4 Ndn verteilen = 4 M pro Nd.

In Rd str, bis der Finger bei Anprobe knapp über die Hälfte des Nagels reicht.

In jeder Rd die letzten 2 M auf jeder Nd zus-str, bis noch 8 M übrig sind.

Den Faden abschneiden und durch alle 8 M ziehen. Das Fadenende nach innen ziehen.

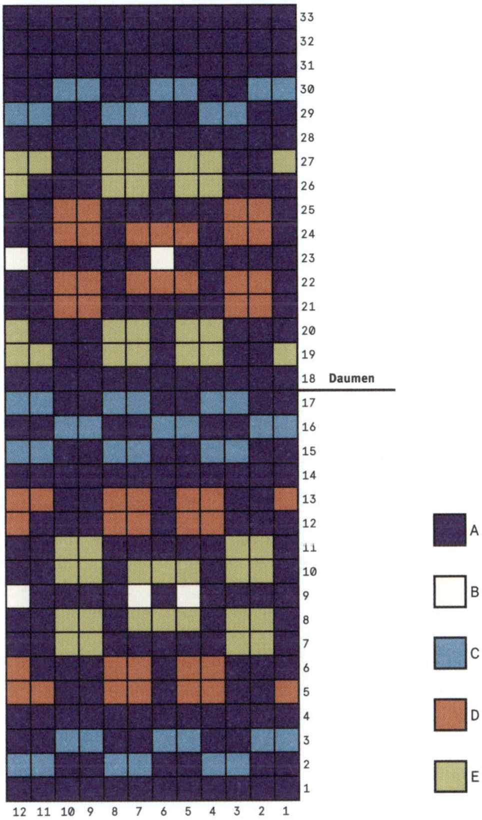

Die 46 M (23 + 23) von den Rund-Ndn auf ein Nadelspiel heben. Zwei Querfäden der vorherigen Runde aus dem kleinen Finger auffassen.

Achtung! Um Löcher zu vermeiden, außerdem beidseitig dieser beiden M je 1 Querfaden auffassen = 50 M. Diese auf 4 Ndn verteilen.

1 Rd re M mit Farbe A str, am Rd-Ende die 4 aufgen M vom kleinen Finger paarweise zus-str = 48 M (12 M pro Nadel).

Noch 1 Rd re M str.

Ringfinger: 8 M mit Farbe E str. 16 M auf einer Rund-Nd Nr. 3 stilllegen, die nächsten 16 M auf einer weiteren Rund-Nd Nr. 3 stilllegen. Diese 32 M ruhen, während der Ringfinger gestrickt wird.

2 M anschl (dazu 2 Umschläge machen und diese in der nächsten Rd verschränkt abstricken) und die restlichen 8 M str = 18 M. Auf 4 Ndn verteilen.

Genauso wie den kleinen Finger in Rd str, anprobieren und abk.

Mittelfinger: 8 M mit Farbe C str, die restlichen 8 M darauf lassen und die nächsten 8 M auf die gleiche Rund-Nd schieben. Die restlichen 8 M str. Jetzt ist nur noch eine Rund-Nd in Gebrauch.

Zwei Querfäden der vorherigen Runde aus dem Ringfinger auffassen.

Achtung! Um Löcher zu vermeiden, außerdem beidseitig dieser beiden M je 1 Querfaden auffassen = 20 M. Auf 4 Ndn verteilen.

1 Rd re M str, am Rd-Ende die 4 aufgenommenen M vom Ringfinger paarweise zus-str = 18 M. Auf 4 Ndn verteilen.

Genauso wie den kleinen Finger in Rd str, anprobieren und abk.

Zeigefinger: Die 16 M auf der Rund-Nd mit Farbe D str. Zwei Querfäden der vorherigen Runde aus dem Mittelfinger auffassen.

Achtung! Um Löcher zu vermeiden, außerdem beidseitig dieser beiden M je 1 Querfaden auffassen = 20 M. Auf 4 Ndn verteilen.

1 Rd re M str, am Rd-Ende die 4 aufgenommenen M vom Mittelfinger paarweise zus-str = 18 M. Auf 4 Ndn verteilen.

Genauso wie den kleinen Finger in Rd str, anprobieren und abk.

Daumen: Die 16 M vom Hilfsfaden auf 4 Ndn verteilen.

Zum Handschuh hin (innen) 6 M aufn. Dann die ersten 2 und die letzten 2 dieser 6 M rechts zus-str, um Löcher zu vermeiden = 20 M. Auf 4 Ndn verteilen = 5 M pro Nd. Mit Farbe A str.

In Rd str, bis der Daumen knapp über den Daumennagel reicht.

In jeder Rd die letzten 2 M auf jeder Nd zus-str, bis 4 × 2 = 8 M übrig sind.

Den Faden abschneiden und durch alle 8 M ziehen. Das Fadenende nach innen ziehen.

Den zweiten Handschuh genauso str.

Genauso wie die Fingerhandschuhe Fair Isle (S. 126–127) fertigstellen und waschen.

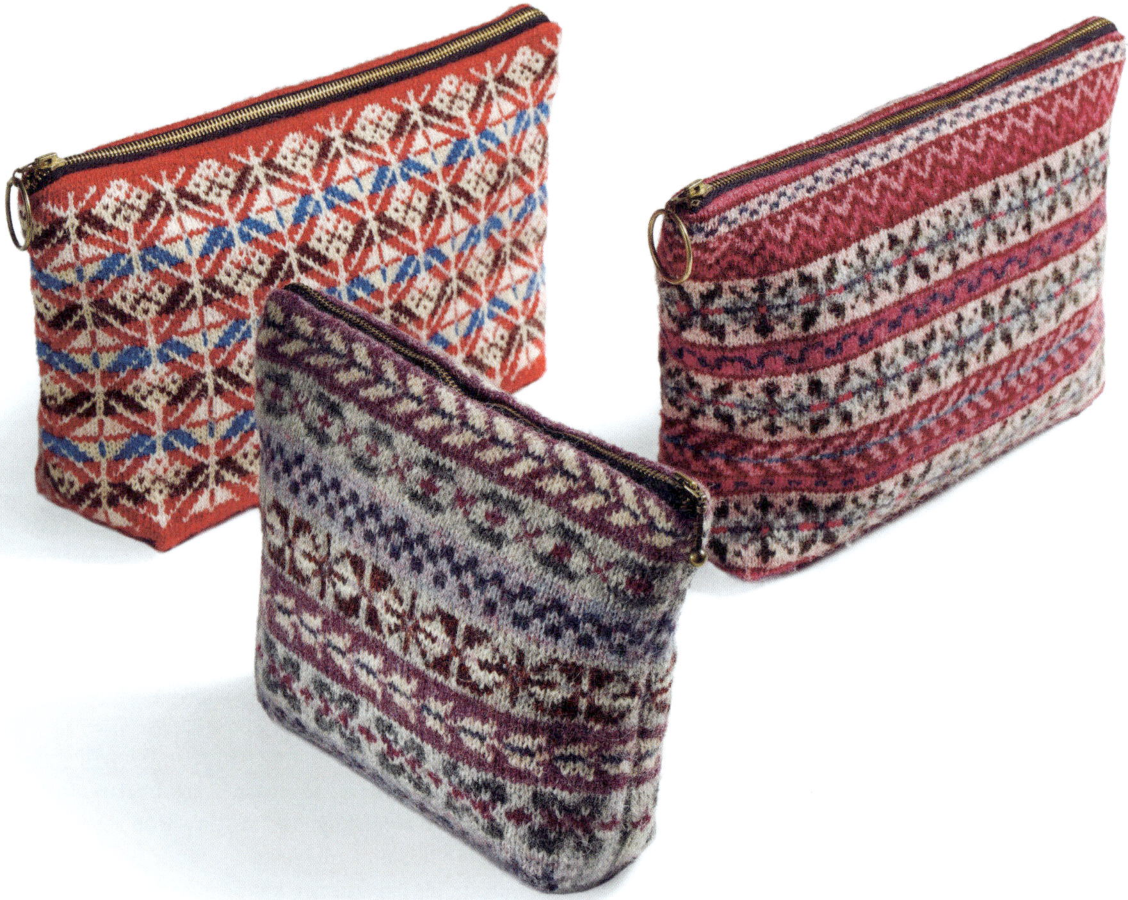

Projekttaschen

Manchmal möchte ich nur etwas Kleines stricken, dann ist solch eine Projekttasche einfach perfekt. Sie bietet Platz für kleine Strickprojekte, wie z. B. Handschuhe, oder dient als hübsche Aufbewahrung für andere Kleinigkeiten. Außerdem ist sie perfekt, um neue Farbkombination oder neue Bordüren auszuprobieren oder um Garnreste zu verarbeiten. Die Projekttasche wird als Schlauch in Runden gestrickt, dann aufgeschnitten und mit der Nähmaschine fertiggestellt.

Da die Maschen auf beiden Seiten in die gleiche Richtung laufen sollen, arbeite ich mit einem provisorischen Anschlag und stricke zuerst eine Seite, nehme dann Maschen aus dem provisorischen Anschlag auf und stricke den Boden und dann die andere Seite. Wenn Ihnen die Symmetrie nicht so wichtig ist, können Sie den Schlauch natürlich auch an einem Stück stricken.

Ich finde es am praktischsten, mit einer Rundnadel in Runden zu stricken. Wenn man eine 40 cm lange Rundnadel nimmt, benötigt man allerdings mindestens ca. 120 M, damit es sich angenehm stricken lässt. Dann ist die Tasche etwa 30 cm breit, die Höhe bestimmen Sie. Wenn die Projekttasche kleiner werden soll, können Sie entweder an der Seite später ein Stück abschneiden oder mit weniger Maschen auf einem Nadelspiel stricken.

Sie müssen sich keine Gedanken darüber machen, ob das Muster an den Seiten übereinstimmt. Da die Naht mit der Nähmaschine geschlossen wird, ist eine Passgenauigkeit ohnehin fast unmöglich. Außerdem fällt es nicht auf.

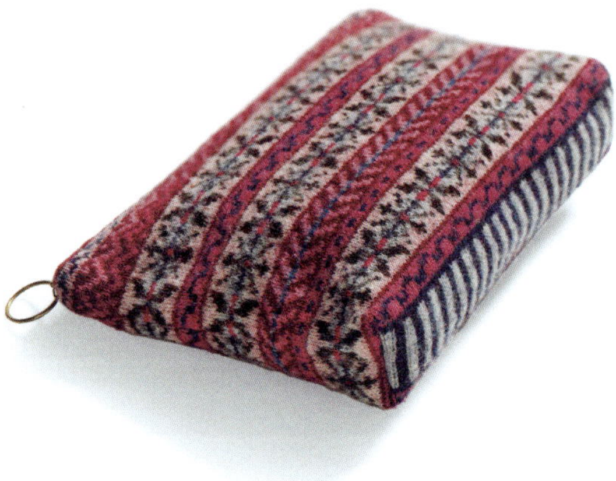

Rosa Projekttasche

Maße: Breite 30 cm, Höhe 19 cm

Garn: zweifädiges Wollgarn, z. B. Spindrift von Jamieson's of Shetland, 105 m/25 g

Garnverbrauch:

A, Granite	25 g
B, Dusk	25 g
C, Lipstick	25 g
D, Maroon	25 g
E, Dog Rose	25 g
F, Grouse	25 g
G, Shaela	25 g
H, Plum	25 g
I, Sorbet	25 g
J, Nighthawk	25 g

Nadeln: Rundnadel Nr. 3 (40 cm lang)

Maschenprobe: 34 M und 40 Rd auf 10 x 10 cm mit Nadeln Nr. 3

Sonstiges: Maschenmarkierer, Baumwollgarn, Reißverschluss (35 cm), Futterstoff, Bügeleinlage (z. B. Vlieseline), Nähmaschine, Nähnadel und Nähgarn

Mit Farbe C und Rund-Nd Nr. 3 120 M provisorisch im Kreuzanschlag anschl wie auf Seite 139 beschrieben.

1. Seite: Gemäß *Zählmuster* str, am Rd-Anf und Rd-Ende je 1 MM setzen.

Danach 7 Rd mit Farbe C str. Alle M abk.

Boden: Den Baumwollfaden aus dem provisorischen Anschlag nach und nach entfernen und die M dabei auf eine Nd heben.

2 Rd re M mit Farbe B str.

5 cm im Rippenmuster [2 M re mit Farbe A, 2 M li mit Farbe B] str, dann 2 Rd re M mit Farbe B str.

2. Seite: Gemäß *Zählmuster* str.

Danach 7 Rd mit Farbe C str. Alle M abk.

FERTIGSTELLUNG

Am Rd-Anf aufschneiden und die losen Fäden der Farbwechsel bündig mit der Schnittkante abschneiden.

Das Strickstück in warmem Wasser mit Wollwaschmittel waschen und 30 Minuten im Wasser liegen lassen. Gründlich ausspülen. In ein Handtuch einrollen und das Wasser herausdrücken. Das Strickstück auf einer weichen Unterlage feststecken. Die Stecknadeln dicht an dicht setzen, dabei das Strickstück gut spannen, damit sich die M schön legen. Trocknen lassen.

Ein Stück Einlage (z. B. Vlieseline) in der Größe des Strickstücks zuschneiden.

Die Einlage auf die linke Seite des Strickstücks bügeln. Darauf achten, dass der Kleber gut am Gestrick haftet, insbesondere an den Rändern. Wenn die Einlage nicht haftet, das Bügeleisen auf eine höhere Stufe einstellen und gegebenenfalls noch ein trockenes Geschirrtuch dazwischenlegen.

Zwei gleich große Stücke Futterstoff aus Leinen oder Baumwolle zuschneiden (sie treffen unten zusammen). Das Innenfutter sollte einige Zentimeter kleiner sein als die Projekttasche selbst.

Einen Reißverschluss wählen, der einige Zentimeter länger ist als die Breite der Tasche, damit das Reißverschlussende zwischen Gestrick und Futter verschwindet. Ich finde es so am schönsten.

Den Reißverschluss gleichzeitig zwischen Strickstück und Futter nähen.

Den Reißverschluss öffnen und mit den »Zähnchen nach unten« oben an die Kante auf die rechte Seite des Strickstücks legen. Das kleine Stoffstück vorne am Reißverschluss nach hinten und schräg nach oben falten.

Das Futter bündig auf den Reißverschluss legen und durch alle Stofflagen feststecken. Den Reißverschluss möglichst dicht an den Metallzähnchen mit der Nähmaschine und dem Reißverschlussfuß feststeppen.

An der anderen Kante genauso nähen, jedoch vor dem Nähen wenden, sodass die rechte Seite außen liegt. Den Reißverschluss schließen, um seine Position zu überprüfen. Wenn es gut aussieht, den Reißverschluss wieder öffnen, wenden und feststeppen.

Die kurzen Seiten des Strickstücks mit einem Geradstich knapp vor beziehungsweise hinter der Naht am Reißverschluss steppen.

Ecken absteppen: Die Tasche am Boden flach drücken, sodass sich zwei Spitzen bilden. 6 cm von der Spitze entfernt quer eine Linie markieren und absteppen (siehe Zeichnung). An der anderen Ecke genauso steppen.

Die Seitennähte am Futter und ein Stück an der unteren Kante steppen, dabei etwa 12 cm zum Wenden der Tasche offen lassen. Die Ecken des Futters auf die gleiche Weise absteppen. Die Arbeit wenden. Die Wendeöffnung von Hand zunähen. Das Futter innen so weit wie möglich bügeln.

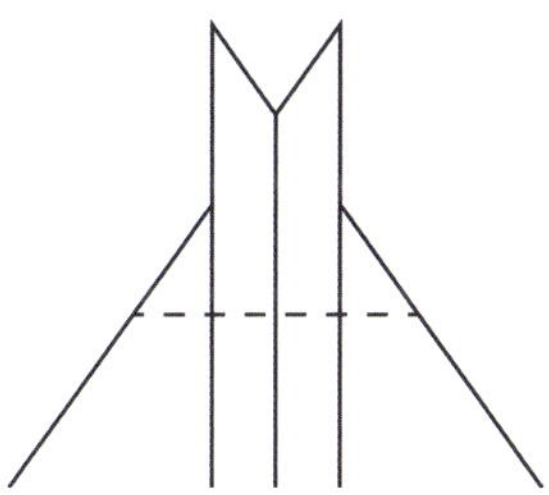

Durch das Absteppen der Ecken bekommt die Tasche einen Boden. Die Tasche am Boden flach drücken, sodass sich eine Spitze bildet. Quer über die Ecke steppen. An der anderen Seite genauso vorgehen.

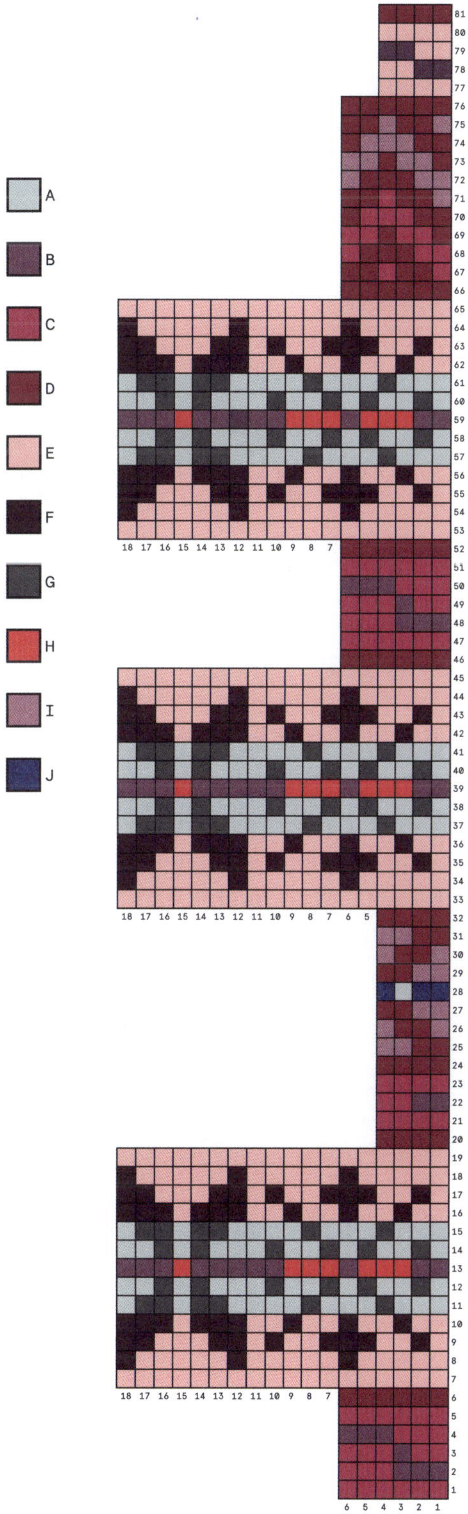

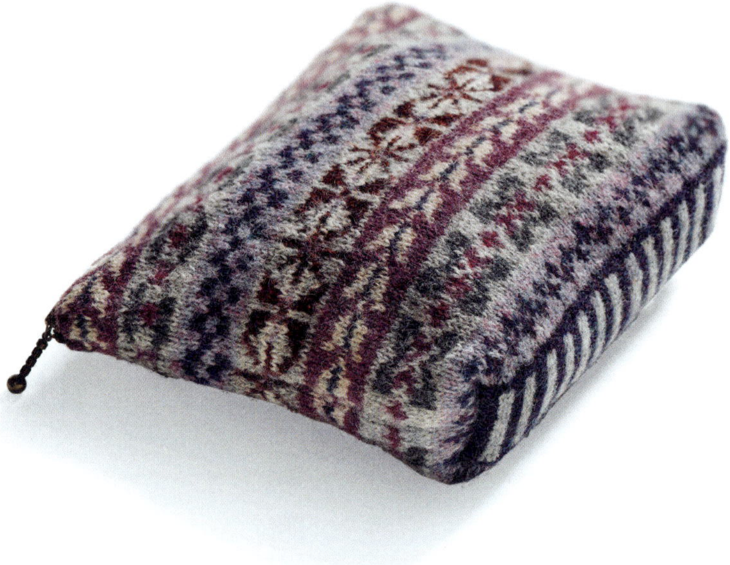

Kleine Projekttasche

Bei den kleinen Projekttaschen fühle ich mich bei der Farbgebung noch freier. Ich probiere Muster aus und kombiniere Farben gewagter. Bei einem größeren Strickstück wäre ich vorsichtiger. Also nutzen Sie die Gelegenheit, Ihre Lieblingsbordüren auszuwählen und neue Kombinationen zu entdecken!

Maße: Breite 21 cm, Höhe 16 cm
Garn: zweifädiges Wollgarn, z. B. Spindrift von Jamieson's of Shetland, 105 m/25 g
Garnverbrauch:

A, Granite	25 g
B, Dusk	25 g
C, Wild Violet	25 g
D, Shaela	25 g
E, Foxglove	25 g
F, Mantilla	25 g
G, Ruby	25 g
H, Eesit	25 g

Nadeln: Nadelspiel Nr. 3
Maschenprobe: 34 M und 40 Rd auf 10 x 10 cm mit Nadeln Nr. 3

Sonstiges: Baumwollgarn, Reißverschluss (25 cm), Futterstoff, Bügeleinlage (z. B. Vlieseline), Nähmaschine, Nähnadel und Nähgarn

Mit Farbe C auf Nadelspiel Nr. 3 88 M provisorisch anschl.

Provisorischer Anschlag: Zusammen mit dem Baumwollgarn und dem Wollgarn eine Anfangsschlinge bilden und auf die Nd nehmen (diese M wird später entfernt und nicht mitgezählt).

Kreuzanschlag: Das Baumwollgarn um den Daumen und das Wollgarn um den Zeigefinger legen. Das Wollgarn bildet die M auf der Nd und das Baumwollgarn sichert die M. Wenn alle M angeschlagen wurden, den Baumwollfaden abschneiden und die 1. M mit dem doppelten Garn von der Nd entfernen. Zur Rd schließen, dabei darauf achten, dass sich die M nicht verdrehen.

1. Seite: Gemäß *Zählmuster* str.

Danach 7 Rd mit Farbe E str. Alle M abk.

Boden: Den Baumwollfaden aus dem provisorischen Anschlag nach und nach entfernen und die M dabei auf eine Nd heben.

2 Rd re M mit Farbe B str.

5 cm im Rippenmuster [2 M re mit Farbe A, 2 M li mit Farbe B] str. 2 Rd re M mit Farbe B str.

2. Seite: Gemäß *Zählmuster* str.

7 Rd mit Farbe E str. Alle M abk.

FERTIGSTELLUNG

Am Rd-Anf aufschneiden und die losen Fäden der Farbwechsel bündig mit der Schnittkante abschneiden.

Waschen, spannen und zusammennähen wie die rosa Projekttasche (S. 136–137).

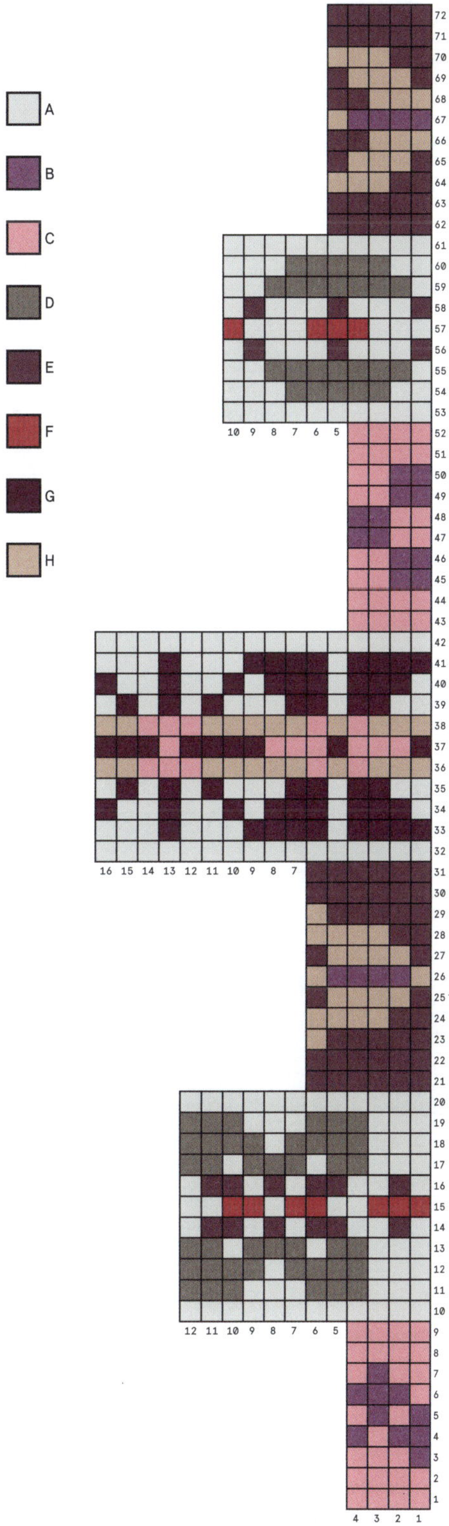

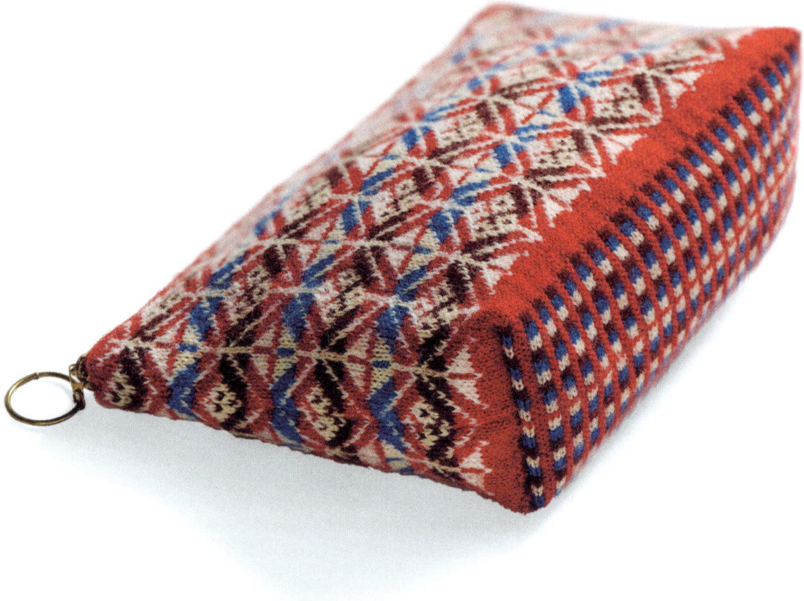

Fair-Isle-Projekttasche

Im Digitalt Museum gibt es ein Foto (ID-Nr.: UM016322) von einem kleinen, löchrigen Strickstück mit Einstrickmuster, das an die frühen Fair-Isle-Muster erinnert. Das wollte ich stricken. Das Muster ist auf dem Foto so gut zu erkennen, dass ich es leicht auf Karopapier übertragen konnte. Ich verwende hier das Garn Shetland Heritage von Jamieson & Smith. Es ist ein spezielles Garn, das gemeinsam mit dem Shetland Museum and Archives entwickelt wurde, um ältere, auf Fair Isle gestrickte Kleidungsstücke so gut wie möglich nachzuarbeiten. Es ist dünn und glatt beim Stricken. Ungleichmäßige Maschen legen sich nach dem Waschen und Spannen schön.

Maße: Breite 31 cm, Höhe 16 cm

Garn: Shetland Heritage von Jamieson & Smith, 110 m/25 g
Garnverbrauch:

A, Madder	50 g
B, Natural White	25 g
C, Peat	25 g
D, Flugga White	25 g
E, Indigo	25 g

Nadeln: Rundnadel Nr. 2,5 (40 cm lang)
Maschenprobe: 40 M und 43 Rd auf 10 x 10 cm mit Nadeln Nr. 2,5

Sonstiges: Maschenmarkierer, Baumwollgarn, Reißverschluss (35 cm), Futterstoff, Bügeleinlage (z. B. Vlieseline), Nähmaschine, Nähnadel und Nähgarn

Mit Farbe A auf Rund-Nd Nr. 2,5 136 M provisorisch anschl.

Provisorischer Anschlag: Zusammen mit dem Baumwollgarn und dem Wollgarn eine Anfangsschlinge bilden und auf die Nd nehmen (diese M wird später entfernt und nicht mitgezählt).

Kreuzanschlag: Das Baumwollgarn um den Daumen und das Wollgarn um den Zeigefinger legen. Das Wollgarn bildet die M auf der Nd und das Baumwollgarn sichert die M. Wenn alle M angeschlagen wurden, den Baumwollfaden abschneiden und die 1. M mit dem doppelten Garn von der Nd entfernen. Zur Rd schließen, dabei darauf achten, dass sich die M nicht verdrehen.

1. Seite: Am Rd-Anf und Rd-Ende einen MM setzen.

5 Rd nur mit Farbe A str, dann das komplette ZM *Muster* str. 7 Rd mit Farbe A str.

Alle M abk.

Boden: Den Baumwollfaden nach und nach entfernen und die M einzeln auf eine Nd heben.

Den Boden gemäß ZM *Boden* str.

2. Seite: 5 Rd nur mit Farbe A str, dann das komplette ZM *Muster* str. 7 Rd mit Farbe A str.

Alle M abk.

FERTIGSTELLUNG

Am Rd-Anf aufschneiden und die losen Fäden der Farbwechsel bündig mit der Schnittkante abschneiden.

Waschen, spannen und zusammennähen wie bei der rosa Projekttasche (S. 136–137).

Boden

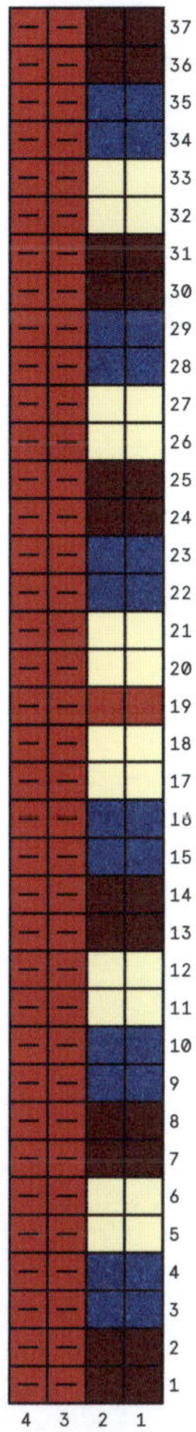

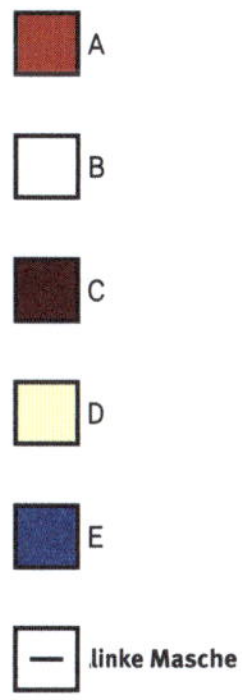

Muster

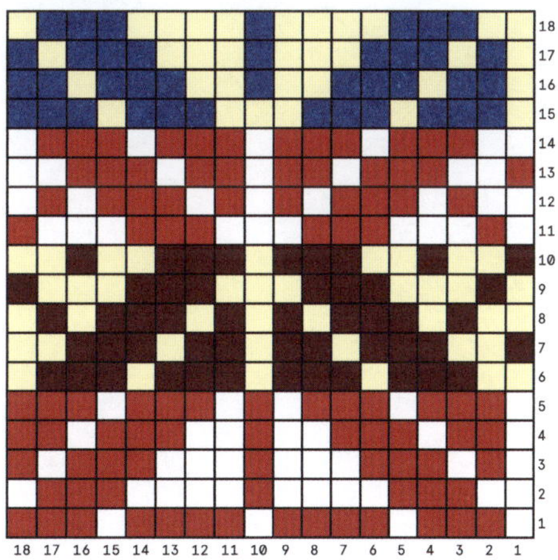

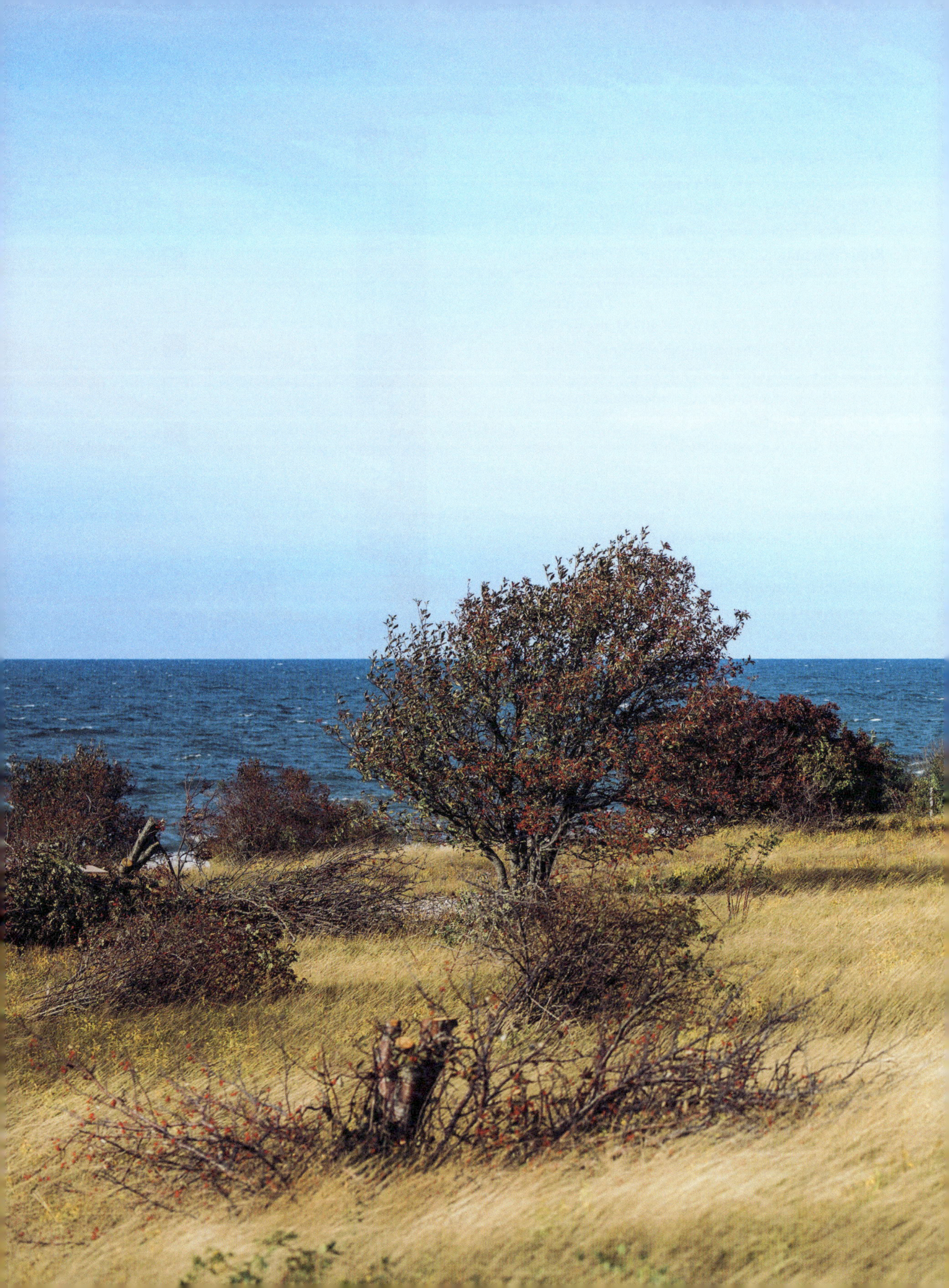

STRICKTECHNIKEN

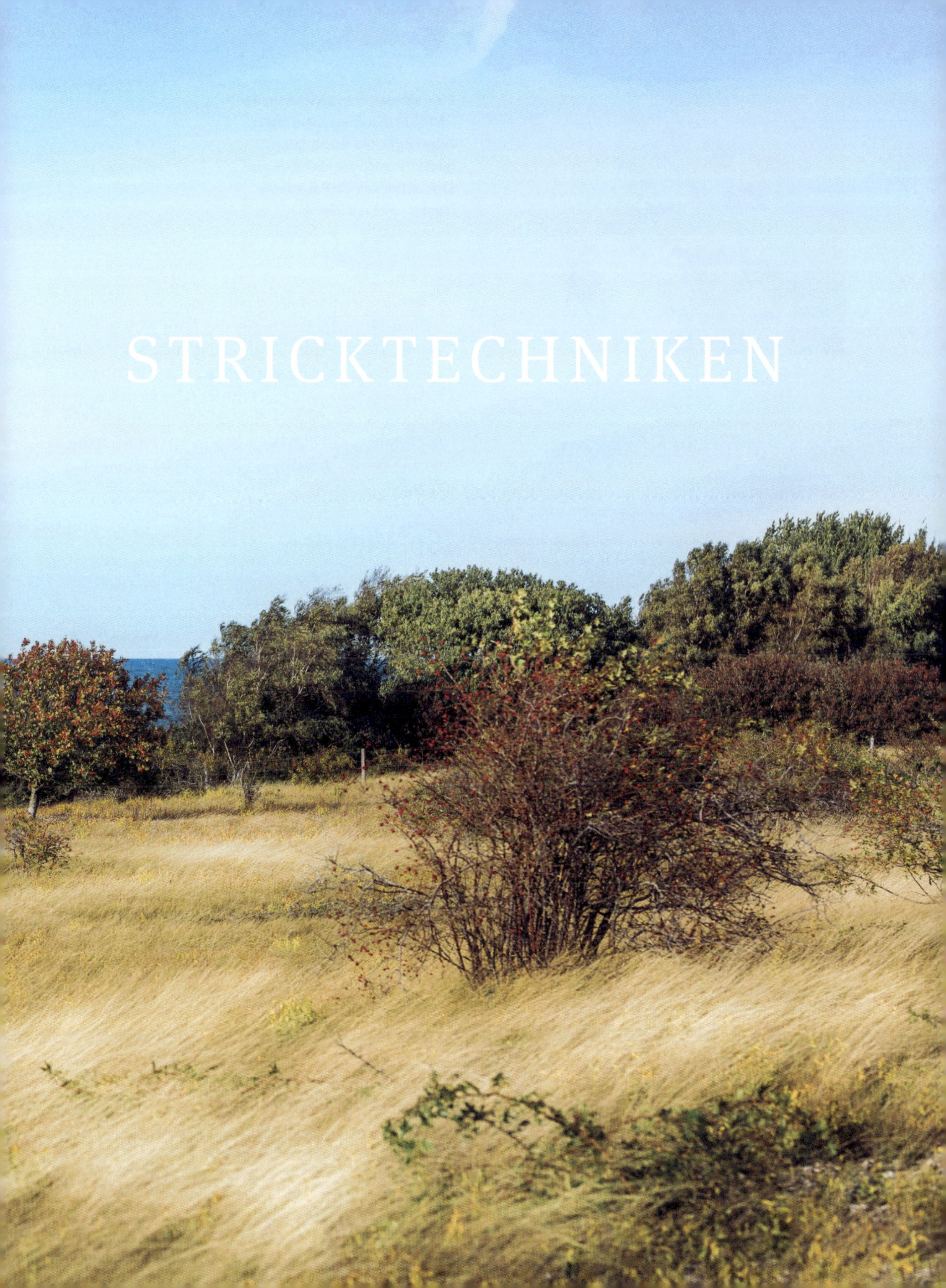

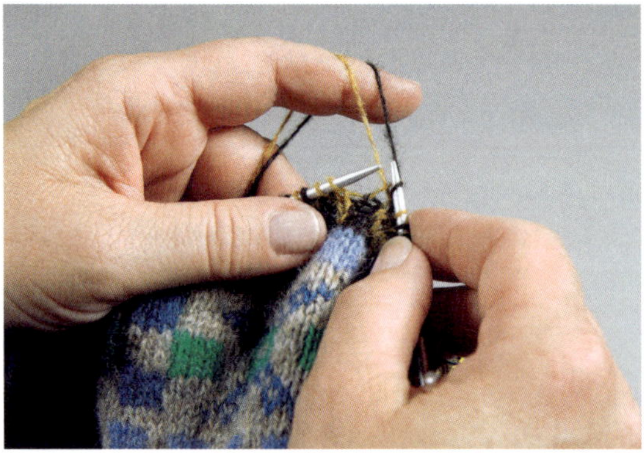

Beim zweifarbigen Stricken halte ich beide Fäden über dem linken Zeigefinger. Die Musterfarbe (gelb) halte ich am nächsten zum Strickstück und die Hauptfarbe (dunkel) weiter entfernt.

Mehrfarbiges Stricken

Fair-Isle-Stricken ist eine Form des Mehrfarbenstrickens, d.h. man strickt mit zwei Farben pro Runde. Eine Farbe ist die Musterfarbe und die andere ist die Hauptfarbe. Die Musterfarbe sollte gegenüber der Hauptfarbe, die einen Hintergrund darstellt, hervorgehoben werden. Das Knifflige bei einigen Motiven besteht jedoch darin, dass die Muster- und Hauptfarben ihre Plätze tauschen können. Das gilt insbesondere für die O-Formen im OXO-Muster.

Damit die Musterfarbe möglichst deutlich hervortritt, sollten Sie sie immer am nächsten zum Strickstück und die Hauptfarbe dahinter halten. Seien Sie konsequent und vertauschen Sie die Garne nicht, es sei denn, Muster- und Hauptfarbe in einem Motiv ändern sich.

Die Garnhaltung beim Fair-Isle-Stricken kann unterschiedlich sein und hängt davon ab, wo oder bei wem Sie das Stricken gelernt haben. Hier in Schweden – in Deutschland übrigens auch – wird am häufigsten nach der kontinentalen Methode gestrickt: Das Garn wird in der linken Hand gehalten und geführt, sodass die Hände während des Strickvorgangs die Nadeln nicht loslassen müssen. Ich halte sowohl die Muster- als auch die Hauptfarbe mit etwas Abstand zueinander über dem Zeigefinger, wobei die Garne abwechselnd unter und über den restlichen Fingern der linken Hand weitergeführt werden. Manche legen die Musterfarbe über den Zeigefinger und die Hauptfarbe über den Mittelfinger.

Auf den Shetlandinseln strickt man nach der englischen Methode. Das heißt, das Garn wird mit der rechten Hand gehalten und geführt und um die Nadel gelegt. Dadurch wird der Faden automatisch etwas fester angezogen und das Gestrick wird dichter. Beim Stricken mit zwei Farben halten viele die Musterfarbe in der linken und die Hauptfarbe in der rechten Hand. So werden die Garne gut auseinandergehalten und verheddern sich nicht.

Spannfäden

Wenn Sie mit einer Musterfarbe stricken, wird das Garn für die Hauptfarbe auf der Rückseite mitgeführt, bis es wieder gebraucht wird. Dann bildet sich auf der Rückseite ein Spannfaden. Wichtig ist, dass der Spannfaden die richtige Länge haben muss. Werden die Spannfäden zu fest angezogen, entstehen Wellen im Gestrick, die Maschen werden zu klein und das Gestrick sieht ungleichmäßig aus. Sind die Spannfäden zu locker, können sich Schlaufen bilden, in denen man hängen bleibt, und die Maschen ziehen sich zu weit auf.

Üblicherweise dehne ich nach jedem Motiv das Gestrick etwas, indem ich meine rechte Hand lockere und ein wenig an den Maschen auf der rechten Nadel ziehe. Dies trägt zur richtigen Spannung der Spannfäden bei.

Wie lang sollten Spannfäden höchstens sein? Da gehen die Meinungen auseinander, aber da ich sehr fest stricke, finde ich, dass ein Spannfaden über mehr als 7 Maschen gehen darf. Manche Stricker*innen verkreuzen die Fäden schon nach 4 oder 5 Maschen. Zum Verkreuzen werden beide Fäden auf der Rückseite einmal verdreht.

Wenn die Spannfäden über mehrere Runden hinweg sehr lang sind, sollte man die Fäden an verschiedenen Stellen verkreuzen.

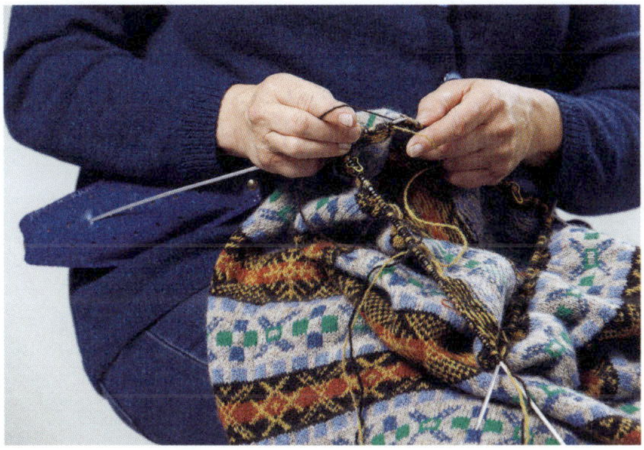

Der Strickgürtel mit einer leeren Stricknadel wird an der Hüfte befestigt. Hier halte ich nach der englischen Methode die Hauptfarbe in der rechten Hand und die Musterfarbe in der linken.

Strickgürtel

Ein Strickgürtel oder in der Landessprache *makkinbelt* (*makkin*, dt. stricken) ist ein wichtiges Werkzeug beim traditionellen Stricken auf den Shetlandinseln.

Das Kissen des Strickgürtels ist oval und aus Leder gefertigt. Auf der Oberseite befinden sich Löcher, in die man eine Stricknadel steckt, die Füllung besteht aus Rosshaar. Mithilfe der Riemen kann man den Strickgürtel um die Hüfte schnallen.

Für den Strickgürtel nimmt man 30 cm oder 40 cm lange Nadeln. Für einen Pullover werden vier Stricknadeln verwendet: Auf dreien liegen die Maschen des Pullovers und mit der vierten wird gestrickt, nachdem sie in den Strickgürtel gesteckt wurde. Noch besser sind zwei Stricknadeln mit Maschen und eine dritte im Strickgürtel. Je weniger Unterbrechungen man durch Nadelwechsel hat, umso flüssiger wird das Stricken. Gestrickte Kleidung war früher eine wichtige Einnahmequelle, darum musste möglichst effektiv und zügig gestrickt werden.

Auf den Shetlandinseln wird seit mindestens 150 Jahren mit Strickgürtel gearbeitet, wahrscheinlich noch länger. Er war ein notwendiges Werkzeug, da man das Strickzeug überallhin mitnahm.

Es wird immer noch auf traditionelle Art gestrickt. Der Strickgürtel entlastet Schultern und Handgelenke, da das Gestrick auf der Hüfte ruht.

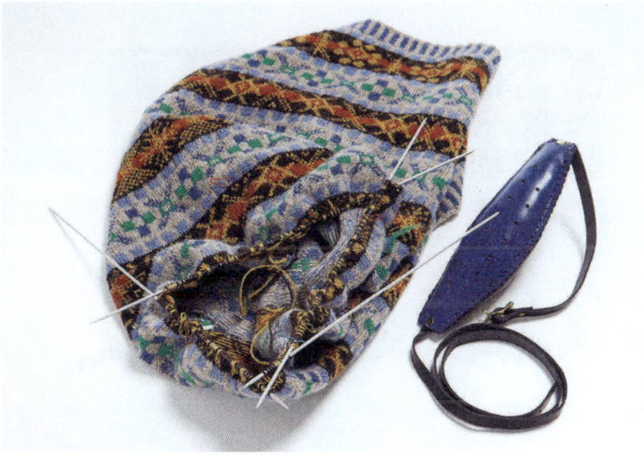

Traditionell strickt man auf vier langen, geraden Nadeln (ein Vierer-Nadelspiel), die an beiden Enden spitz zulaufen. Eine wird am Strickgürtel befestigt und mit den anderen dreien wird in Runden gestrickt.

Mehrfarbiges Bündchen

Viele im Fair-Isle-Stil gestrickte Kleidungsstücke haben ein mehrfarbiges Bündchen. Es wird mit zwei Farben pro Runde gestrickt: rechte Maschen in einer Farbe, linke Maschen in der anderen Farbe: 2 M re/2 M li oder 1 M re/1 M li.

Dieses mehrfarbige Bündchen als Bündchen zu bezeichnen, ist allerdings irreführend, da es nicht elastisch ist. Da mit zwei Farben gestrickt wird, entstehen auf der Rückseite kurze Spannfäden, wodurch die Elastizität verloren geht. Aber das mehrfarbige Bündchen bildet schöne Abschlüsse.

Man kann die rechten und linken Maschen sowie die Farben variieren. Meist tauchen die Farben im Bündchen im Muster des Strickstücks wieder auf.

Ein mehrfarbiges Bündchen lässt sich aufgrund der Farbwechsel nicht so schnell stricken, vor allem die linken Maschen verlangsamen den Strickfluss. Die Farbe für die linken Maschen halte ich am liebsten nahe am Strickstück auf dem Zeigefinger. Manche halten den Faden für die linken Maschen in der linken Hand und für die rechten in der rechten Hand. Finden Sie heraus, was sich für Sie am stimmigsten anfühlt. Auf der nächsten Seite sehen Sie unterschiedliche Bündchen.

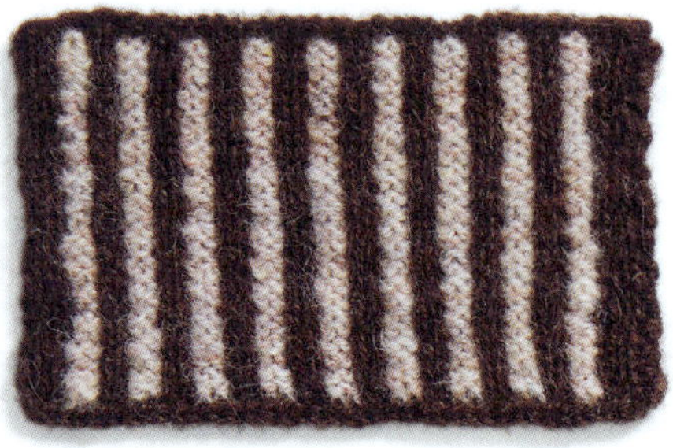

1a

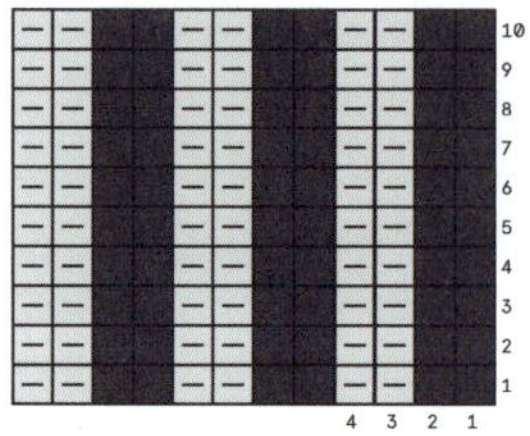

Bei der einfachsten Variante mit ausschließlich zwei Farben bilden die Rippen deutliche Säulen.

1a Die re M werden mit einer dunklen Farbe, die li M mit einer hellen Farbe gestrickt.

1b

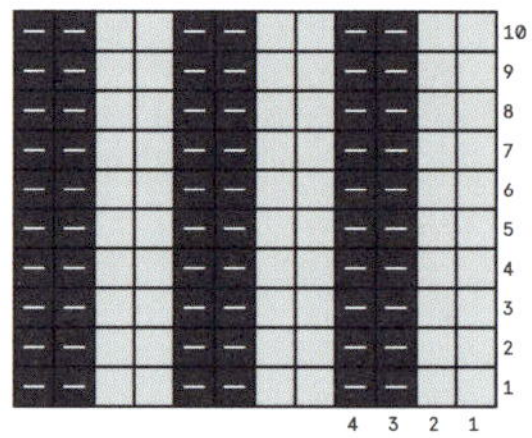

1b Die re M werden mit einer hellen Farbe, die li M mit einer dunklen Farbe gestrickt.

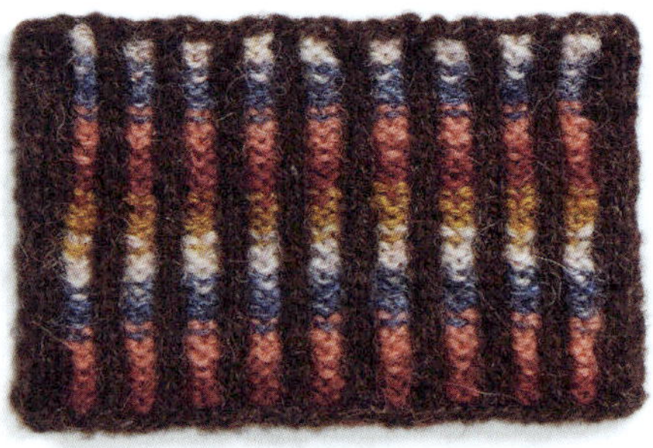

2a

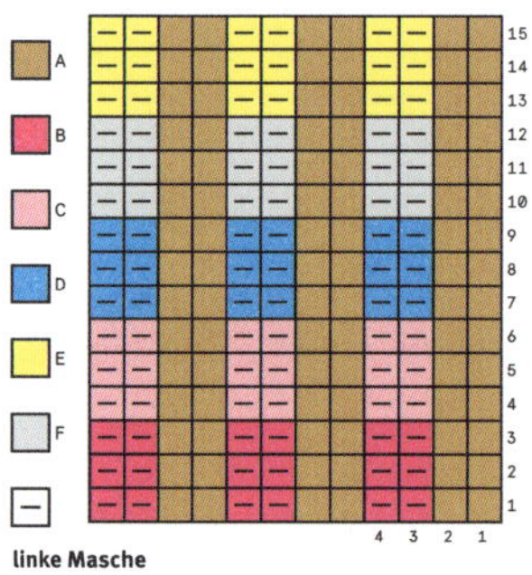

Diese Variante hat eine einfarbige und eine mehrfarbige Säule im Wechsel.

2a Die re M werden mit einer Farbe gestrickt, bei den li M finden die Farbwechsel statt, es werden 3 Runden pro Farbe gestrickt. Insgesamt 5 Farben verwenden, danach bei Bedarf von vorn beginnen. Farbwechsel bei den linken Maschen ergeben einen weichen Übergang.

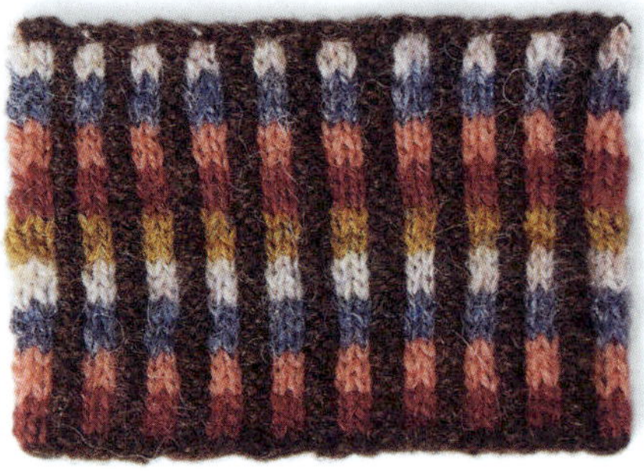

2b

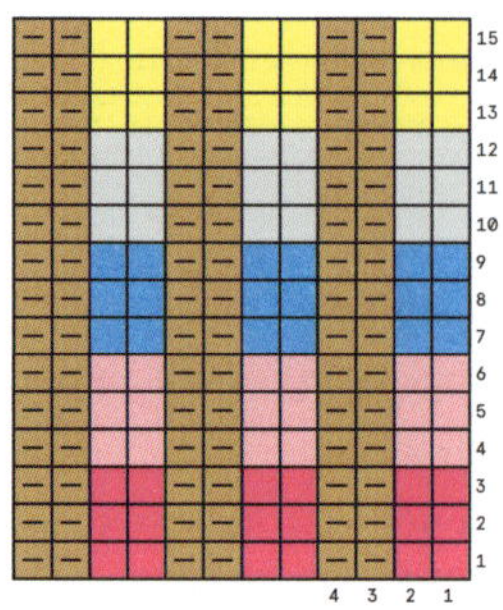

2b Die Farbaufteilung wie 2a, aber die einfarbigen Säulen werden links gestrickt, die Farben rechts.

2c

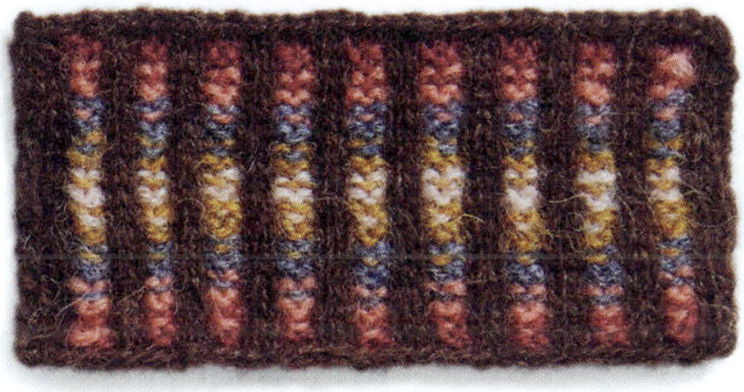

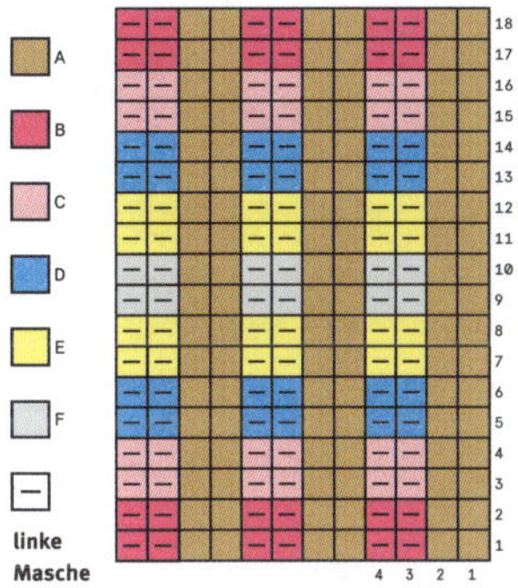

2c Die re M werden mit einer Farbe und die li M mit mehreren Farben gestrickt, nach der weißen Farbe (Mitte) wird gespiegelt.

3a

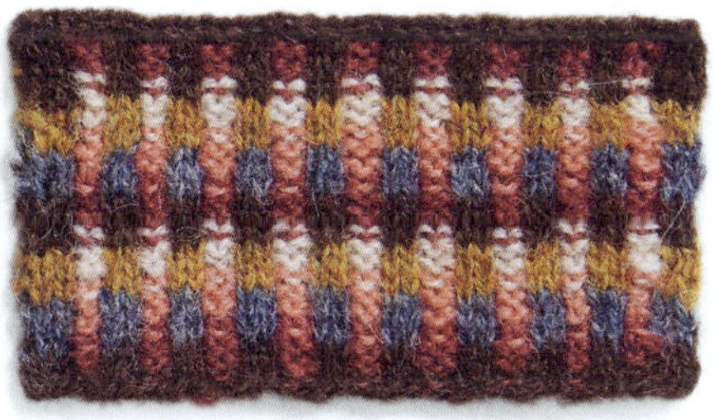

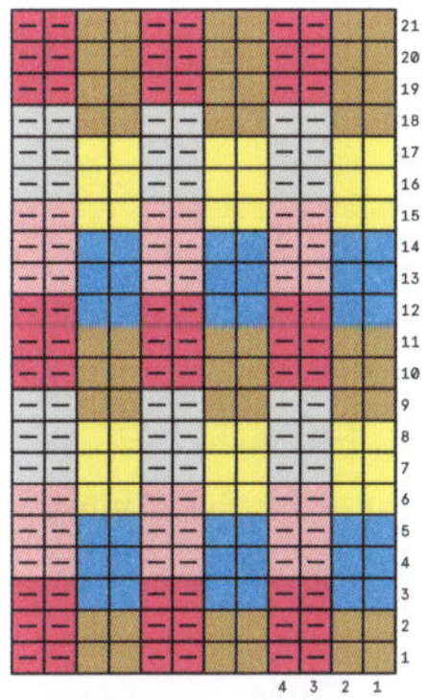

Hier werden beide Säulen mit Farbwechseln gestrickt.

3a Der Farbwechsel der Säulen ist um 1 Runde versetzt. In jeder Säule werden drei Farben in wiederkehrender Folge verarbeitet.

3b

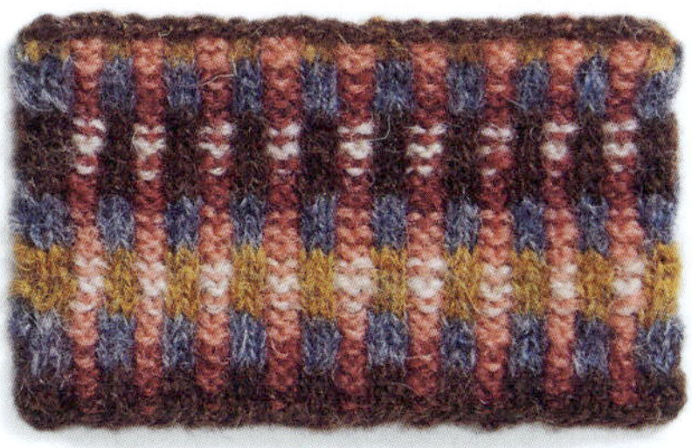

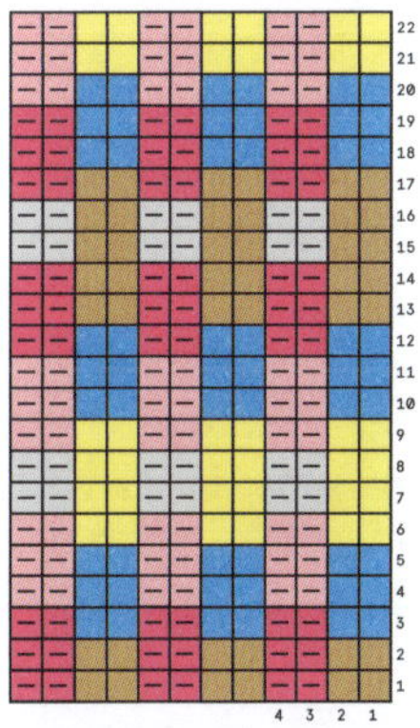

3b Farbwechsel wie 3a, jedoch gespiegelt.

4

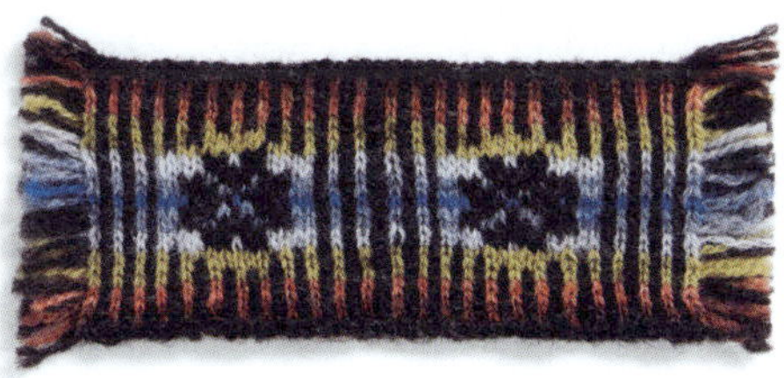

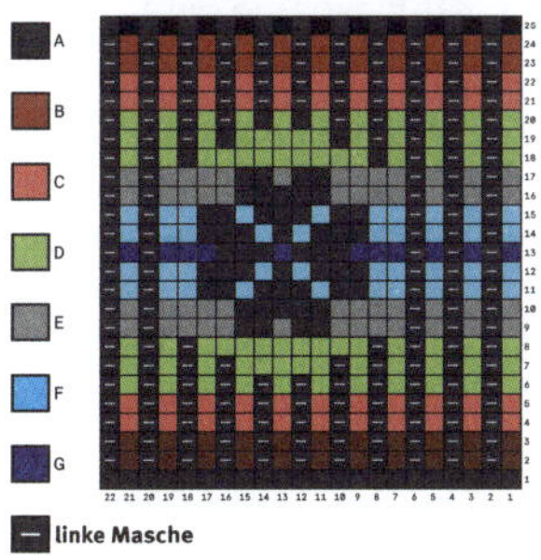

Besondere Variante: Kombination aus Rippen und Muster. Kommt nicht häufig vor, macht aber Spaß, es auszuprobieren. Dieses Muster stammt aus dem Buch *Traditional Knitting* von Michael Pearson. Das Bündchen wird 1 M re/ 1 M li gestrickt, der Farbwechsel findet in den re M statt.

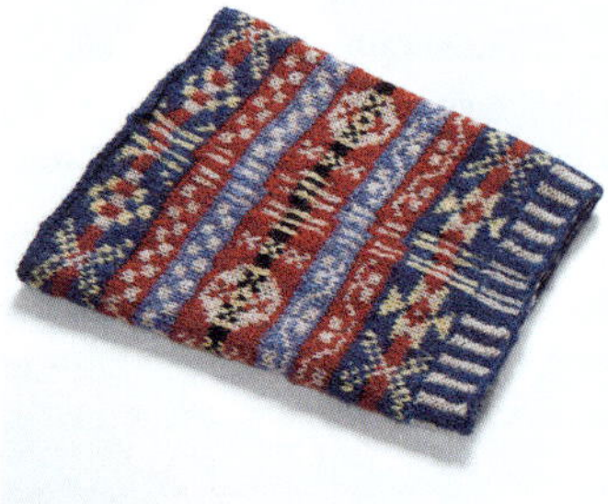

Der Steek soll aufgeschnitten werden.

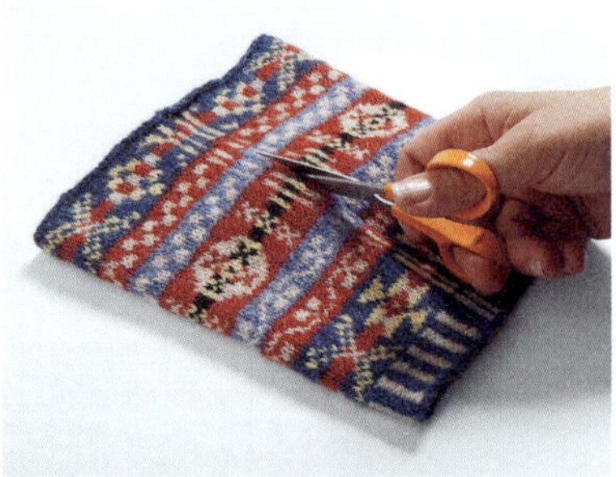

Zwischen den mittleren Steekmaschen einschneiden. Eventuell eine Hand in den Schlauch legen, damit nicht versehentlich Spannfäden auf der anderen Seite zerschnitten werden.

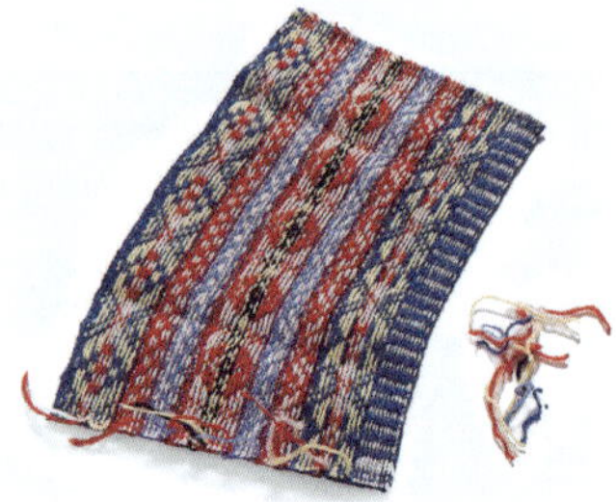

Durchschneiden und Fadenenden bündig mit der Kante abschneiden.

Steek

Ein Kleidungsstück in Fair-Isle-Technik wird vom Bündchen bis zur Schulter in Runden gestrickt, da mehrfarbiges Stricken so am einfachsten ist. Damit aus diesem großen Schlauch ein Kleidungsstück wird, benötigt man Steeks. Die späteren Öffnungen, wie Hals- und Armausschnitte oder Knopfleisten an einer Strickjacke, werden geschlossen gestrickt und dann aufgeschnitten.

Ein Steek bezeichnet die Leiste der Schnittmaschen, die als »Brücke« hinzugefügt werden. Steek kommt aus dem Schottischen und bedeutet »Stich« oder »Masche«. Auf den Shetlandinseln ist der Begriff nicht geläufig, hier spricht man nur von zusätzlichen Maschen.

Der Steek ist wie eine breite Nahtzugabe, die man in der Mitte aufschneidet und dann mit überwendlichen oder Langettenstichen wie eine Nahtzugabe annähen kann, aber nicht unbedingt muss.

Die Steekmaschen kann man vor dem Aufschneiden sichern, indem man mit einer Nähmaschine beidseits der Steekmitte je eine Naht steppt (im Geradstich oder zickzack) oder eine Reihe feste Maschen darüberhäkelt. Arbeitet man mit original Shetlandgarn, muss man nichts dergleichen tun. Das Garn gilt als »sticky«, d. h. die winzigen Härchen verhaken sich leicht beim Waschen und Tragen des Kleidungsstücks, sodass keine Gefahr für Laufmaschen besteht.

Ein Steek umfasst meist 6 bis 12 Maschen. Wenn Sie die Maschen vor dem Aufschneiden sichern, genügen 6 bis 7. Ich persönlich präpariere den Steek überhaupt nicht und schlage immer 12 Maschen an. Ich finde eine gerade Maschenzahl gut, denn dann schneidet man zwischen zwei Maschen anstatt durch eine Maschensäule.

Da Fair Isle mit zwei Farben pro Runde gearbeitet wird, gilt das auch für den Steek. Ich stricke den Steek in Längsstreifen. Die äußersten Maschen werden immer in der Hauptfarbe und die beiden mittleren in der Musterfarbe gestrickt. So erkennt man leicht, wo man schneiden muss.

Für eine Strickjacke sollte der Farbwechsel (= Rundenanfang) in der Mitte des Steeks liegen. Da dieser aufgeschnitten wird, brauchen die Fadenenden auch nicht vernäht zu werden.

Stricken Sie locker oder fest?

Wir stricken alle unterschiedlich. Die Maschenprobe zeigt, wie viele Maschen bzw. Reihen/Runden man auf 10 x 10 cm erhält. Wenn Sie nach einer Anleitung stricken, sind die fertigen Maße des Strickstücks abhängig von der Maschenprobe. Durch die Probe wird Ihre Strickfestigkeit ermittelt, und die ist wichtig, da das Gestrick sonst nicht die richtige Größe hat. Die Probe sollte auf die gleiche Weise wie das Strickstück gearbeitet werden, d. h. wenn das Strickstück in Runden gestrickt werden soll, sollte auch die Probe in Runden gestrickt werden. Sie sollte mindestens 20 × 20 cm groß sein und erst nach dem Waschen und Trocknen

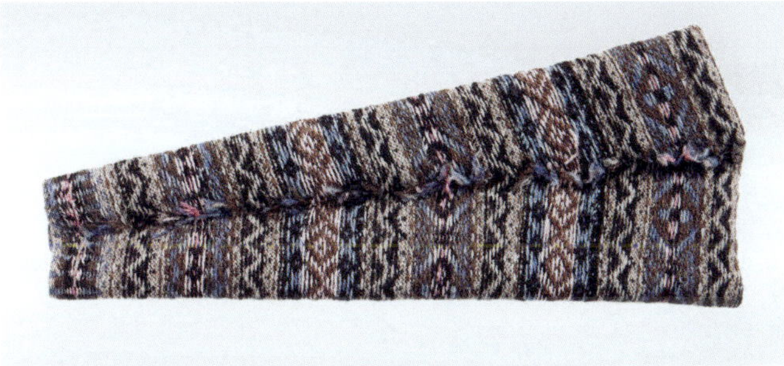

Zwei lose Fäden mit einem Doppelknoten sichern. Die Fäden auf 2 cm Länge abschneiden. Wie hier zu sehen, haben die Knoten sich nach dem Waschen gut verhakt und lassen sich nicht mehr lösen.

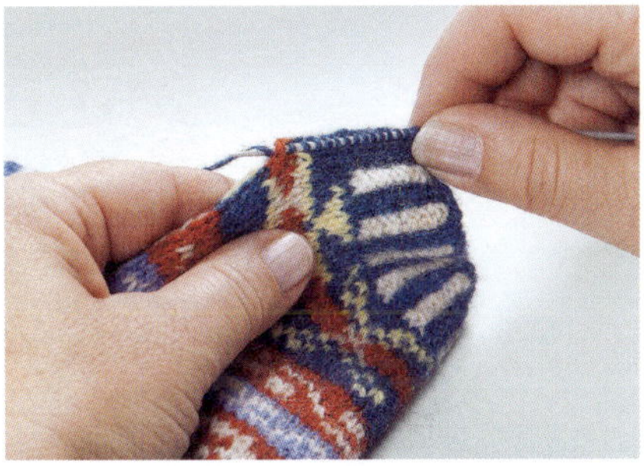

Für Halsbündchen, Knopf- und Knopflochblende neue Maschen durch beide Maschenbögen aufnehmen.

gemessen werden. Hat man minimal zu fest gestrickt, lässt sich ein Strickstück nach dem Waschen etwas dehnen. Ein zu lockeres Gestrick zusammenzuziehen, ist kaum möglich.

Ein einfarbiges Strickstück ist dehnbarer als ein mehrfarbiges Strickstück (wegen der Spannfäden).

Wenn Sie lockerer stricken als die Maschenprobe verlangt, wechseln Sie auf eine dünnere Nadel (0,25 bis 0,5 kleiner). Wenn Sie fester stricken, nehmen Sie eine dickere Nadel (0,25 bis 0,5 größer).

Wenn Sie etwas fester stricken möchten, wickeln Sie den Faden eine zusätzliche Runde um den kleinen Finger. Die Spannung des Garns, das Sie halten, bestimmt, ob Sie locker oder fest stricken.

Vernähen oder verknoten?

Aufgrund der zahlreichen Farbwechsel beim Stricken von Fair-Isle-Mustern müssen viele Fäden vernäht werden. Ich fädle den Faden auf eine Nadel und führe ihn etwa 5 cm lang horizontal durch einige linke Maschen oder Spannfäden auf der Rückseite. Bei einer Strickjacke ist es sinnvoll, den Übergang und den Farbwechsel in die Mitte des Steeks zu legen, da dieser aufgeschnitten wird und die Fäden nicht vernäht werden müssen. Bei einem Pullover soll der Farbwechsel (Rundenanfang) an einer möglichst unauffälligen Stelle liegen, d. h. an der Seite, unter dem Ärmel. Beim Farbwechsel sind die ersten Maschen immer etwas locker. Das lässt sich leicht vermeiden, wenn man die bisherige und die neue Farbe miteinander verknotet, bevor man weiterstrickt.

Wenn der Pullover fertig ist, müssen die Fäden eventuell erneut verknotet und auf der Rückseite vernäht werden. Wenn Sie das nicht möchten, machen Sie es so wie auf den Shetlandinseln üblich: Fäden erneut verknoten, die Fadenenden kürzen und fertig.

Auffassen und abnehmen

Die Ärmel von Fair-Isle-Strickstücken werden traditionell von oben nach unten (Schulter Richtung Handgelenk) gestrickt. Dazu werden in der jeweils äußersten Steekmasche am Armausschnitt durch beide Maschenbögen Maschen nacheinander mit einer Nadel aufgenommen, die eine halbe Nummer kleiner ist als die Nadel, mit der der Ärmel gestrickt wird. Nach der Aufnahmerunde zu dieser Nadelstärke wechseln.

Die aufgenommenen Maschen entsprechen exakt den gestrickten Runden. Das sind mehr als Sie Maschen in der Runde brauchen. Darum müssen in der nächsten Runde einige Maschen abgenommen werden, da sonst der Ärmel im Verhältnis zum Armloch zu groß würde.

Wie viele Maschen Sie abnehmen müssen, hängt wieder von Ihrer Maschenprobe ab.

Beispiel: Sie haben 32 M und 40 Rd auf 10 × 10 cm. 40–32 = 8, 40 : 8 = 5. Sie müssen also bei jeder 5. M abn (= 2 M zus-str).

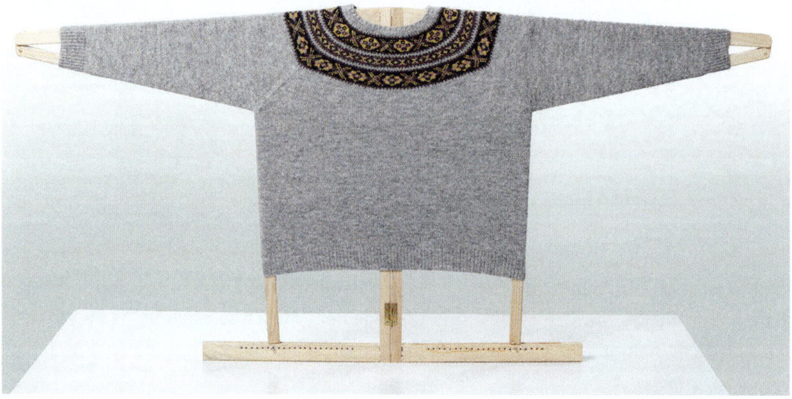

Für Halsbündchen und Knopfblenden werden die Maschen genauso aufgenommen. Sollen in einer Runde Maschen gleichmäßig verteilt abgenommen werden, ist es empfehlenswert, das Strickstück in kleinere Einheiten aufzuteilen und zu markieren.

Beispiel: Ein Rundpassenpullover besteht in der Passe aus vier Teilen: Rückenteil, 1. Ärmel, Vorderteil, 2. Ärmel. Sollen 40 M gleichmäßig verteilt abgenommen werden, können es 10 M pro Teil sein. Vorder- und Rückenteil haben jedoch mehr Maschen als die Ärmel, darum besser wie folgt abn: 12/8/12/8 M.

Waschen und spannen

Shetlandgarn mag sich beim Stricken etwas rau anfühlen, und das Maschenbild erscheint beim Einstrickmuster mitunter unregelmäßig. Aber keine Panik! Waschen und spannen ist das Geheimnis eines weichen, glatten Strickstücks aus Shetlandgarn. Beim Spannen wird das Gestrick auf das Maß des fertigen Kleidungsstücks gedehnt.

Das Strickstück in warmem Wasser mit Wollwaschmittel waschen, dabei sollte das Strickstück vollständig mit reichlich Wasser bedeckt sein. Ein wenig im Wasser umherbewegen, jedoch weder reiben noch filzen. Mindestens 30 Minuten lang im Wasserbad liegen lassen, dann mit lauwarmem Wasser ausspülen, in ein Handtuch einrollen und so viel Wasser wie möglich herausdrücken. Shetlandgarn hat die Fähigkeit, nach dem Waschen zu »erblühen«, sodass die Maschen sich aneinanderschmiegen und das Strickstück behaglich weich wird.

Auf den Shetlandinseln ist es Tradition, das Strickstück nach dem Waschen auf einen Holzrahmen, ein sogenanntes Jumperboard, zu spannen und anschließend an der frischen Luft trocknen zu lassen. Das Jumperboard lässt sich auf verschiedene Maße einstellen und passt von seiner Form her sowohl für gerade Modelle mit überschnittenen Schultern als auch für Rundpassenpullover.

Ich kann nicht genug betonen, wie wichtig ein Jumperboard für das Endergebnis ist. Am besten bauen Sie selbst eins oder bitten Sie einen geschickten Bastler im Bekanntenkreis darum. Im Internet gibt es entsprechende Anleitungen. Wenn Sie nur für eine Person stricken, muss es noch nicht einmal verstellbar sein.

Sollten Sie kein Jumperboard haben, legen Sie das feuchte Strickstück glatt auf ein großes Handtuch oder stecken es auf einer weichen Unterlage, etwa einer Isomatte, fest.

Fingerhandschuhe und Fäustlinge werden gewaschen und auf Handschuhspanner aus Holz gezogen. Im Internet findet man sie am besten mit den englischen Suchwörtern *glove board* und *mitten board*. Das Element für den Daumen ist separat, sodass er an verschiedene Daumenausrichtungen angepasst werden kann. Handschuhe werden hängend getrocknet.

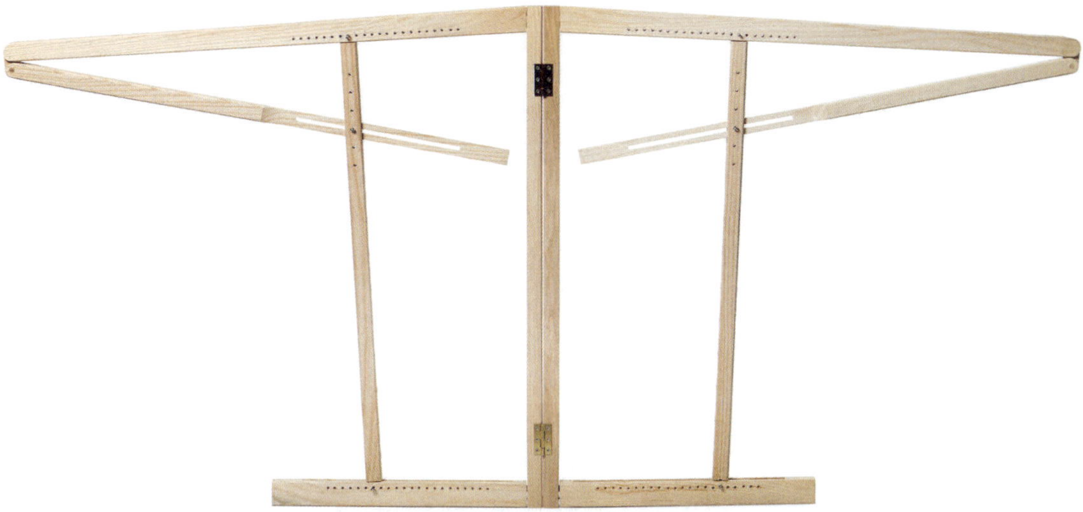

Dies ist ein Jumperboard zum Spannen von Strickstücken nach dem Waschen. Es muss auf die richtige Größe eingestellt werden. Das Strickstück etwas weiter als gewünscht spannen, da es sich beim Abnehmen wieder ein wenig zusammenzieht.

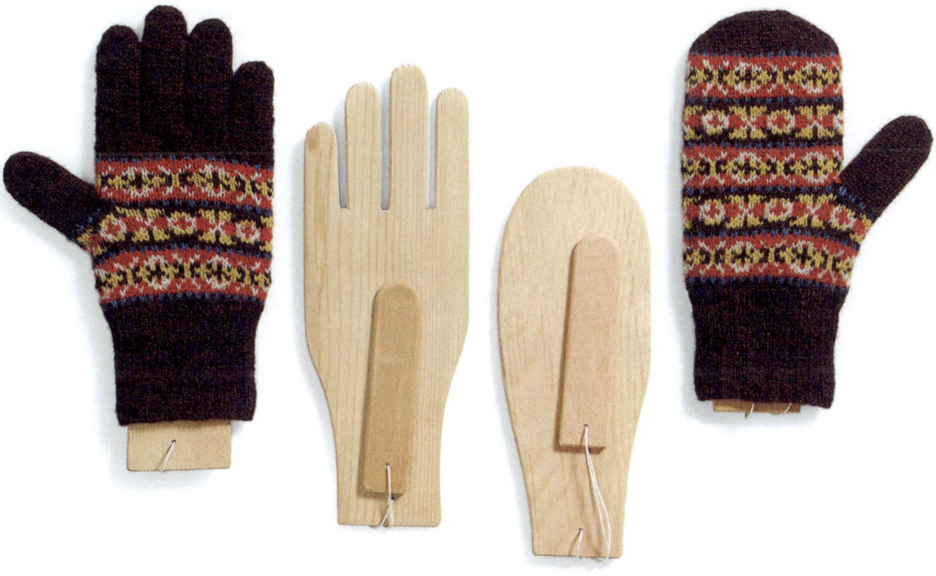

Handschuhspanner für Fingerhandschuhe (links) und für Fäustlinge (rechts). Die gewaschenen Handschuhe darüberziehen, die separaten Daumenstücke hineinschieben und zum Trocknen aufhängen.

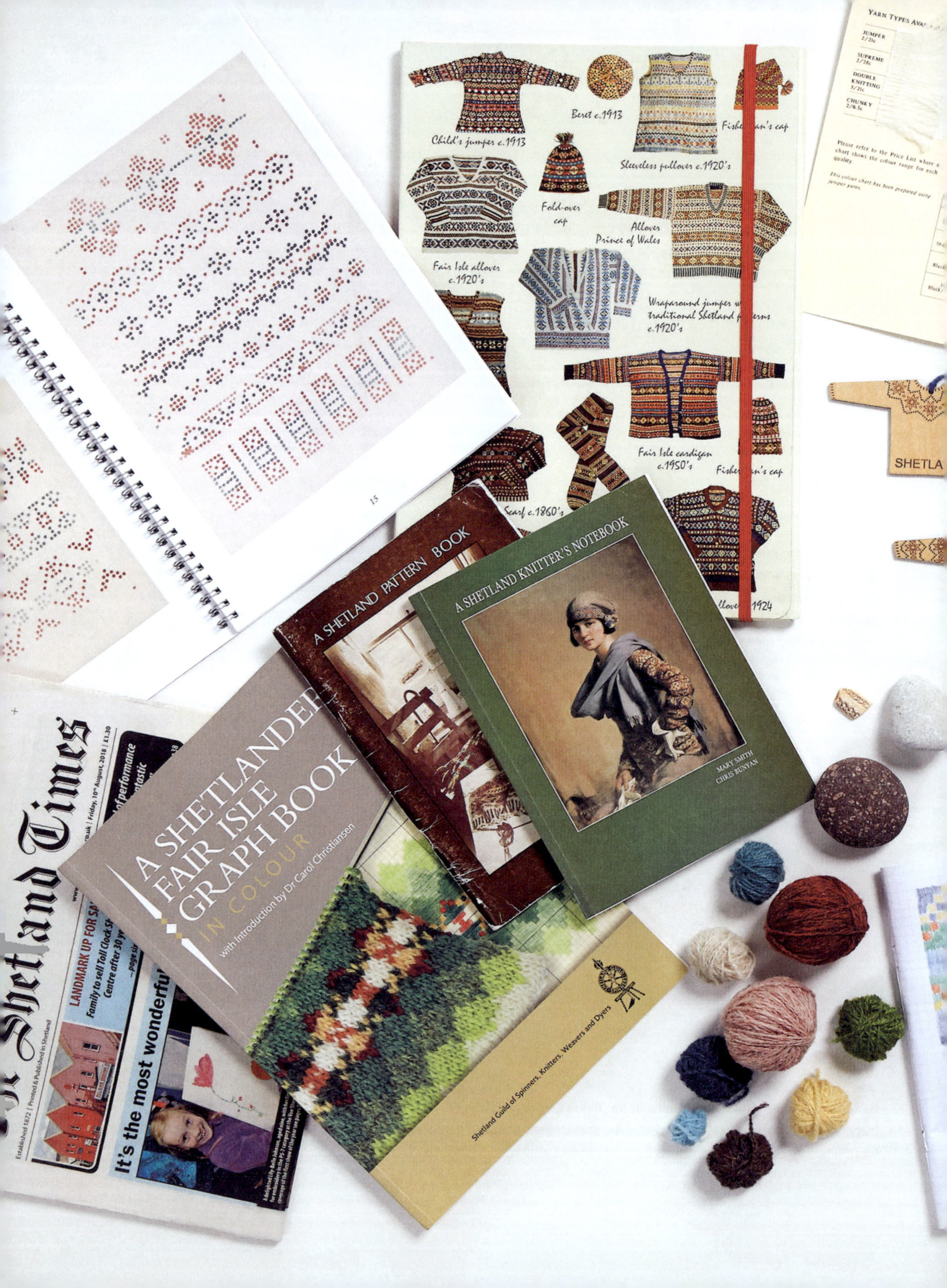

Child's jumper c.1913
Beret c.1913
Sleeveless pullover c.1920's
Fold-over cap
Allover Prince of Wales
Fair Isle allover c.1920's
Fair Isle cardigan c.1950's
Scarf c.1860's
15
A SHETLAND PATTERN BOOK
A SHETLAND KNITTER'S NOTEBOOK
MARY SMITH
CHRIS BUNYAN
A SHETLANDER FAIR ISLE GRAPH BOOK
IN COLOUR
with Introduction by Dr Carol Christiansen
Shetland Guild of Spinners, Knitters, Weavers and Dyers
Established 1872 | Printed & Published in Shetland
It's the most wonderful
YARN TYPES
JUMPER
SUPREME
DOUBLE KNITTING
CHUNKY

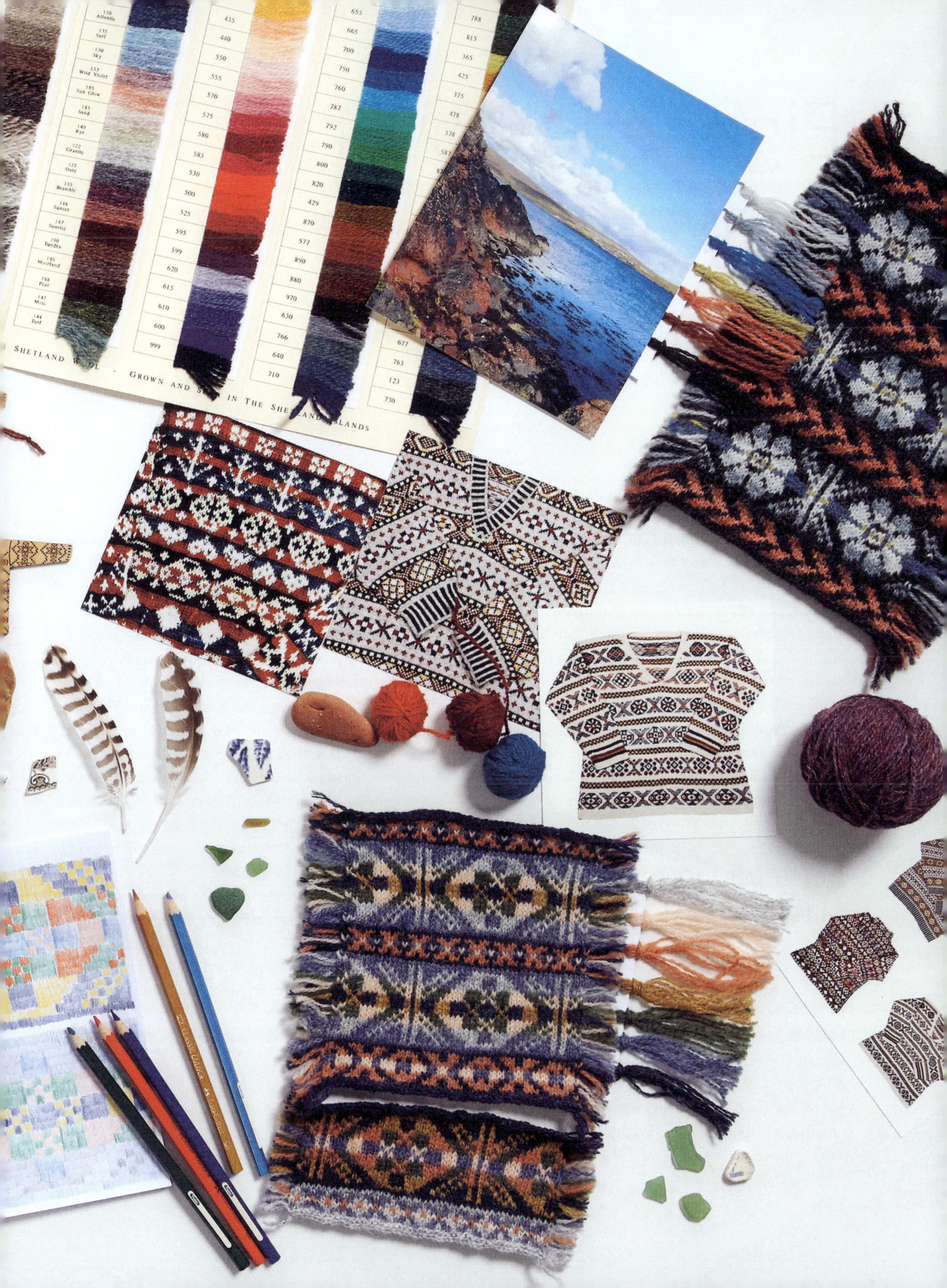

Eigene Pullover entwerfen

Es ist ein ganz besonderes Gefühl, das eigene Design zu tragen, also Modell, Farben und Muster ganz nach Geschmack wählen zu können. Wenn Sie Ihre Farbinspiration gefunden und Ihre Farbkarte erstellt haben, sind Sie bereits auf einem guten Weg. Wie soll das Kleidungsstück aussehen? Im Internet gibt es jede Menge Inspiration: Suchen Sie nach *Fair Isle knitting* oder beim Shetland Museum and Archives unter dem Stichwort *knitwear*. Sollten Sie ein ganzes Kleidungsstück mit Bordüren zu herausfordernd finden, stricken Sie eine Bordüre am Saum und den Rest des Pullovers einfarbig. Entwerfen und skizzieren Sie zunächst einfache Modelle, dann wählen Sie Bordüren aus und stricken Proben. Manchmal muss man mehrere stricken, bevor man das Richtige findet und zufrieden ist.

Musterrapporte und Maschenzahl

Die Strickanleitungen in diesem Buch können Sie als Basis nutzen. Wenn der Rapport mit dem für Ihr Projekt übereinstimmt, können Sie die Bordüren in meinen Anleitungen einfach durch Ihre Wunschbordüren ersetzen. Wenn Sie Bordüren mit einem anderen Rapport wählen, müssen Sie umrechnen, oder Sie können ein Muster aus diesem Buch auf Kästchenpapier übertragen und dabei an Ihre Maschenzahl anpassen.

Anordnung der Bordüren

Dieser Punkt ist wichtig. Wenn Sie alle Bordüren von Anfang an symmetrisch anordnen, sodass Vorder- und Rückenteil gespiegelt werden, fügt sich die Schulterpartie automatisch perfekt ins Muster.

Üblicherweise habe ich eine Mittelmasche an jeder Seite, weil die meisten Musterformen in den Bordüren eine Mittelmasche haben. Wenn die Seiten mit dieser Mittelmasche enden, wird das Motiv vorne und hinten gespiegelt. Das OXO-Muster hat eine Masche in der Mitte bei dem O und auch bei dem X. Hier muss man aufpassen, dass nicht die Mitte von einem O an der einen Seite und die Mitte von einem X an der anderen Seite als Mittelmasche liegt, denn dann wird das Muster am Ende nicht symmetrisch, und Sie müssen die Maschenzahl neu berechnen.

Es ist etwas knifflig, die Bordüren symmetrisch und mit der richtigen Maschenzahl zusammenzusetzen, aber es macht auch Spaß. Wenn die Aufgabe gemeistert ist, legen Sie los. Wenn Ihnen die Musterpassung nicht so wichtig ist, fangen Sie einfach an. Ich selbst finde es wichtig, dass die Muster an den Nähten und Kanten aufgehen, aber sie müssen nicht überall symmetrisch sein.

Übergänge im Fair-Isle-Gestrick

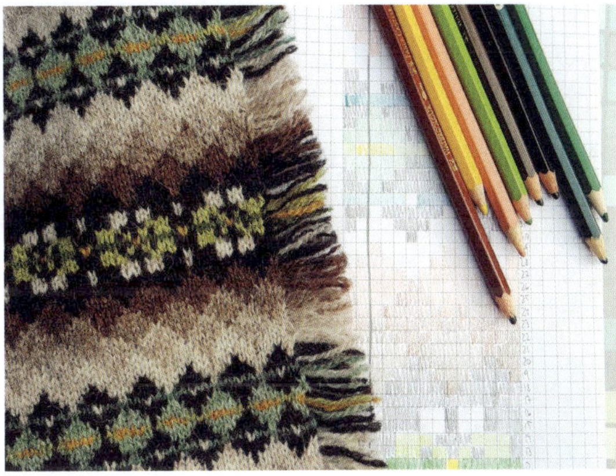

Ein Übergang ist die Stelle zwischen Anfang und Ende einer Runde, an der auch die Farben gewechselt werden. Es kommt zu einem leichten Versatz im Muster, da die letzte Masche der Runde nicht exakt auf einer Höhe mit der ersten Masche der Runde liegt. Das Muster erfährt also an dieser Stelle eine kleine Irritation, aber das muss man eben in Kauf nehmen – auf den Shetlandinseln ist das kein Problem.

Man kann den Rundenanfang jedoch so zwischen zwei Musterformen platzieren, dass er kaum auffällt. Oft hat man keine Wahl und der Übergang befindet sich in der Mitte eines Musters. Platzieren Sie den Übergang darum an der Seite des Kleidungsstücks, wo er unter dem Ärmel gut versteckt ist. Bei einer Strickjacke gibt es gar keinen Übergang, da der Rundenanfang im Steek liegt und dieser aufgeschnitten wird.

Bei einem einfarbigen Pullover nur mit gemusterter Passe sollte der Übergang an der hinteren rechten Schulter liegen. Da fällt er weniger auf als in der rückwärtigen Mitte.

Hals- und Armausschnitte

In meinen Anleitungen finden Sie Berechnungen für Schultern und Hals- und Armausschnitte und Sie können diese entsprechend der gewünschten Größe anpassen. Der Pullunder Blaue Abenddämmerung (S. 84) hat einen runden Halsausschnitt, der Fair-Isle-Pullover »1920« (S. 92) einen V-Ausschnitt und der Pullover Moorland (S. 48) einen Schlitz.

Beim Stricken eines Fair-Isle-Musters mit sich wiederholenden Bordüren ist es hilfreich, die Platzierung der Armlöcher und Schultern exakt vorauszuplanen. Das geht am einfachsten, wenn man etwa 35 cm vom Rumpf gestrickt hat und sich die Bordüren ein paar Mal wiederholt haben.

Um die Armausschnitte zu bestimmen, muss ich zunächst entscheiden, wie die Schulter enden soll. Ich mag am liebsten, dass die Schulterpartie in einer Bordürenmitte aufeinandertrifft, die eine Hälfte der Bordüre also vom Vorderteil und die andere vom Rückenteil in der Mitte auf der Schulter zusammentreffen. Das sieht perfekt aus.

Ich entscheide also zunächst, in welcher Bordüre die Schulterpartie aufeinandertreffen soll. Dann verwende ich den bereits gestrickten Rumpf und messe von der Mitte der Bordüre aus ab, die auf der Schulter sein soll. Nehmen wir an, das Armloch soll 22 cm tief sein. Ich messe dann von der Mitte der Bordüre (für die Schulter) 22 cm nach unten: Hier beginnt der Armausschnitt.

Falls Sie die Bordüren ganz willkürlich anordnen, spielt es keine Rolle, wo die Armausschnitte beginnen. Die Schulterpartie können Sie dann anpassen, wenn Sie dort angelangt sind.

Gutes Gelingen und viel Freude mit Ihrem eigenen Fair-Isle-Pullover!

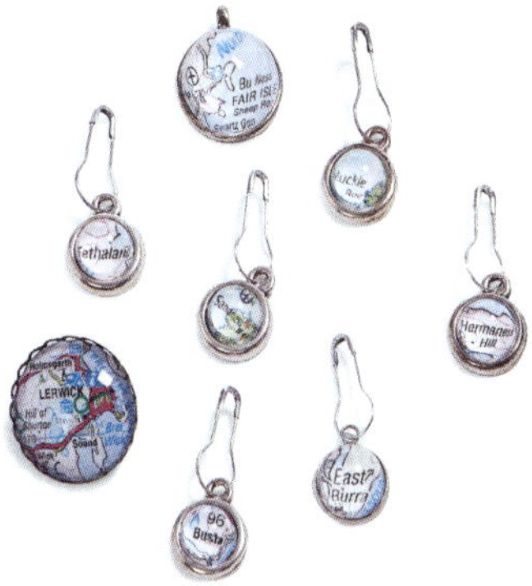

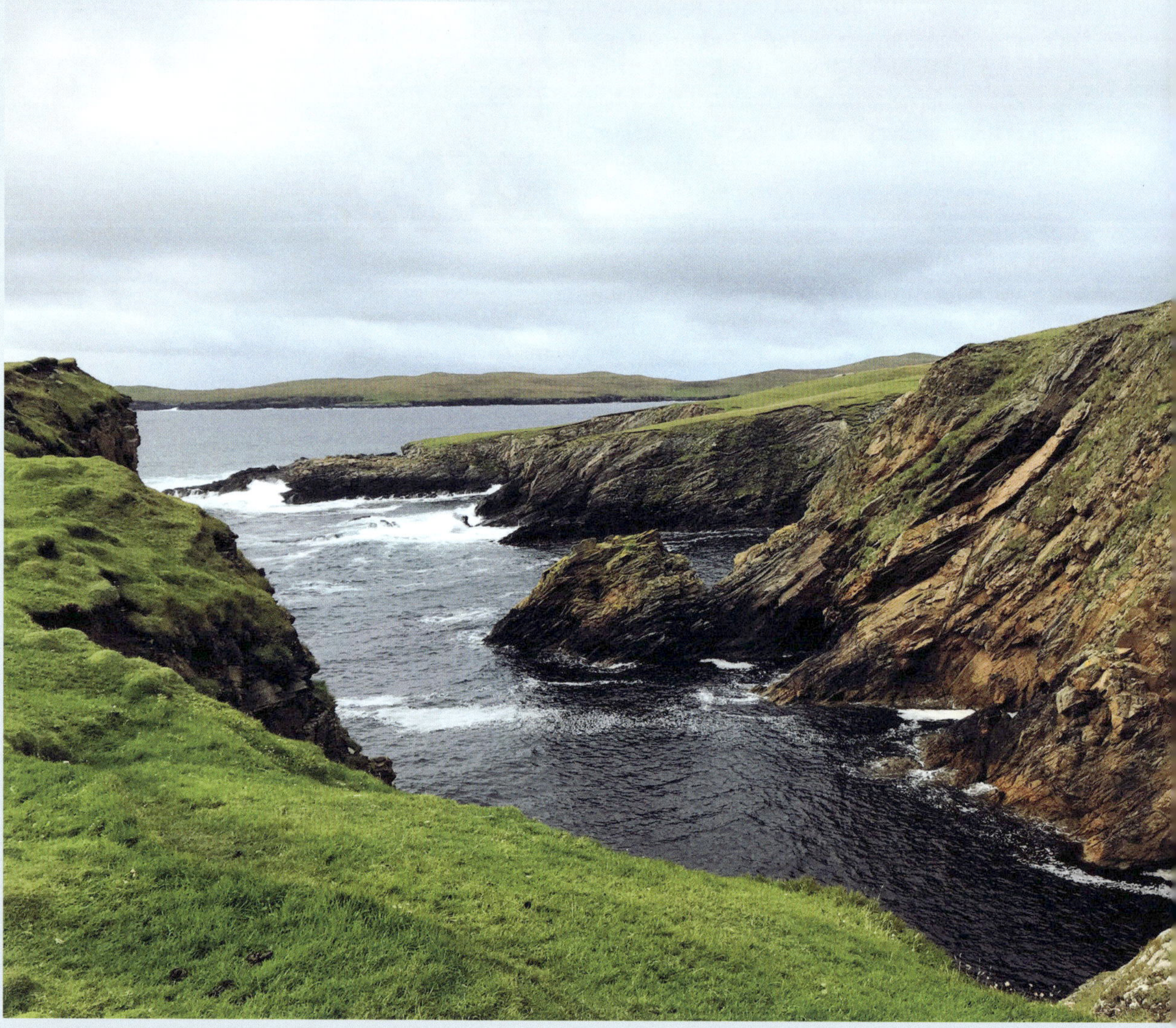

East Burra auf den Shetlandinseln

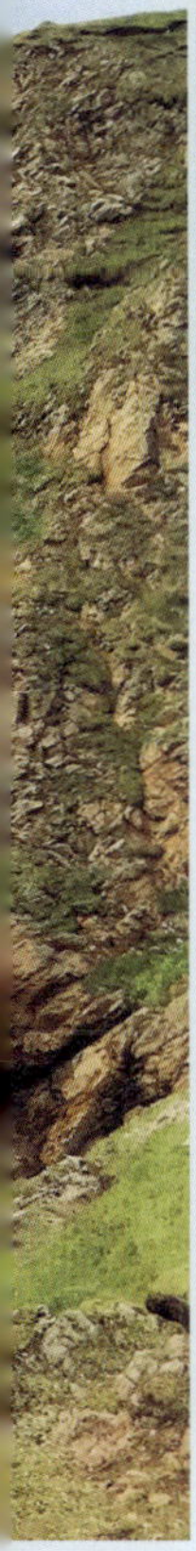

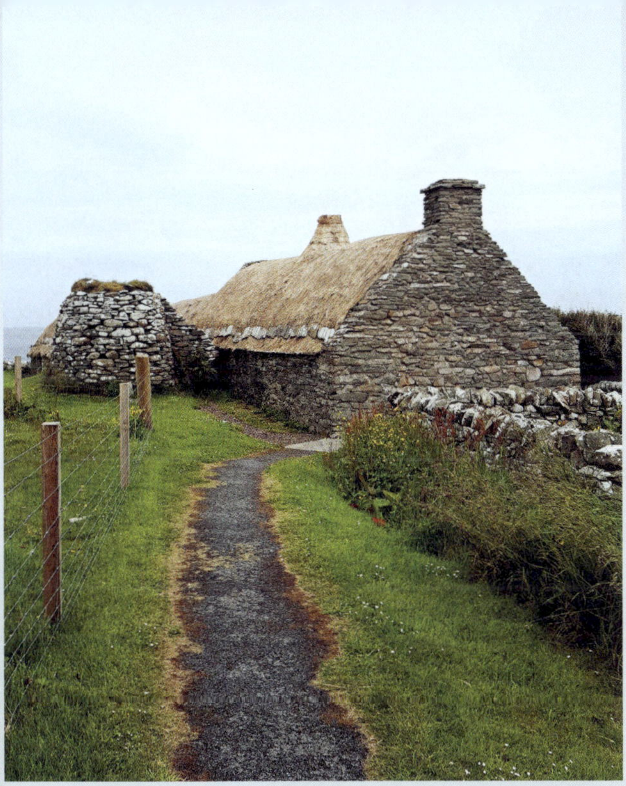

Crofthouse Museum auf Mainland

FAIR-ISLE-STRICKEN EINST UND JETZT

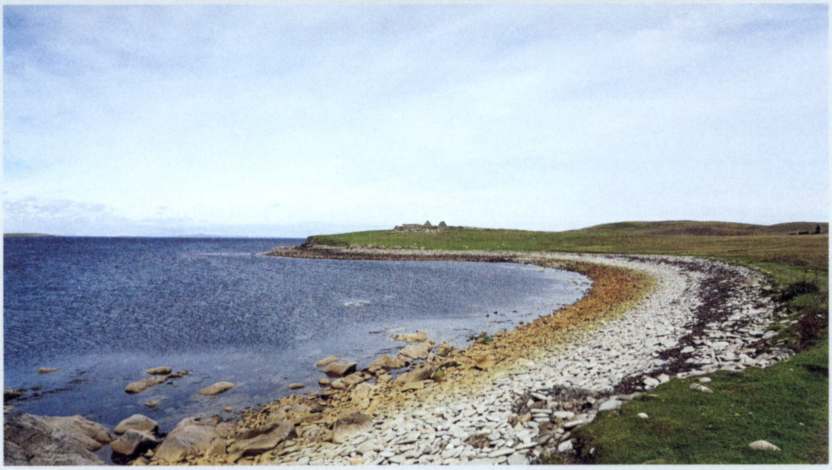

Bressay mit den Ruinen von St. Mary's Church in der Ferne

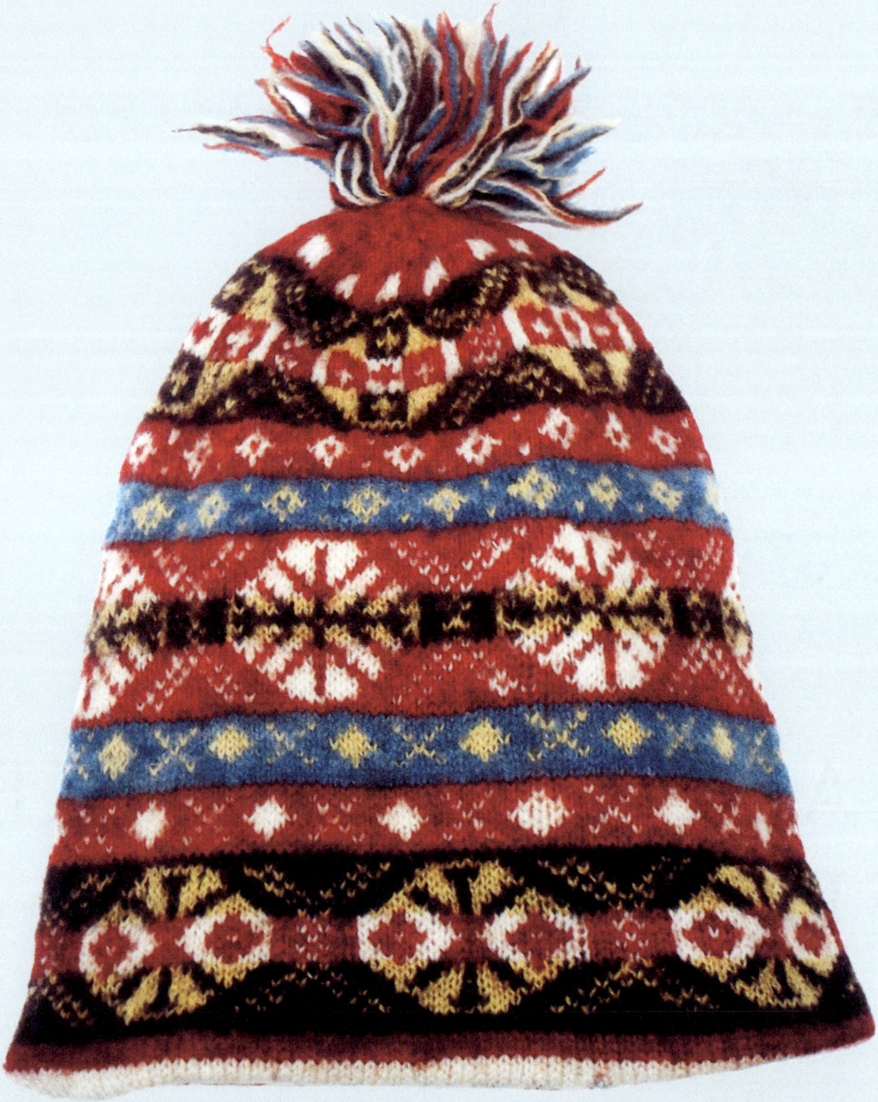

Diese *Fisherman's kep* ist eine Fischermütze aus Mainland von den Shetlandinseln, die Anfang des 20. Jahrhunderts gestrickt wurde und eine Nachbildung noch älterer Mützen darstellt. Fair-Isle-Muster sind meist geometrisch und bestehen aus breiten und schmalen Bordüren, die sich in einem bestimmten Rhythmus abwechseln. Traditionell sollten die breiten Bordüren unterschiedliche Muster haben und sich im Strickstück nicht exakt wiederholen.

Stricken auf Fair Isle

Die kleine Insel Fair Isle liegt mitten im Atlantik zwischen den Orkneyinseln und den Shetlandinseln. Die exponierte Lage und der karge Boden erschweren den Ackerbau, es ist jedoch ein idealer Standort für Schafe. Daher war das Stricken neben dem Fischfang seit jeher eine wichtige Einnahmequelle.

Manchmal wird Fair-Isle-Stricken mit der Stricktradition der Färöerinseln verwechselt, möglicherweise, weil Faroe Islands (Färöerinseln) und Fair Island (Fair Isle) sehr ähnlich klingen. Obwohl die beiden Inselgruppen Färöer und Shetlands nicht weit voneinander entfernt liegen, sind die überlieferten Muster sehr unterschiedlich.

Aufgrund ihrer geografischen Lage gab es auf Fair Isle und den anderen Inseln bis Anfang des 20. Jahrhunderts einen regen Schiffsverkehr für Fischerei und Handel aus Nordeuropa, Skandinavien und dem Baltikum. Bereits 1690 wurden auf Fair Isle Strickwaren hergestellt. Aus dem Jahr 1760 gibt es Aufzeichnungen darüber, dass gestreifte Herrenmützen gestrickt und an vorbeikommende Schiffe verkauft wurden.

Das älteste erhaltene Strickstück mit Fair-Isle-Muster ist die berühmte Mütze *The Fisherman's kep*, eine Fischermütze aus der zweiten Hälfte des 19. Jahrhunderts. Sie ist in Bordüren mit dem speziellen OXO-Muster gestrickt, das typisch für Fair Isle ist. Über den Ursprung der geometrischen OXO-Bordüren ist nicht viel bekannt, aber da Fair Isle ein wichtiger Handelsknotenpunkt war, waren wohl Muster aus anderen Teilen der Welt eine Inspirationsquelle für eigene Entwürfe. OXO-Muster etwa findet man auch auf Webbändern aus dem Baltikum.

Die früh verwendeten Farben waren Schwarz, Weiß, Gelb, Blau und Rot. Das Garn wurde handgesponnen. Schwarz (beziehungsweise andere dunkle Naturtöne) und Weiß entsprechen der natürlichen Farbe der Wolle, Gelb wurde mit lokalen Pflanzen gefärbt, Blau mit Indigo und Rot mit einer Mischung aus Färberkrapp und Braunalgenflechte (Braunalgenflechte ergibt die Farbe Orseille).

Von Fair Isle bis ganz Shetland

Seit dem späten 19. Jahrhundert interessierten sich Kaufleute in Lerwick für Fair-Isle-Strickwaren. Auf den anderen Shetlandinseln wurden die Pullover als etwas Besonderes und Spezielles vermarktet, was den Kunden gefiel und den Umsatz steigerte. Es dauerte nicht lange, bis die Strickerinnen der anderen Shetlandinseln ebenfalls Fair-Isle-Muster und -Bordüren verwendeten. Bis 1920 änderte sich wenig an den Fair-Isle-Mustern. Erst als sich Wollhändler auf den Shetlandinseln niederließen und Wolle kauften, die dann zum Färben und Spinnen aufs schottische Festland verschifft wurde, kamen neue, aufregende Farben hinzu, und bald begannen die Strickerinnen auf den Shetlandinseln, mit neuen Farben und Mustern zu experimentieren.

Im Jahr 1922 bekam Prinzessin Mary zu ihrer Hochzeit ein Paket mit Strickwaren geschenkt. Im Paket enthalten war ein Fair-Isle-Pullover, den Marys Bruder Edward, Prinz von Wales (der zukünftige König Edward VIII.), für sich übernahm. Er trug den Pullover eines Tages auf dem Golfplatz und mit einem Mal waren Fair-Isle-Pullover groß in Mode. Man brachte sie mit Sport und Outdooraktivitäten in Verbindung. Ursprünglich wurden die Pullover von Männern getragen, doch mit der androgynen Mode der damaligen Zeit wurden sie schnell auch zu einem Trendkleidungsstück für moderne Frauen.

Strickboom

Weil die Nachfrage nach Fair-Isle-Pullovern so plötzlich zunahm, brachen hektische Zeiten für die dann schnell expandierende Strickindustrie an. Um die Pullover schneller herstellen zu können, wurde die Strickmethode verändert. Die Pullover wurden ursprünglich in Runden bis zum Armloch und dann in Hin- und Rückreihen für das Vorder- bzw. Rückenteil gestrickt. Um die Produktionszeit zu verkürzen, wurden zusätzliche Schnittmaschen, der Steek, am Armloch und am Halsausschnitt angeschlagen, damit man flink weiterhin rechte Maschen in Runden von unten bis zur Schulter stricken konnte.

Dann wurden die Steeks aufgeschnitten. Die hohe Nachfrage an Fair-Isle-Pullovern führte dazu, dass die Strickerinnen auf den Shetlandinseln bis spät in die Nacht stricken mussten. Das Einkommen war nötig, aber die Händler zahlten weniger, wenn die Strickerinnen Geld wollten. Lieber tauschten sie die Pullover gegen Waren.

Ab den 1930er Jahren waren die Fair-Isle-Strickwaren nicht mehr so tonangebend wie in den 1920er Jahren, sondern passten sich ihrerseits der Mode an. Die Schnitte wurden femininer, die Farben gedeckter: Die naturfarbenen Garne erfreuten sich großer Beliebtheit.

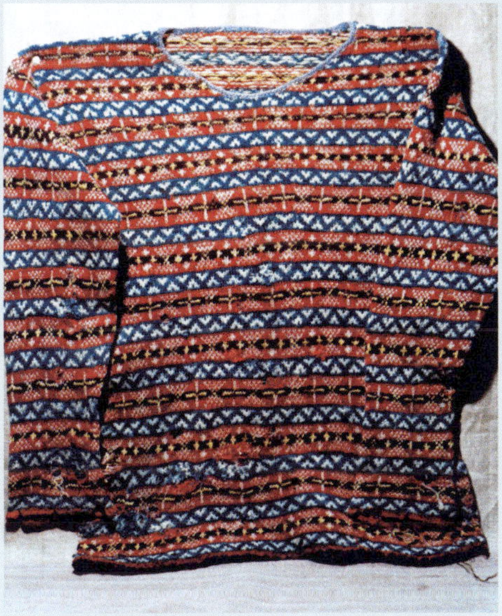

Ein Pullover mit Fair-Isle-Muster aus den 1890er Jahren. Der Pullover wurde aus handgesponnenem Garn auf der Insel Fair Isle handgestrickt. Das Muster und die Farben des Pullovers sind sehr traditionell. Die Farben stammen von natürlichen Farbstoffen aus Indigo, Blumen und Flechten.

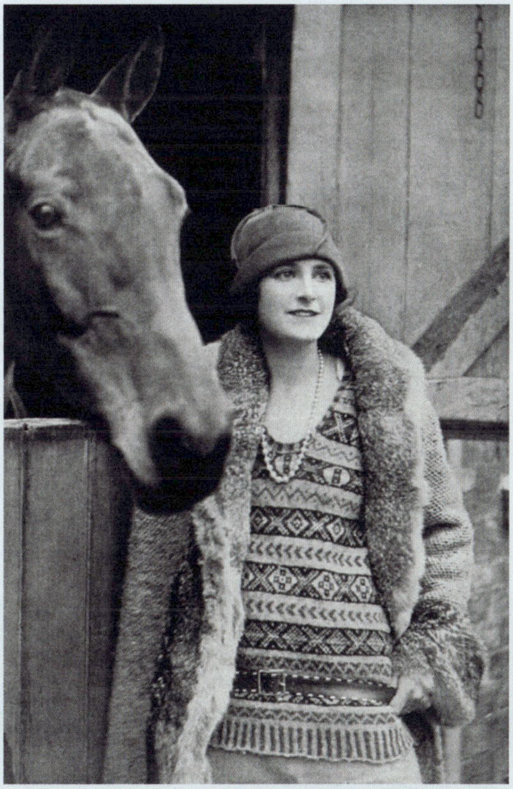

Lady Dunn (geb. Irene Clarice Richards) mit ihrem Pferd Templeton im Jahr 1927. Das ist mein Lieblingsbild einer schick gekleideten Frau, bereit für das Leben im Freien in den 1920er Jahren. Der Fair-Isle-Pullover wurde mit einer Perlenkette, einem pelzverbrämten Mantel und einem für die 1920er typischen Hut kombiniert. Ich wüsste zu gern, wie die Bordüre aussieht, die von dem breiten Gürtel verdeckt wirkt.

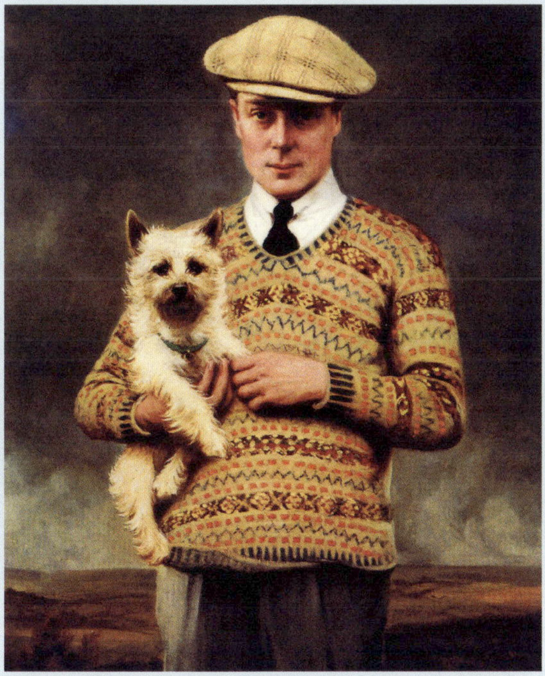

Edward, Prinz von Wales, in dem berühmten Fair-Isle-Pullover, den er 1922 auf dem Golfplatz trug. Ein Gemälde von John St Helier Lander.

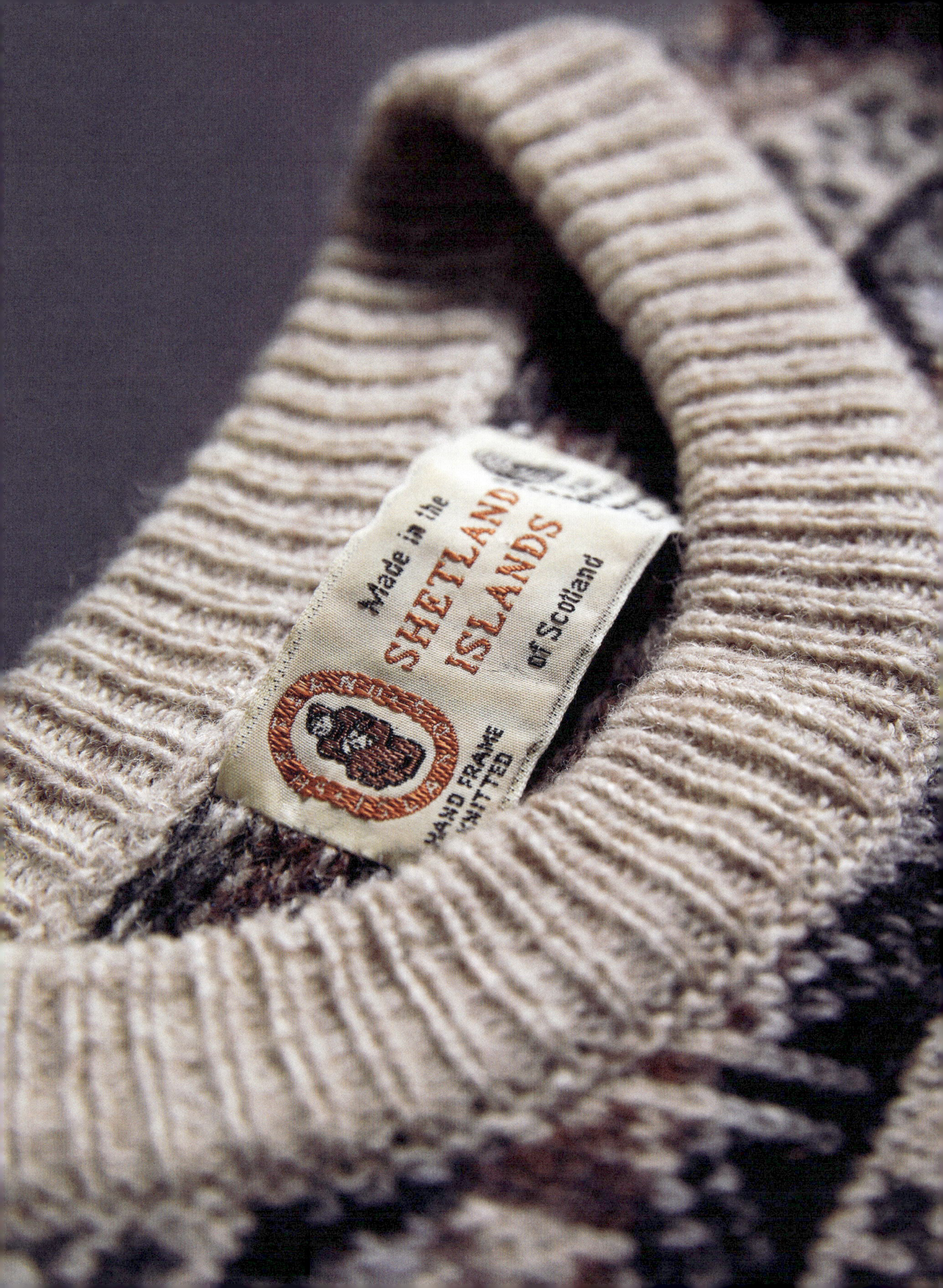
Made in the
SHETLAND
ISLANDS
of Scotland
HAND FRAME
KNITTED

Ein original Shetland-Kleidungsstück: in Shetland aus Shetlandgarn gestrickt.

In den 1950er und 1960er Jahren wurde die Strickmaschine eingeführt und der Markt für handgestrickte Kleidung schrumpfte. Erst der Trend zu unten einfarbigen Pullovern mit gemusterter Passe machte das Fair-Isle-Stricken wieder populär. Ein Pullover konnte in 3 bis 5 Stunden gestrickt werden, wenn die einfarbigen Abschnitte auf einer Strickmaschine und nur die Passe von Hand gestrickt wurde. So konnte die Stricktradition mit maschinell hergestellter Kleidung noch eine Weile konkurrieren.

In den 1970er Jahren fand das Stricken ein jähes Ende, als vor den Shetlandinseln Öl gefunden wurde. Dadurch entstanden neue Arbeitsplätze, und das Stricken war keine lebensnotwendige Einkommensquelle mehr. Viele genossen es wahrscheinlich, nicht mehr unter Zeitdruck stricken zu müssen und strickten tatsächlich nie wieder eine Masche, während andere endlich Freude am Stricken hatten und weitermachten.

Plagiat und Stricken heute

Die Popularität von Shetlandgarn und Fair-Isle-Strickwaren führte schon früh zu Plagiaten. Trotz ständiger Bemühungen ist es auf den Shetlandinseln nie gelungen, die Wolle, das Garn oder die Fair-Isle-Strickwaren gesetzlich zu schützen. Stattdessen nähte man Etiketten in die Kleidung ein, um zu zeigen, dass es sich um original auf den Shetlands hergestellte Kleidung handelte.

Fair Isle als Stricktechnik ist in ihrer Einzigartigkeit hinsichtlich Muster und Farbgebung erhalten geblieben. Obwohl Europa durch zwei Weltkriege, eine radikale technologische Entwicklung und verschiedene Modeeinflüsse verändert wurde, ist es der Fair-Isle-Stricktechnik gelungen, Zeit und Moden zu überdauern. Sie wird bis heute geschätzt und scheint aktueller denn je.

Stricken war auf den Shetlandinseln lange Zeit ein Schulfach, es wurde erst 2010 abgeschafft. Zum Ausgleich wurde das gemeinnützige Projekt ShetlandPeerieMakkers ins Leben gerufen, bei dem meist ältere Strickerinnen Kindern beibringen, traditionell mit einem Strickgürtel zu stricken, in der Hoffnung, dass zukünftige Generationen die Stricktradition noch lange lebendig halten.

Dank Internet ist Fair-Isle-Stricken heute beliebter und populärer denn je. Stricker*innen aus aller Welt können sich online und in Gruppen zum Beispiel auf Facebook zu gemeinsamen Kursen treffen. Im Herbst 2010 fand zum ersten Mal die Shetland Wool Week statt: eine Woche Ende September, in der sich Stricker*innen aus aller Welt auf den Shetlandinseln treffen. Kurse und Vorträge zum Thema Wolle, Garn und Fair-Isle-Stricken wechseln sich ab. Das Interesse an der Shetland Wool Week ist von Jahr zu Jahr gewachsen und mittlerweile wirklich riesig.

Muster

Die ursprünglichen und überaus typischen Fair-Isle-Muster sind verschiedene Bordüren, in denen geometrische Formen kombiniert werden. Es gibt drei Grundtypen:

Large Fair Isle Patterns, d. h. große Fair-Isle-Muster, bei denen das Muster beidseits einer X-Form wie ein O, beziehungsweise Kreis aussieht und daher als OXO-Muster bezeichnet wird. Die Bordüre ist meist 17 bis 19 Runden hoch und etwa im Fair-Isle-Pullover »1920« (S. 92) zu finden.

Border Patterns, d. h. Zwischenbordüren, sind 9 bis 15 Runden hoch. Einige sind kleinere Versionen von OXO-Mustern, aber auch andere Motive wie Herzen, Sterne und Bäume sind gebräuchlich.

Peerie Borders, d. h. schmale Bordüren (*peerie* = klein), sie sind nur 1 bis 7 Runden hoch.

Meistens sind die Bordüren gespiegelt und haben eine oder drei Mittelrunden (siehe z. B. Seite 34).

Die Motive wiederholen sich immer wieder und sind leicht zu merken.

Die breitesten Musterbordüren der ursprünglichen Fair-Isle-Strickwaren wurden in fünf Farben gestrickt: Schwarz, Rot, Blau, Gelb und Weiß. Diese Farben liefern gute Kontraste zwischen Haupt- und Musterfarbe und das »Band« in der Mitte der Bordüre über ein bis drei Runden ist gut zu erkennen.

Mit dem breiteren Angebot an Garnfarben veränderte sich die Farbgestaltung der Bordüren durch häufigere Wechsel zwischen der Haupt- und Musterfarbe, wodurch die Musterbordüre nicht so klar gestreift wirkt.

Als in den 1950er Jahren die melierten Garne aufkamen, konnte man die Musterbordüren auf neue Art und Weise kolorieren, indem man Farbnuancen kombinierte und innerhalb einer Farbgruppe sowohl bei den Haupt- als auch bei den Musterfarben von dunkel zu hell überging. Diese Methode nennt man *shading* (Schattierung).

Blend colours, Mischfarben, ist ein Begriff, den man oft im Zusammenhang mit Fair-Isle-Stricken hört. Damit sind Abstufungen einer Farbe (hell, mittel, dunkel) in einer schönen Mischung gemeint, während das Muster durch die Hintergrundfarbe gut hervortritt. Die Akzentfarbe in der Mitte sollte nicht zu stark hervorstechen, sodass die Bordüre zweigeteilt aussieht, sondern eher das Muster betonen.

Zusätzlich zu den Bordüren zählen heutzutage noch weitere Muster zum klassischen Musterschatz:

Allover Pattern ist ein flächendeckendes Muster, das sich in der Breite und in der Höhe wiederholt, oft in Form einer Raute. Innerhalb jeder Raute befindet sich ein kleines Motiv, z. B. ein Stern, eine Blume oder geometrische Formen. Diamond Tam (S. 106) zeigt solch ein flächendeckendes Muster.

Norwegian Star Pattern (Norwegisches Sternmuster): Großer Stern mit 8 Spitzen über 25, 27 oder 31 Maschen und Runden. Die Sterne können in verschiedenen Formen auftreten und unter Umständen wie Blumen aussehen. Das Motiv kommt oft einzeln vor und ist vor allem auf Handschuhen beliebt. Im Zweiten Weltkrieg suchten viele Norweger Zuflucht auf den Shetlandinseln und brachten ihre eigenen Strickwaren mit Sternen mit. Auf den Shetlandinseln gab man dem Muster durch die für das Fair-Isle-Stricken typischen Farbwechsel seine persönliche Note.

The Shetland Tree and Star Pattern (Baum- und Sternmuster): Ein Muster, das eine Kombination aus einem Stern, einer Blume und einem Baum darstellt.

Der Baum ist ein auf den Shetlandinseln seit Beginn des 20. Jahrhunderts weit verbreitetes Muster. Der Clou daran ist, dass das Motiv schön abgerundet wird, indem man am Ende der »Äste« Maschen abnimmt. Man kann Bäume prima in einer Passe oder einem Kragen verwenden, wie beim Raglanpullover Miesmuschel und Levenwick Beach (S. 74).

Musterbibliothek

Die Muster in der folgenden Musterbibliothek sind nach der Größe des Rapports sortiert. Ein Rapport ist die Mindestanzahl an Maschen in der Breite und Höhe, aus denen das Muster besteht und in einer Runde mehrmals wiederholt wird. Ein Synonym ist Mustersatz. Wird der Mustersatz sowohl in der Breite als auch in der Höhe wiederholt, entsteht ein flächendeckendes Muster.

Jedes Kästchen entspricht einer Masche. Die Muster werden von rechts nach links und von unten nach oben gestrickt.

Über und unter den Bordüren strickt man meist ein bis zwei Runden uni in der Hauptfarbe.

Ich bat meine Strickfreundinnen, jeweils einen Ärmel mit dem gleichen Muster individuell zu kolorieren und dann zu stricken. Es handelt sich hier um traditionelle Bordüren eines Fair-Isle-Pullovers aus den 1940ern. Das Ergebnis: sechs total verschiedene Ärmel! Durch die differierenden Farbpaletten und die jeweilige Verteilung heller und dunkler Farben treten die einzelnen Bordüren und Elemente unterschiedlich stark hervor. ⟶

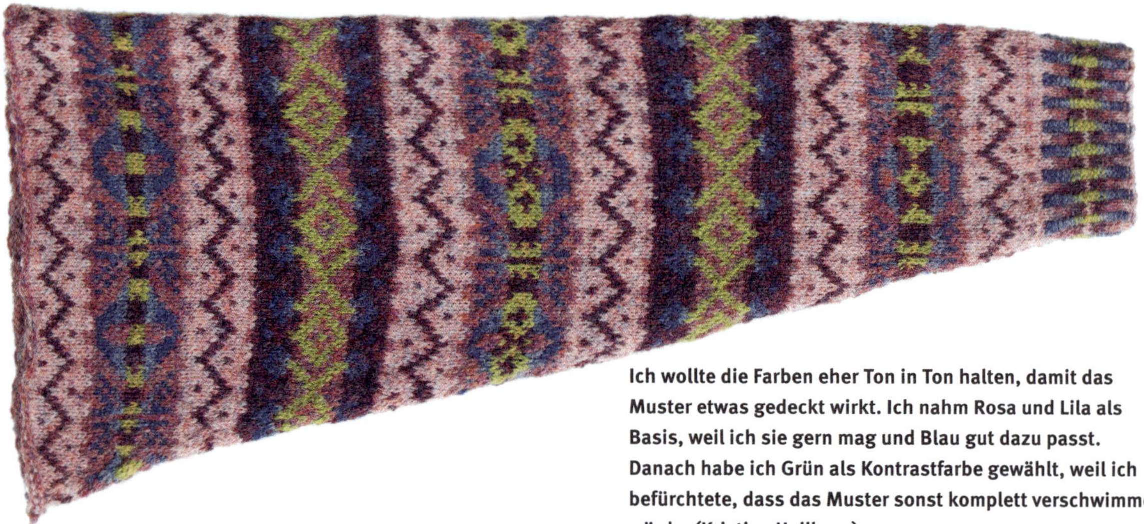

Ich wollte die Farben eher Ton in Ton halten, damit das Muster etwas gedeckt wirkt. Ich nahm Rosa und Lila als Basis, weil ich sie gern mag und Blau gut dazu passt. Danach habe ich Grün als Kontrastfarbe gewählt, weil ich befürchtete, dass das Muster sonst komplett verschwimmen würde. (Kristina Hellberg)

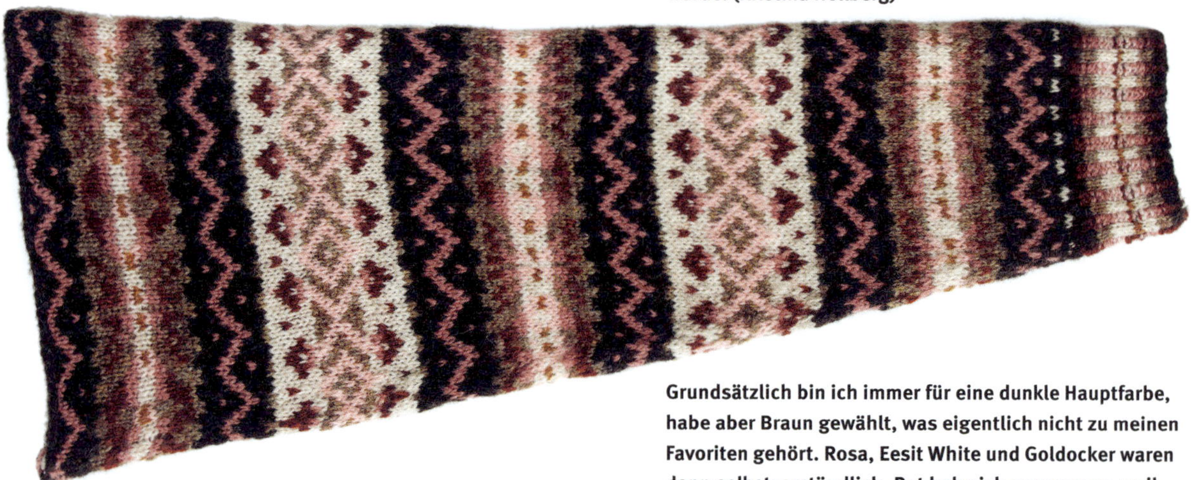

Grundsätzlich bin ich immer für eine dunkle Hauptfarbe, habe aber Braun gewählt, was eigentlich nicht zu meinen Favoriten gehört. Rosa, Eesit White und Goldocker waren dann selbstverständlich. Rot habe ich genommen, weil zufällig ein rotes Knäuel auf meinem Tisch lag und »Hier, ich!« rief. (Karin Liljekvist)

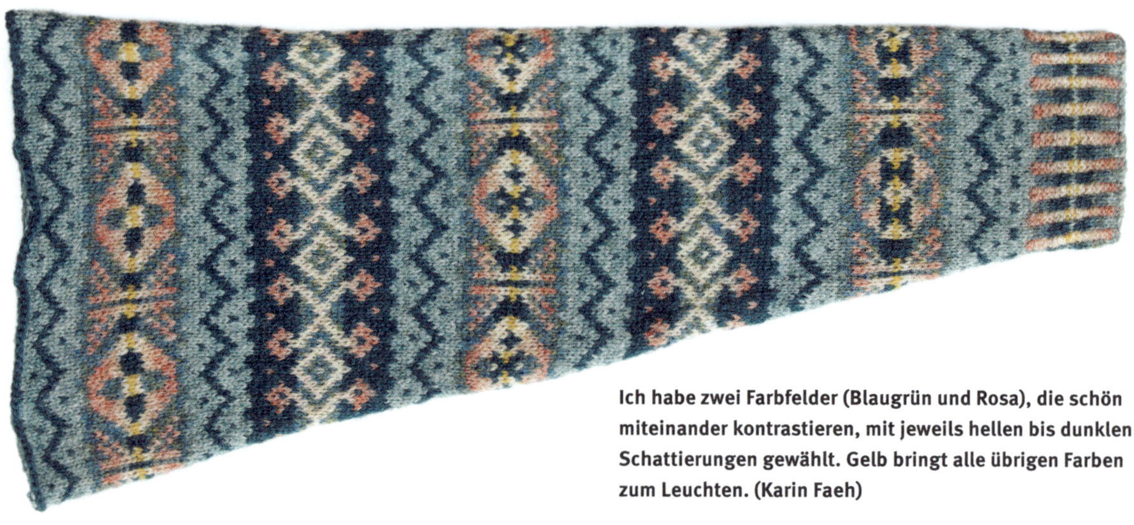

Ich habe zwei Farbfelder (Blaugrün und Rosa), die schön miteinander kontrastieren, mit jeweils hellen bis dunklen Schattierungen gewählt. Gelb bringt alle übrigen Farben zum Leuchten. (Karin Faeh)

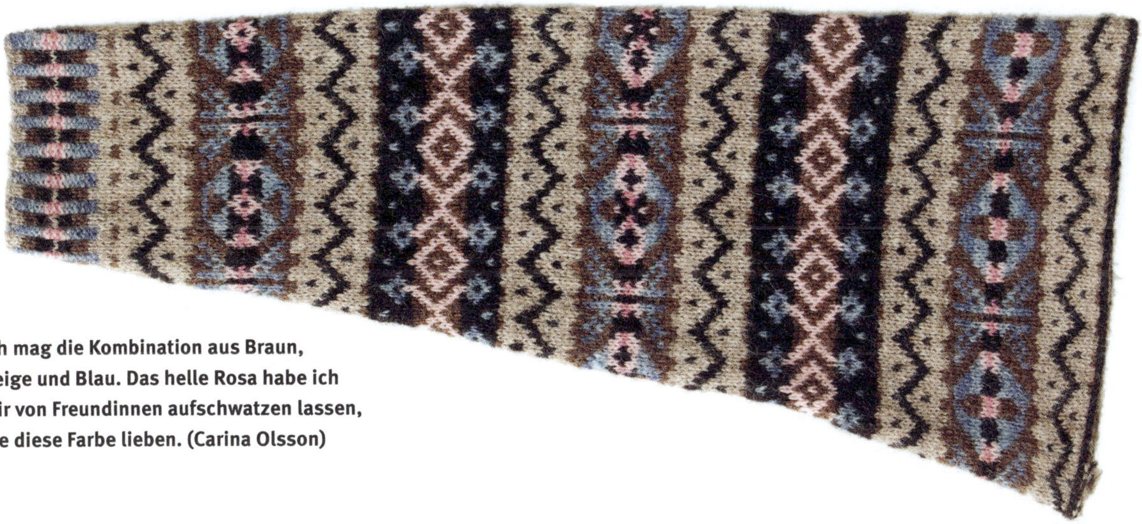

Ich mag die Kombination aus Braun, Beige und Blau. Das helle Rosa habe ich mir von Freundinnen aufschwatzen lassen, die diese Farbe lieben. (Carina Olsson)

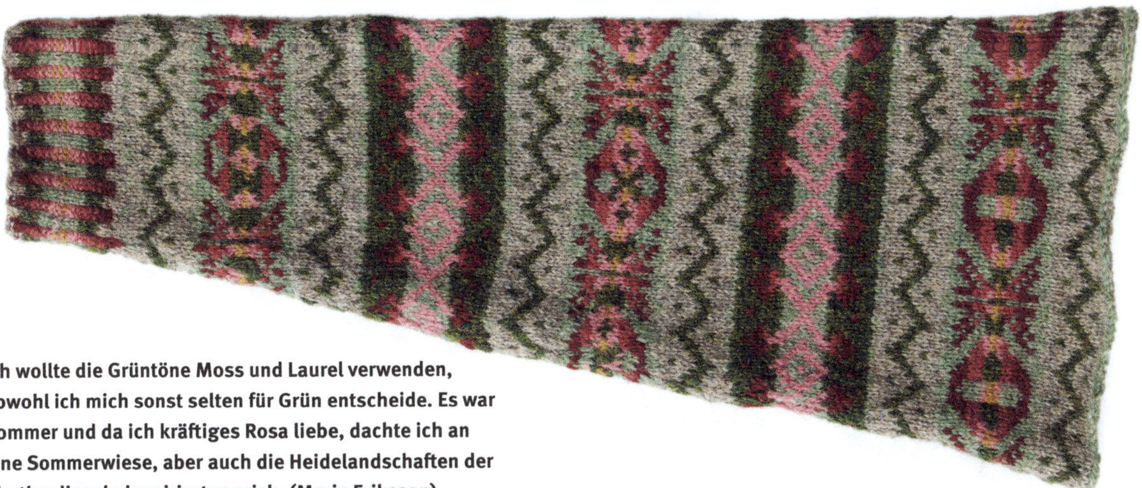

Ich wollte die Grüntöne Moss und Laurel verwenden, obwohl ich mich sonst selten für Grün entscheide. Es war Sommer und da ich kräftiges Rosa liebe, dachte ich an eine Sommerwiese, aber auch die Heidelandschaften der Shetlandinseln inspirierten mich. (Marie Eriksson)

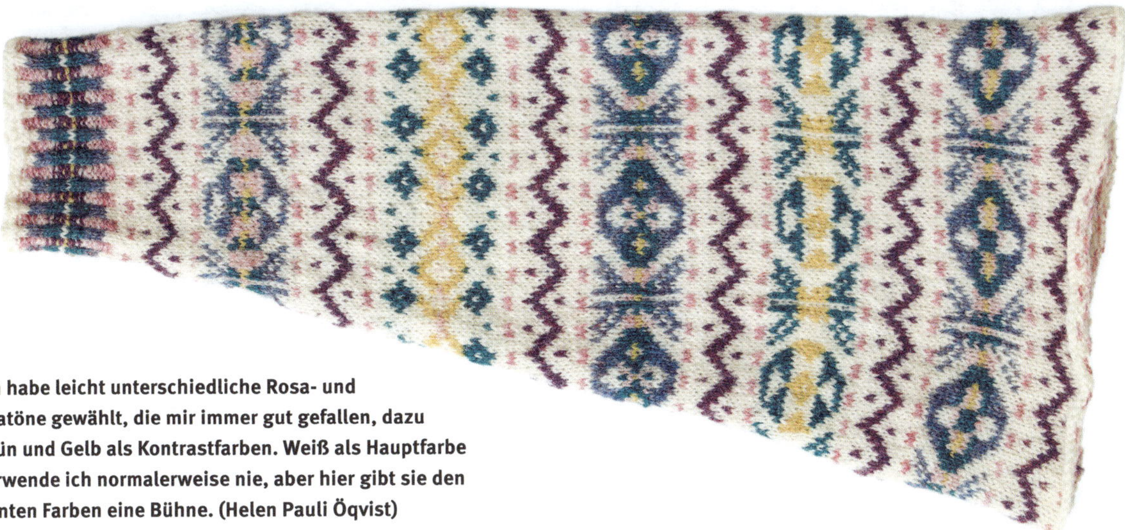

Ich habe leicht unterschiedliche Rosa- und Lilatöne gewählt, die mir immer gut gefallen, dazu Grün und Gelb als Kontrastfarben. Weiß als Hauptfarbe verwende ich normalerweise nie, aber hier gibt sie den bunten Farben eine Bühne. (Helen Pauli Öqvist)

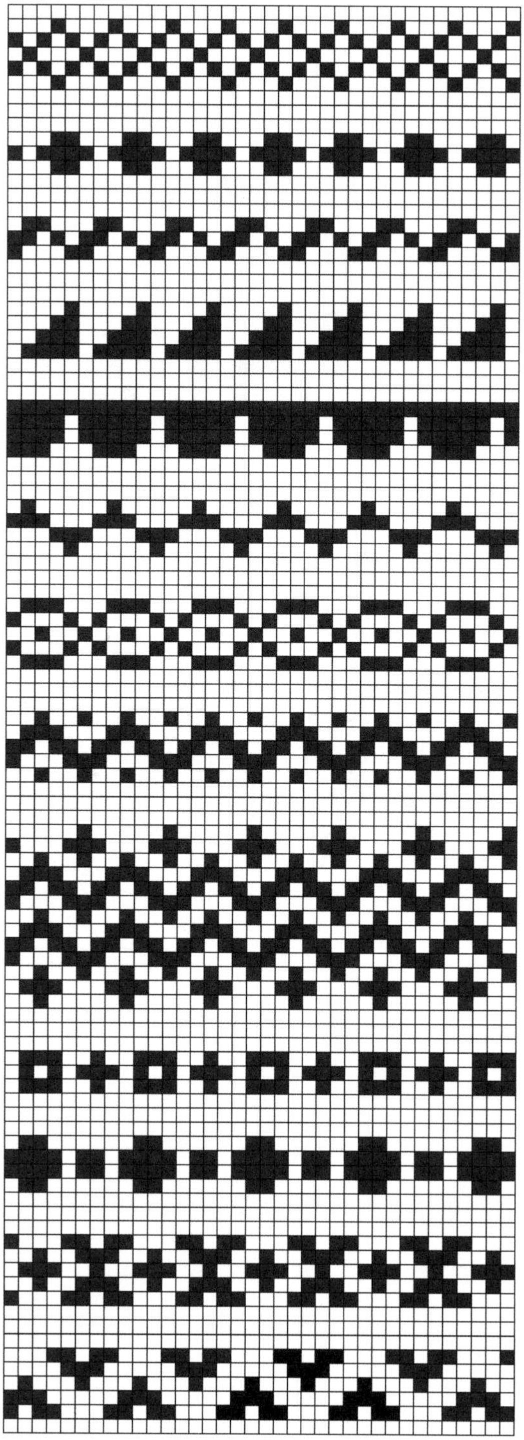

4

5

6

8

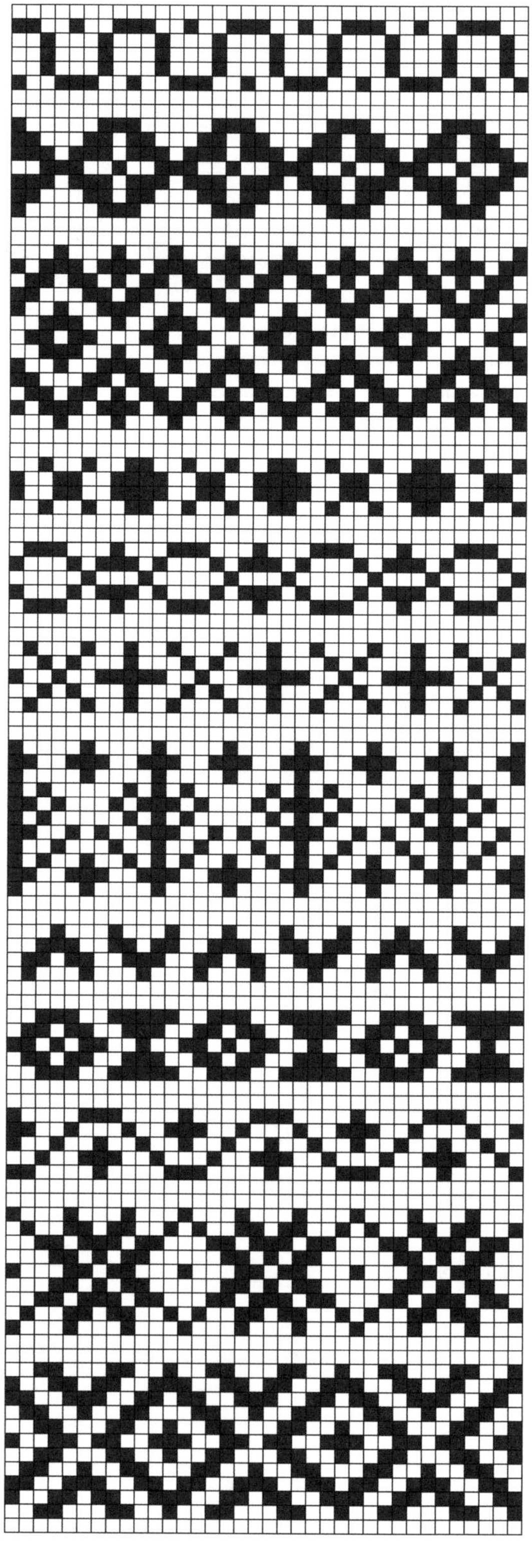

8

10

12

Die Zahlen geben den Rapport in der Breite an.

12
14
16
17
18

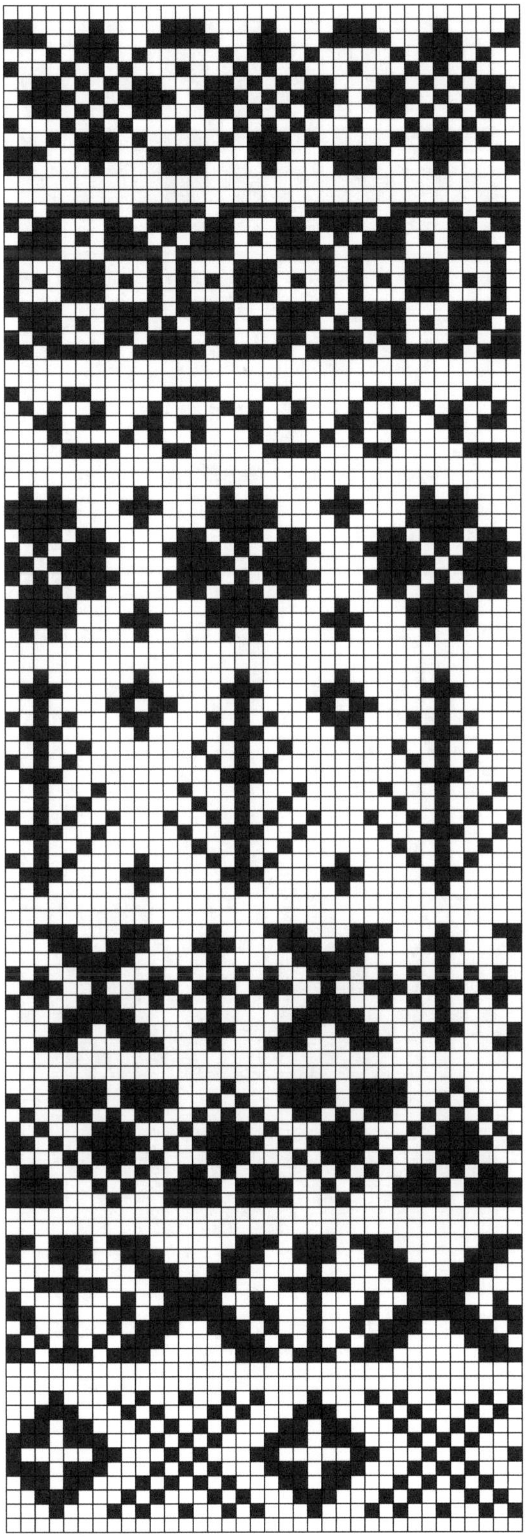

18
20
22
24

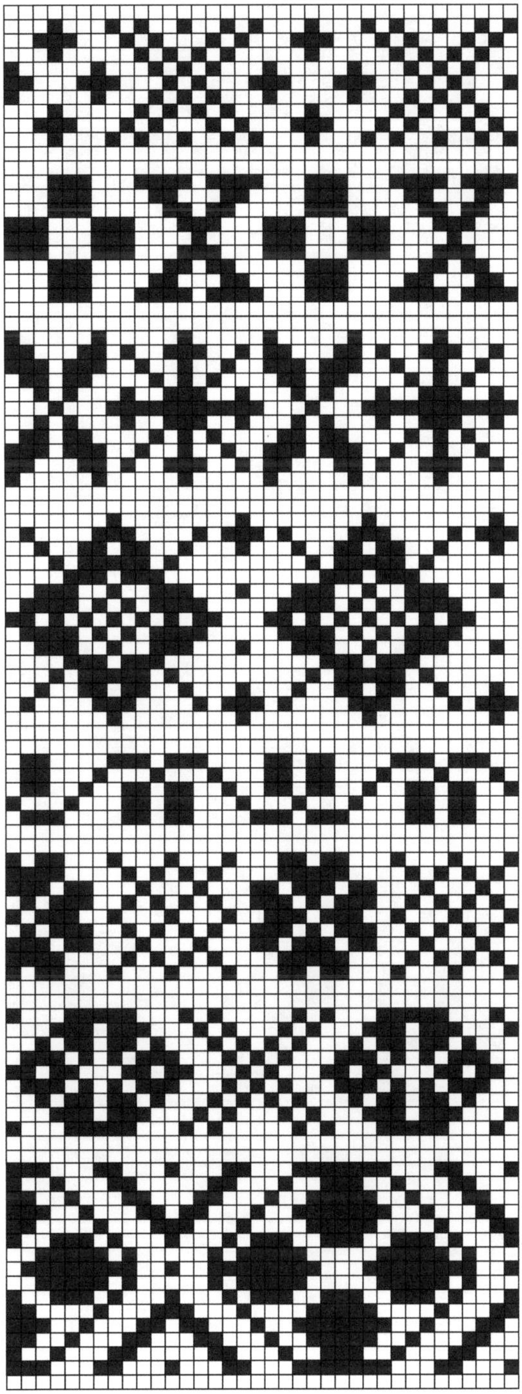

24

26

28

30

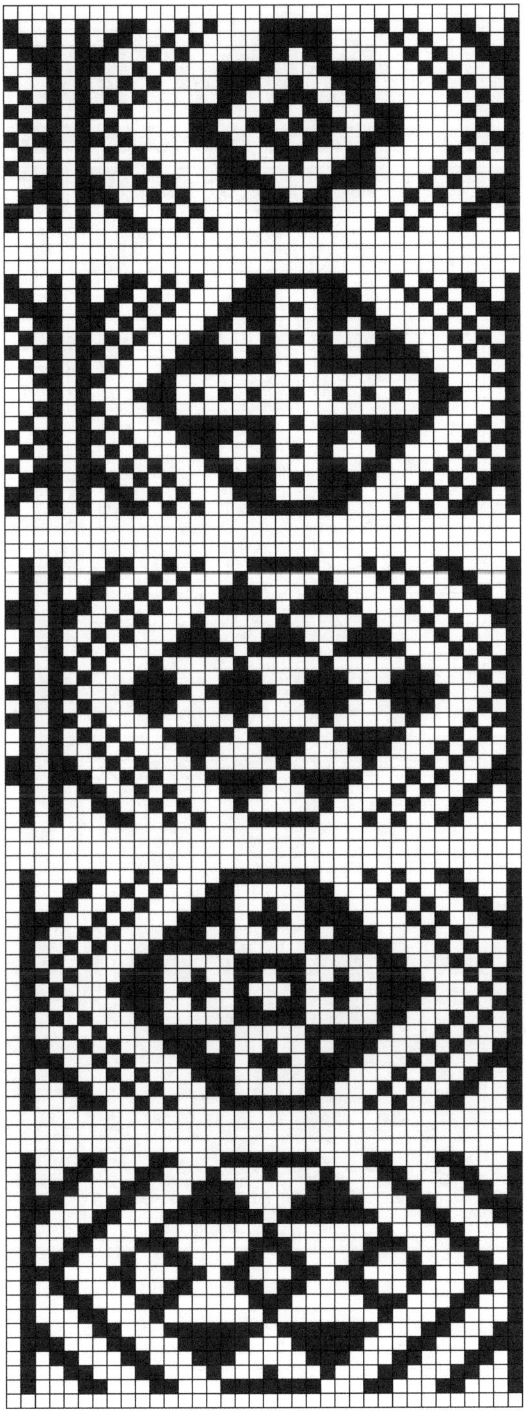

32

34

36

Die OXO-Muster bilden die traditionellsten Bordüren von der Insel Fair Isle. Dort werden diese Bordüren *Muckle Flooers* genannt. Als die Bordüren auch auf den anderen Shetlandinseln verwendet wurden, wurde der Name nicht mit übernommen; sie wurden stattdessen *Large Fair Isle Patterns* genannt. Sie können nach Belieben verschiedene O- und X-Varianten im Wechsel kombinieren und so Ihr eigenes Muster gestalten.

19

25

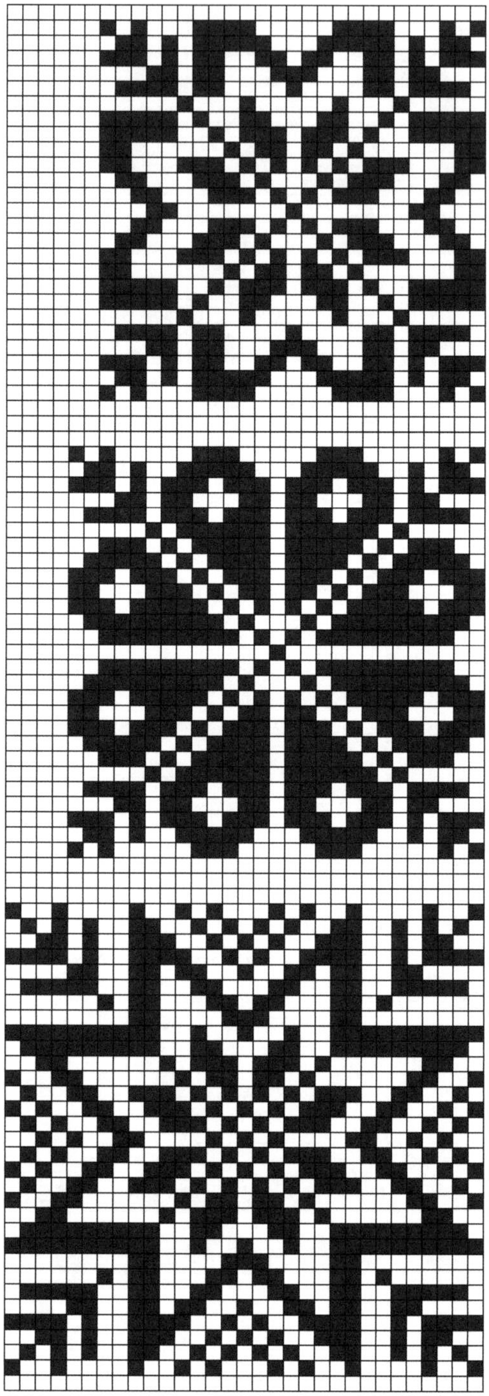

25

27

31

Norwegian Star

Allover Pattern / flächendeckendes Muster

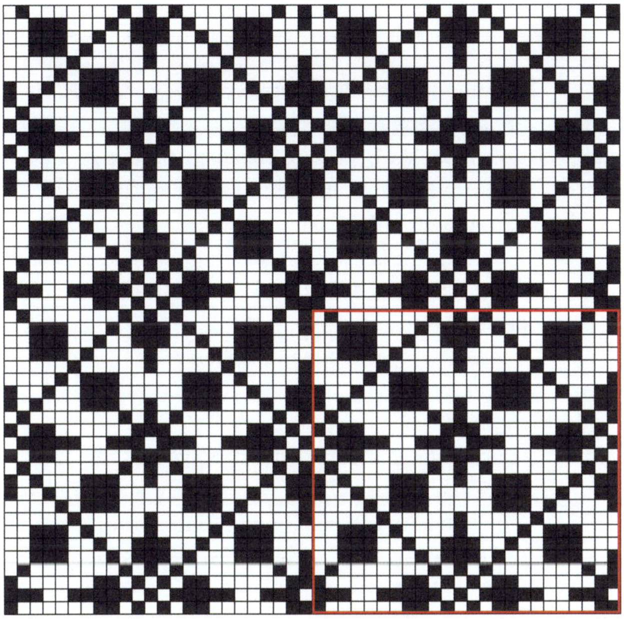

24

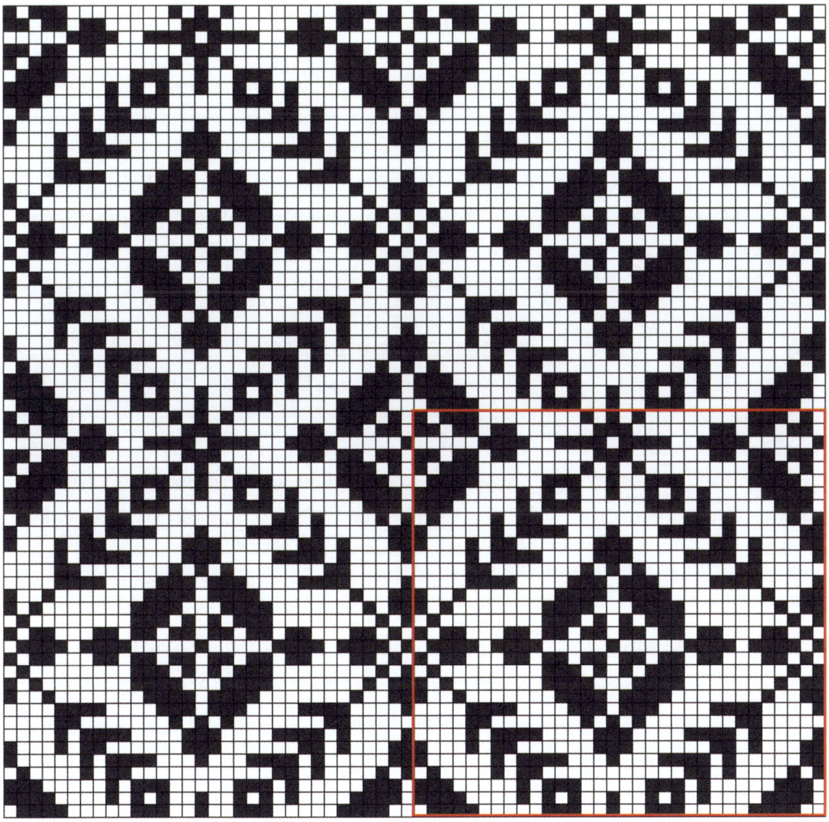

32

Dies ist ein Muster norwegischen Ursprungs, das auf den Shetlandinseln zunächst *Whalsay Pattern* hieß. Seitdem Sir Winston Churchill einen Pullunder mit diesem Muster bekommen hatte, wurde es *Churchill Pattern* genannt.

Möchten Sie mehr wissen?

BÜCHER

deutsch:

Åberg, Erika, *Küstenmaschen: Eine Strickreise zu den Inseln Schottlands und Schwedens*, 2023

Hug, Veronika und Silvia Jäger, *Fair-Isle-Muster stricken*, 2020

Mucklestone, Mary Jane, *200 Fair Isle-Muster*, 2013

englisch:

Allen, John, *Fabulous Fair Isle*, 1991

Bajus, Janine, *The joy of color*, 2016

Crawford, Susan, *The Vintage Shetland Project*, 2018

Davies, Kate, *Colors of Shetland*, 2013 / *Yokes*, 2014 / *Shetland Oo*, 2016

Feitelson, Ann, *The Art of Fair Isle Knitting*, 2009

Fryer, Linda G., *Knitting by the fireside and on the hillside*, 2021

Jamieson & Smith, *A Shetland Story*, 2017

Laurenson, Sarah, *Shetland Textiles 800 bc to the present*, 2013

Mcgregor, Mary, *Fair Isle Knitting Patterns. Reproducing the Known Work of Robert Williamson*, 2009

McGregor, Sheila, *Traditional Fair Isle Knitting*, 2003

Merrall, Nicki, *Fair Isle, Knitting and Design*, 2020

Mucklestone, Mary Jane, *Fair Isle Weekend*, 2020

Pearson, Michael, *Traditional Knitting*, 2015

Rasmussen Noble, Carol, *Knitting Fair Isle mittens & gloves*, 2002

Rowe, Mary, *Knitted Tams*, 1989

Shetland Guild of Spinners, *Knitters, Weavers and dyers, A Shetlander's Fair Isle graph book*, 2016

Shetland Wool Adventures Journal, mehrere Ausgaben, 2020, 2021

Shetland Wool Week Annual, mehrere Ausgaben, 2015, 2016, 2017, 2018, 2019, 2020, 2021

Smith, Mary & Bunyan, Chris, *A Shetland knitter's notebook*, 1991

Smith, Mary & Twait, Maggie, *A Shetland pattern book*, 1982

Starmore, Alice, *Alice Starmore's Book of Fair Isle Knitting*, 2009

Ventrillon, Mati, *Knitting from Fair Isle*, 2020
https://www.mativentrillon.co.uk/shop/knitters/knitting-from-fair-isle

PODCASTS ZUM FAIR-ISLE-STRICKEN

deutsch:

https://www.podcast.de/episode/421617982/fair-isle-stricken

englisch:

I thought I Knew How, Podcast, Folge 3 zu Fair-Isle-Stricken. Folge 44, Interview mit Viveka Velupillai über Shetland-Dialekt und Uradale-Garn

The Woolly Thistle, Podcast, Folge 66 (unter dem Namen NH Knits), Interview mit Ann Sinclair. Folge 104, Interview mit Ann Sinclair und Oliver Henry

YOUTUBE

Fair Isle through a lens, Filme von Rachel Challoner über das Leben auf Fair Isle. Folge 32 zeigt die Fair-Isle-Strickstücke, die im George Waterston Museum auf Fair Isle ausgestellt sind.

Jamieson & Smith, mehrere Filme auf YouTube

Auf YouTube gibt es zahlreiche deutschsprachige Anleitungen zum zweifarbigen Stricken, z. B. zum beidhändigen Fair-Isle-Stricken

WEBSITES UND BLOGS

www.wockensolle.de/jamiesons-of-shetland-in-sandnes-auf-shetland/

Die Shetland Wool Week ist ein jährliches Wollfestival, das Ende September stattfindet. Das Festival feiert die Shetlandschafe, die Wolle und das Fair-Isle-Stricken. www.shetlandwoolweek.com

Oliver Henry arbeitet seit über 50 Jahren bei Jamieson & Smith mit Shetlandwolle. https://olivershetlandwoolblog.home.blog

Zuchtverein für Shetlandschafe. www.shetland-sheep.org.uk

MUSEEN, DIE FAIR-ISLE-STRICKSTÜCKE ZEIGEN

Shetland Museum and Archives in Lerwick, www.shetlandmuseumandarchives.org.uk
Shetland Textile Museum in Lerwick, www.shetlandtextilemuseum.com
Scalloway Museum auf Mainland, www.scallowaymuseum.org
Tangwick Haa Museum auf Mainland www.tangwickhaa.org.uk
George Waterston Memorial Centre & Museum auf Fair Isle, www.shetland.org/listings/george-waterston-memorial-centre-museum
National Museum of Scotland in Edinburgh, www.nms.ac.uk
Victoria and Albert Museum in London, www.vam.ac.uk

BEZUGSQUELLEN FÜR SHETLANDGARN (DT. INTERNETHÄNDLER/EINE AUSWAHL)

magliamania.com (Jamieson & Smith)
mylys.de (Jamieson's of Shetland und Jamieson & Smith)
wolle-willich.de (Jamieson's of Shetland)
wollen-berlin.de (Jamieson & Smith)
wolleunddesign.de (Jamieson' of Shetland und Jamieson & Smith)
woolhouse.de (Shetlandgarn für Nadeln Nr. 4 und 5)

GROSSE GARNHERSTELLER AUF SHETLAND

Jamieson & Smith mit Geschäft in Lerwick, www.shetlandwoolbrokers.co.uk
Jamieson's of Shetland mit Geschäft in Lerwick und Spinnerei in Sandness, www.jamiesonsofshetland.co.uk

KLEINERE HERSTELLER VON SHETLANDGARN AUF SHETLAND

Aister 'oo', www.mackenziesfarmshop.co.uk
Barkland Croft, www.bee-croft.co.uk
Donna Smith Design, www.donnasmithdesigns.co.uk
Foula Wool, www.foulawool.co.uk
Laxdale Yarn, https://laxdaleyarn.com
Uradale Yarn, www.uradale.com

FACEBOOKGRUPPEN

Fair Isle Knitting and other color work knitting
The Fair Isle Fisherman's Kep Page

INSTAGRAM

Natürlich gibt es auf den Shetlandinseln auch heute noch fantastische Stricker*innen, die Kleidungsstücke mit Fair-Isle-Mustern stricken und entwerfen. Viele von ihnen bieten auch Kurse an. Besuchen Sie ihre Instagramaccounts.

barkland_croft
donnasmithdesigns
ellagordondesigns
fair_isle_knitting
fair_isle_made_in_fair_isle
fairislewithmarie
gudrunjohnston
hazel_tindall_
janettebudge
mansonsandra
mativentrillon
shetlandguildofskwd
shetlandhandspun
spindrift_crafts
terrilaura
wilmadesigner

ANDERE INSTAGRAMACCOUNTS MIT SHETLANDTHEMA

mjmucklestone
myshetlandgarden
shetland_islands_with_leah
shetlandmuseum
shetland_textile_museum
shetlandwithlaurie
shetlandwooladventures
shetlandwoolweek

Dank

Ein herzliches Dankeschön an alle, die am Fair-Isle-Strickbuch beteiligt waren!

Das Buch war ein Traumprojekt, von dem ich nie gedacht hätte, dass ich jemals die Gelegenheit dazu bekommen würde, und ohne ein großartiges Team hinter mir wäre ich nie in der Lage gewesen, es bis zum Ende zu schaffen. Also nochmals vielen Dank!

Sophia Lundquist, Redakteurin – Deine Idee, deine Aufmunterung, deine Worte und alles Kümmern haben das Buch möglich gemacht.

Annika Lyth, grafisches Design – wunderschönes Design und zauberhafte Fotografie auf Gotland.

Thomas Harrysson, Fotograf – intensives und sehr angenehmes gemeinsames Fotografieren.

Jessica Lindgren-Wu, Fotografin – magische Modelfotos aus Gotland.

Kalle Forss, Zeichner – der wahnsinnig viele Zählmuster und die Musterbibliothek gezeichnet hat.

Monika Andersson – die alles Korrektur gelesen hat.

Agnes Lundquist – die die Zählmuster Korrektur gelesen hat.

Petra Ward, Verlagsleiterin – die an die Idee glaubte und uns das Buch machen ließ.

All ihr wunderschönen Models, die die Kleidungsstücke mit Leben füllten: Agnes, Elmer, Iris und Myrna

Meine allerliebsten »Stricktanten« und Reisebegleiterinnen auf den Shetlandinseln, die neben all dem Zuspruch auch geduldig meine Fragen beantwortet und die zauberhaften Ärmel gestrickt haben:

Marie Eriksson

Karin Faeh (die auch die unifarbenen Teile für den Pullover Lichen gestrickt hat)

Kristina Hellberg

Karin Liljekvist

Helen Pauli Öqvist

Ich hoffe und wünsche mir von ganzem Herzen, dass wir bald wieder auf die Shetlandinseln reisen.

Ich danke meiner Tochter Cecilia Bush, die sich mit einem Zuhause voller Garn abgefunden hat.

Zu guter Letzt danke ich meiner Mutter, die mir das Stricken beigebracht hat und mich durch meine ganze Teenagerzeit hindurch stricken ließ.

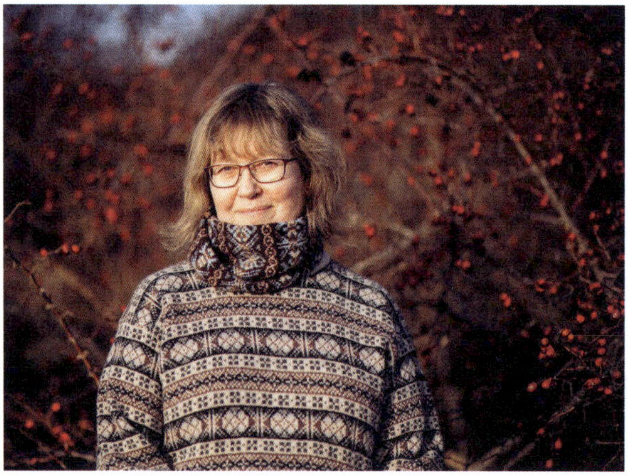

Über die Autorin

Carina Olsson ist Textilkünstlerin und Kursleiterin mit den Instagramaccounts kallmink und cariknit. Sie interpretiert das Fair-Isle-Stricken, indem sie die schwedische Natur in Farbnuancen von Shetlandgarnen übersetzt. Sie besucht die Shetlandinseln gelegentlich, um die Stricktradition vor Ort zu studieren.

Auf Schwedisch sind ihre Bücher *Brodera på ylle* (2012), *Bottensömmar* (2018) und *Brodera retro* (2020) erschienen.

Mystische Pfade
Unterfranken

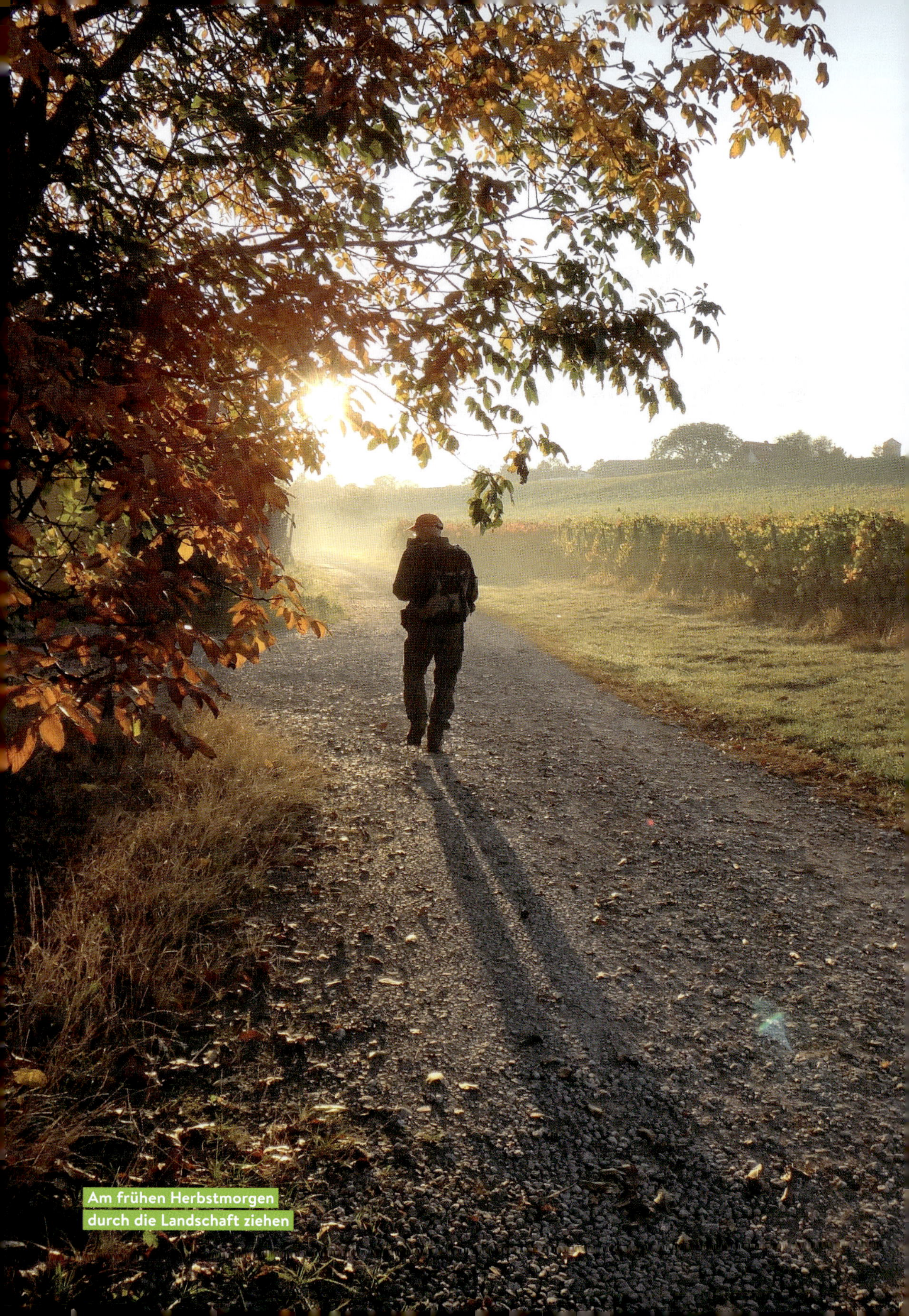

Am frühen Herbstmorgen durch die Landschaft ziehen